THÈSE

POUR LE DOCTORAT

Paris. — Imprimerie A. DERENNE, rue Saint-Séverin, 23.

FACULTÉ DE DROIT DE PARIS

DE LA

CONSTITUTION D'HYPOTHÈQUE

EN DROIT ROMAIN

DE LA

PUBLICITÉ DES HYPOTHÈQUES

EN DROIT FRANÇAIS

THÈSE POUR LE DOCTORAT

PAR

Charles FALCIMAIGNE

AVOCAT A LA COUR D'APPEL

L'acte public sera soutenu le Jeudi 8 Janvier 1874, à 1 h. 1/2.

Président : M. DUVERGER.

SUFFRAGANTS : MM. MACHELARD, COLMET DE SANTERRE, Professeurs. LYON-CAEN, CAMVÈS, Agrégés.

PARIS

A. DERENNE, RUE SAINT-SÉVERIN, 25.

1873

PREMIÈRE PARTIE

DROIT ROMAIN

DE LA CONSTITUTION D'HYPOTHÈQUE

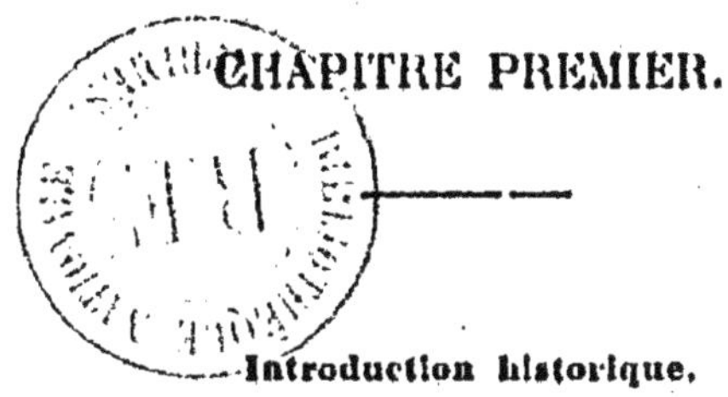

CHAPITRE PREMIER.

Introduction historique.

L'histoire des sûretés réelles ne doit pas nous apparaître comme un accident dans le développement général du droit Romain. Elle se rattache par des liens visibles au perfectionnement progressif des voies d'exécution contre les débiteurs. Ce qui, d'ailleurs, ne saurait surprendre, si l'on considère que les garanties accessoires, réelles ou personnelles, qui ont trouvé dans toutes les législations une place considérable, bien justifiée au surplus par les nécessités du crédit, ne sont autre chose que des voies ouvertes pour conduire à une exécution plus facile et plus énergique.

On sait quel rôle a joué, dans les premiers siècles de Rome, la question des dettes. L'histoire politique est remplie des agitations et des discordes qu'elle engendra. Le crédit, à cette époque, était encore dans l'enfance, et le principe que le patrimoine du débiteur est le meilleur gage du créancier, s'il n'était pas complétement étranger au droit Romain, y paraissait au moins des plus effacés. L'idée plus grossière, plus familière aux civilisations peu avancées que la personne du débiteur répond de la dette était bien plus en faveur. La forme générale pour créer le rapport obligatoire était alors le nexum, opération solennelle où l'argent prêté était pesé, per æs et libram, en présence du libripens et de cinq témoins citoyens romains. L'emploi de cette forme s'expliquait simplement à l'origine : « La balance, dit M. Ch. Giraud, était l'instrument nécessaire du payement jusqu'à l'invention de l'æs signatum. Quand l'État eut marqué son empreinte et garanti ainsi le poids de l'argent, la balance ne cessa pas d'être employée et devint l'accompagnement nécessaire de toute négociation réductible en numération métallique. Elle intervenait notamment dans le mutuum ou prêt d'argent, dans la vente, dans le payement pour éteindre une dette (1). »

Il est de tradition d'imputer au caractère formaliste de l'ancien droit romain la survivance du nexum à la nécessité matérielle qui l'avait fait créer. Cependant l'étude des effets puissants attachés à l'emploi de cette forme ne laisse pas que de révéler une pensée plus profonde. Dans le nexum intervenaient la puissance religieuse, représentée par le libripens, et la puissance politique en la personne des cinq témoins qui figuraient les cinq classes de Servius Tullius. L'une et l'autre remettaient aux mains du créancier

(1) M. Ch. Giraud, Des Nexi.

une sorte de délégation de leur autorité respective, ce qui explique comment, lorsqu'il fallait en venir à une exécution, l'intervention des pouvoirs publics n'était plus requise et pourquoi, au mépris d'un principe fondamental d'ordre public, le créancier pouvait se faire justice à lui-même.

A cet effet, de quels moyens pouvait-il disposer? C'est surtout ce qu'il importe d'indiquer pour prouver que l'exécution sur les biens n'avait pas encore véritablement conquis droit de cité dans la jurisprudence romaine. Les droits du créancier portaient avant tout et surtout sur la personne du débiteur et s'exerçaient sous forme de contrainte par corps. Des auteurs sont allés jusqu'à prétendre que le nexum entraînait mancipation de la personne du débiteur au créancier. Il est difficile d'accepter cette idée, car, nulle part, les personnes libres ne figurent parmi les res mancipi. La mancipation au créancier par le débiteur de ses operæ n'est pas plus admissible, et pour le même motif. Le texte de Varron qu'on invoque en faveur de cette opinion n'est rien moins que probant (1). Il mentionne sans doute une clause accessoire, insérée dans la nuncupatio qui accompagnait tout nexum, et par laquelle le débiteur promettait son travail au créancier, s'il ne le payait pas à l'échéance. Cette clause accessoire devint probablement de style : ce fut la source d'abus tellement

(1) « Liber, qui suas operas in servitutem pro pecuniâ, quam debet, dat, « dum solveret, nexus vocatur. » Varron, De Ling. Lat., VII, § 105.

graves qu'ils entraînèrent l'abandon de ce mode de contrainte. Ce qui ressort nettement de l'histoire du nexum, c'est le droit pour le créancier de saisir le débiteur en retard de payer, de l'emmener dans sa maison et de l'y garder, soit pour mettre son travail à profit et en employer le bénéfice à l'extinction de la dette, soit même pour le retenir en prison et le charger de chaînes. — Ajoutons que si l'on n'avait point employé, pour créer le lien obligatoire, la forme du nexum, l'intervention du magistrat prononçant l'addictio du débiteur au profit du créancier produirait les mêmes effets. Tandis que la contrainte était contractuelle dans le premier cas, elle était judiciaire dans le second. — Dans les effets du nexum figure donc surtout la sujétion de la personne : que si les biens se trouvent atteints c'est en quelque sorte accessoirement, soit que l'on accepte l'idée que le nexum frappait la personnalité juridique du débiteur, soit qu'on admette l'intervention habituelle, dans la nuncupatio accessoire du nexum, d'un engagement formel des biens fiduciæ causa. Dans tous les cas, on comprend qu'en l'état de la législation les détails d'organisation portaient davantage sur la contrainte par corps que sur la saisie des biens. Ce qui prouve d'ailleurs, mieux que tout le reste, la prédominance des voies d'exécution contre la personne, c'est que ce fut précisément de l'excès en ce genre que naquit la réaction : réaction qui eut pour effet de raviver le principe, aujourd'hui universellement admis, que les biens du débiteur et non pas sa personne doivent servir de gage au créancier.

Un pas immense fut fait dans cette voie par la loi Pœtelia (425 U. C. d'après Tite-Live, 435 d'après Varron) qui disposait expressément : « pecuniæ creditæ bona debitoris non corpus obnoxium esset » (1). C'est tomber dans l'exagération que de prétendre, comme on l'a fait, que cette loi, la première, introduisit l'exécution sur les biens. Elle eut surtout pour effet de proscrire l'engagement, par le débiteur, de son travail en cas de non payement. « De deux sûretés affectées à un mutuum, de la garantie personnelle et de la garantie réelle imposées, tantôt séparément, tantôt conjointement, au débiteur, la première et la plus dangereuse fut écartée et interdite. — La condamnation pour dette transporta désormais la responsabilité de la personne engagée, corpus obnoxium, sur la fortune du débiteur qui seule dût répondre à l'avenir de l'exécution du contrat » (1).

Toutefois la loi Pœtelia n'avait fait que poser un principe, sans tra[illegible] aucune voie pour procéder à l'exécution sur le[illegible]s : l'organisation de détail devait être l'œuv[illegible] du préteur. En ce point d'ailleurs, comme toujours, le préteur demanda son inspiration au droit civil. Le jus civile avait eu la bonorum sectio, vente en masse des biens du débiteur en cas de

(1) Tite-Live, VIII, 28. — Varron, De Lingua latina, VII, § 105. — Cic., Rép., II, 34.

(1) M. Ch. Giraud, Des Nexi, p. 113.

confiscation ou de condamnation envers le trésor. La bonorum venditio créée par le préteur Publius Rutilius à la fin du VIe ou au commencement du VIIe siècle ne fut qu'une imitation de la bonorum sectio. Obligation pour tous les créanciers de concerter leur action, nécessité de vendre en masse les biens du débiteur, tel était le double inconvénient de l'un et l'autre mode. Quand la procédure formulaire eut fait place aux judicia extraordinaria, à la bonorum venditio fut substituée la bonorum distractio qui permettait à un créancier d'agir seul et de diriger son action sur tel ou tel bien du débiteur, et qui de plus n'entraînait pas contre celui-ci la note d'infamie. C'étaient là des voies d'exécution ouvertes à tous, quelque chose comme la mise en œuvre de ce gage général dont il est parlé à l'article 2092 de notre Code civil. Mais dès longtemps on a signalé l'insuffisance et l'inconvénient de ce gage général : son insuffisance, puisqu'il n'empêche pas le débiteur de contracter de nouvelles dettes ; son inconvénient, puisque le débiteur peut aliéner ses biens soit sans fraude, soit-même frauduleusement, pour diminuer la garantie de ses créanciers. Sans doute il ne fallait pas songer à frapper d'indisponibilité les biens du débiteur pour assurer sa solvabilité. C'eût été sacrifier à l'intérêt privé l'intérêt général de la circulation des richesses. Au moins était-il possible et nécessaire de réprimer la fraude et d'empêcher le débiteur de dissiper ses biens dans le but coupable de paralyser le droit de ses créanciers. Ce fut l'œuvre de l'action Paulienne. Et toutefois, comme nous le faisions pressentir, il fallait remédier même aux aliénations faites sans fraude par le débiteur. C'est à ce besoin que devaient répondre les garandies accessoires.

Dans toutes les législations, les garanties accessoires se présentent sous deux formes. Tantôt c'est une personne tierce qui corrobore par son engagement personnel l'engagement du débiteur, et s'oblige à payer la dette au cas où le débiteur ne l'acquitterait pas. Tantôt le débiteur fournit à son créancier des sûretés réelles, en lui affectant un ou plusieurs biens qui répondront à tout événement de l'exécution de l'obligation. La législation romaine nous présente l'une et l'autre espèce de sûretés. Il est facile d'apprécier par l'organisation détaillée et savante de la fidéjussion combien les garanties personnelles étaient usitées. Aussi voit-on le droit civil en ce point se développer progressivement pour se tenir à la hauteur de toutes les nécessités pratiques. A la sponsio qui fut probablement la forme originaire et qui était propre aux citoyens romains, s'ajouta bientôt la fidepromissio, qui rendit accessible aux pérégrins l'usage des garanties personnelles. La pratiq e de l'un et l'autre mode et les détails de leur organisation révélèrent quelques inconvénients que l'institution de la fidejussio vint faire disparaître Ce n'était pas tout, et, par diverses lois ou constitutions successives, on s'efforça de tout régler au mieux des intérêts des cautions et des créanciers.

En un mot, dans l'histoire de la fidéjussion les moindres détails révèlent une sollicitude profonde, très-probablement justifiée par l'immense utilité de la matière.

L'examen des sûretés réelles est loin de présenter le même spectacle. L'influence des vieilles traditions et le souvenir du temps où les voies d'exécution se résumaient surtout dans la contrainte par corps se fit toujours sentir chez les Romains. Longtemps l'usage des sûretés réelles ne leur apparut que comme un moyen de gêner le débiteur. L'action contre les fidéjusseurs leur semblait plus simple et plus efficace. C'est sans doute à ce degré moindre d'utilité pratique qu'il faut attribuer l'infériorité relative de la législation en matière de garanties réelles. Par là on peut s'expliquer comment le droit civil si attentif au développement de la fidéjussion ne fournit jamais qu'une mise en œuvre insuffisante des sûretés réelles. En effet, même après que cette idée si élémentaire que les biens d'un débiteur sont le gage de son créancier eut conquis dans la jurisprudence romaine sa place légitime, on ne trouve dans la législation civile que la voie incommode et dangereuse de l'aliénation fiduciaire, et plus tard l'emploi encore insuffisant du pignus. Il appartenait à la législation prétorienne, qui dans le développement du droit romain représentait l'élément du progrès, de faire le dernier pas et de créer, à l'imitation des Grecs, le mode aussi efficace et plus simple de l'hypothèque. Mais soit qu'il faille attribuer ce fait à l'influence des idées anciennes, soit que le préteur n'ait pas eu dans ses innovations une initiative assez hardie, soit que le crédit ne fût pas encore assez puissant pour favoriser l'emploi de l'hypothèque, toujours est-il que l'organisation remarquable d'ailleurs du régime hypothécaire romain sembla toujours pratiquement insuffisante. Peut-être aussi faut-il attribuer ce peu de vitalité au défaut absolu de publicité.

Comme on le voit, l'organisation de l'hypothèque fut, comme presque toutes les institutions définitives du droit romain, le dernier mot d'un proprès lent et sage. L'évolution de la législation romaine en ce point particulier est en parfait parallèle avec le développement de la matière des contrats.

On sait comment, à l'origine, les deux seuls contrats qui aient attiré l'attention du législateur étaient la vente et le prêt d'argent. Ces deux contrats avaient été, au point de vue de la forme, l'objet d'une réglementation détaillée : c'étaient la mancipatio et de nexum. On conçoit qu'il pouvait intervenir entre les citoyens romains bien des contrats ne rentrant pas dans cette classification si étroite. La pratique se tira d'affaire en considérant la mancipatio et le nexum comme des formes générales applicables à toute epèce de contrats. C'est ainsi que pour former un dépôt ou un commodat on recourait à la mancipation, que l'on faisait suivre d'une nuncupatio, par laquelle le dépositaire ou le commodataire s'engageaient à retransférer la propriété de la chose. Ce fut aussi le premier mode employé pour constituer une sûreté réelle : l'aliénation fiduciaire.

Ce procédé présentait de nombreux inconvénients au point de vue surtout de la restitution de la chose. Le contrat de fiducie qu'on y ajoutait était un remède insuffisant. Ce fut alors que se créa une classe nouvelle de contrats, qui se formaient par la remise de la chose, *re*, et qui ne transportaient plus au dépositaire au commodataire que la possession de la chose : à cette seconde phase correspond le pignus.

Enfin, dans certains cas soigneusement délimités, on admit que sans formes spéciales, sans tradition, sans l'emploi de paroles consacrées, par le seul effet du consentement, une convention pourrait naitre, sanctionnée par une action. La législation civile n'appliqua pas ce progrès à la constitution des sûretés réelles : mais le prêteur fut plus hardi, et créa l'hypothèque.

Il faut reprendre en détail l'examen de ces trois formes successives pour arriver à l'étude approfondie de l'hypothèque, dernier terme du progrès en cette matière.

I. *De l'aliénation fiduciaire.* — Dans la première période, quand un débiteur veut fournir à son créancier une garantie particulière, il lui transfère, par l'un des modes habituels, la propriété de la chose qu'il veut lui engager. La chose ainsi aliénée s'appelle res fiduciaria. On joint à l'aliénation le contrat de fiducie, par lequel le créancier promet de transporter de nouveau au débiteur la propriété de la chose, quand il sera payé. Mais tandis que l'aliénation avait pour effet de rendre le créancier propriétaire, le contrat de fiducie n'avait d'autre résultat que de conférer au débiteur une action personnelle, qui souvent devait être bien insuffisante. Le créancier, en effet, cumule les deux qualités de gagiste et de propriétaire. Au premier titre il est soumis à de certaines obligations : notamment, il ne peut ni aliéner la chose avant l'échéance, ni la dégrader; enfin il doit imputer sur sa créance tout ce qu'il acquiert à l'occasion de la chose engagée. Mais il n'est pas moins vrai qu'il a sur cette chose, en qualité de propriétaire, un droit absolu. Si donc, au mépris des obligations que lui impose le contrat de fiducie, il aliène la chose avant l'échéance, le débiteur n'aura contre lui qu'une action personnelle qui pourra ne pas être efficace si le créancier est devenu insolvable. Là se montre le vice de ce système primitif. Sans doute les droits du créancier sont garantis aussi énergiquement que possible, car il aura soin de se faire donner en fiducie une chose d'une valeur supérieure au montant de sa créance, et la conservera s'il n'est pas payé : de plus, il n'aura pas à craindre le concours d'un autre créancier : contre les tiers il aura l'action en revendication et les interdits destinés à protéger la possession de tout propriétaire : enfin si la chose engagée lui a causé quelque dépense il rentrera dans ses avances au moyen de l'action fiduciæ contraria (1). Mais des deux intérêts mis en présence dans le contrat de prêt, l'intérêt du seul créancier est ménagé; celui du débiteur est absolument sacrifié. Il perd à la fois la propriété et la possession de la chose, et ne peut être assuré de la recouvrer même en s'acquittant. On avait cherché des palliatifs à ces graves dangers : il était d'usage que le créancier fît de nouveau passer la possession de la chose aux mains du débiteur au moyen d'un contrat de louage ou d'un precarium. C'étaient là, on le comprend, des correctifs bien impuissants, et le débiteur ne restait pas moins à la discrétion du créancier.

On pensa fournir au débiteur, par la voie de l'usureceptio un moyen de vaincre le mauvais vouloir du créancier. Voici en quoi consistait ce moyen : Si le débiteur, après s'être acquitté, parvenait à mettre la main sur son bien, il pouvait l'usucaper par un an, même s'il s'agissait d'un immeuble et malgré son état flagrant de mauvaise foi. Que s'il avait ressaisi la possession avant de s'être acquitté, l'usucapion était encore possible dans le même délai d'un an, pourvu toutefois que cette prise de possession n'eût pour origine ni un louage, ni un précaire consenti par le créancier. Dans ce cas on disait que l'usureceptio était lucrativa (1).

(1) Sent. de Paul., liv. II, tit. XIV, § 7.
(1) Gaïus, Com., II, §§ 59 et 60.

II. *Du pignus.* — Par l'introduction de cette seconde forme on voulut atténuer l'inconvénient capital de la fiducie. La propriété de la res pignorata ne passa plus au créancier, et le débiteur ne dût lui en transférer que la possession. Le contrat, en conséquence n'était parfait que par la tradition, mais cette tradition ne transférait au créancier que la possession de la chose, possession protégée par des interdits, mais ne pouvant conduire à l'usucapion parce qu'elle manque des conditions requises à cet effet : la justa causa et la bonne foi. Toutefois : la possession du créancier s'ajoutera à celle du débiteur pour conduire ce dernier à l'usucapion. L'intérêt même des créanciers veut qu'il en soit ainsi (1).

Des auteurs pensent que le pignus n'a pas été un perfectionnement de la fiducie et que les deux institutions sont contemporaines (2). Il est difficile, faute de documents, de prendre parti dans ce débat. Mais même dans ce dernier système, on peut expliquer sans peine comment, malgré leur simultanéité d'origine, la fiducie et le pignus nous apparaissent de loin comme s'étant succédés chronologiquement. Au début, en effet, le pignus ne conférait au créancier que des droits bien imparfaits. Il pouvait retenir la chose jusqu'au payement, mais sa possession n'était aucunement pro-

(1) L. 36, D. De adq. possess., 41, 2. — L. 33, § 4, De usurp. et usucap. 41, 3.

(2) MM. Pellat, Cours de Pandecte, 1866-67, et Accarias, Précis de droit romain, I, p. 633, note 4.

tégée. De plus il ne pouvait user de la chose sans commettre un furtum usûs : il ne pouvait, sans encourir la même responsabilité, vendre le gage sans le consentement du débiteur (1). On comprend qu'en cet état, la fiducie qui donnait au créancier une action en revendication contre les tiers et des interdits, qui lui permettait d'user de la chose ou de la faire vendre, devait être plus en faveur que le pignus. Mais les imperfections de ce dernier contrat tombèrent peu à peu. De bonne heure on accorda au gagiste des interdits pour protéger sa possession : de plus, la voie de la procuratio in rem suam lui donnait un moyen facile d'exercer les actions qui compétaient au débiteur en tant que propriétaire de la chose engagée. Plus tard, mais seulement par une réaction de l'hypothèque sur le pignus le droit du gagiste fut protégé par l'action quasi-servienne. Quant au droit de vendre, ce fut d'abord un élément accidentel du contrat de gage et il dut être expressément stipulé. Probablement cette stipulation à raison de son utilité devint fort usuelle, et comme le contrat de gage était de bonne foi, on la sous-entendit ; il fallut alors une clause formelle pour l'exclure. Toutefois, si l'on n'avait pris soin d'autoriser expressément le créancier à vendre, il devait, avant de procéder à la distractio, faire trois dénonciations au débiteur. Enfin, la faculté de vendre qui n'était encore que de la nature du droit de gage, devint de son es-

(1) Inst. de Just., § 6. De oblig. quæ ex delicto nasc., liv. IV, tit. 1er. L. 73, D. De furtis, 47, 2.

sence et l'on interpréta la clause prohibitive en ce sens, que le créancier ne pourrait vendre qu'après trois dénonciations au débiteur. A défaut de prohibition, il put vendre sans recourir à ce préliminaire. Néanmoins, même en cet état, le droit de venrde demeure facultatif pour le créancier, qui peut, s'il le préfère, s'en tenir à la rétention ; mais le débiteur est toujours libre de vendre le gage et de se libérer avec le prix (1).

On comprend qu'après que le pignus eût ainsi acquis tous les avantages de la fiducie, il dut lui être préféré, car il n'en avait pas les inconvénients. Il était notamment plus favorable au débiteur.

Considéré comme contrat, le pignus engendrait des obligations réciproques. Après payement le créancier peut être contraint de restituer la chose par l'action pigneratitia directa (2). Il y a cependant une hypothèse où il peut retenir le gage même après payement. C'est l'hypothèse prévue par le rescrit de Gordien, qui forme la L. un. C. liv. 8, tit. 27. Si le débiteur a depuis la constitution de gage contracté une nouvelle dette envers le créancier, sans affecter à cette dette le gage précédemment constitué, il ne peut, après avoir acquitté la première dette, poursuivre la libération du gage. Il faut, pour cela, qu'il s'acquitte complète-

(1) V. Sent. de Paul., liv. II, tit. v, § 1. — Gaïus Com., II, § 64. — L. L. 4 et 6, D. De pign. act., 13, 7.
(2) L. 9, §§ 3 et 4, D. De pign. act., 13, 7.

ment (1). Par la même action, le débiteur obtiendra du créancier la restitution de ce qui restera sur le prix du gage après l'acquittement de la dette. De son côté, et par l'action pigneratitia contraria, le créancier se fera tenir compte des impenses utiles ou nécessaires qu'il aura faites à l'occasion de la chose. Il obtiendra des dommages et intérêts si elle lui a causé quelque préjudice, ou encore si elle avait été antérieurement engagée ou hypothéquée à un tiers. Dans cette dernière hypothèse, le débiteur pourrait même, comme nous le verrons, encourir la peine du stellionat (2).

Il n'y avait point de formes particulières pour la constitution du pignus. Il pouvait résulter d'un contrat, d'un jugement, d'un acte de dernière volonté. Dans tous les cas il fallait une tradition (3).

Le gage pouvait garantir toute espèce de dettes, et émaner de toute personne ayant une chose in bonis et capable de l'aliéner. On pouvait engager tous les biens qui sont dans le commerce et qui sont susceptibles d'être vendus. Malgré l'opinion de quelques jurisconsultes, et l'étymologie plus que douteuse proposée par Gaïus (L. 238, § 2. D. De Verb. sign.) il est certain que les immeubles, aussi bien que les choses mobilières pouvaient faire l'objet d'un gage.

(1) La même solution était admise dans notre ancien droit. Pothier. Du Nantissement, n° 47. C'est l'origine de l'art. 2082, 2e alinéa, de notre Code civil.

(2) LL. 8, 31, 16, § 1, et 36, § 1, D. De pignerat. act., 13, 7.

(3) L. 26. Princip., et § 1., eod. tit.

Le créancier gagiste encourait la même responsabilité que le commodataire (1).

Le pignus n'était pas exempt de toutes les imperfections de la fiducie. Il ne mettait plus, il est vrai, le débiteur à la discrétion du créancier, mais il encourait le grave reproche d'inutiliser la chose puisque le débiteur perdait la possession et que le créancier ne pouvait en principe user de la chose sans commettre un furtum usûs. Les remèdes étaient les mêmes que pour la fiducie : « Potest tamen et precario et pro conducto debitor resuâ uti (2). » De plus, le gage ne permettait pas de faire servir la même chose à la garantie de plusieurs créanciers : c'était en somme un instrument de crédit bien incomplet.

III. *De l'hypothèque.* — L'inconvénient capital du pignus, la dépossession du débiteur, se faisait surtout sentir dans un cas tout particulier. Que l'on suppose, en effet, un fermier se présentant pour traiter avec un propriétaire : celui-ci, naturellement, exige des sûretés et souvent le fermier, s'il ne trouve point de fidéjusseur, ne pourrait affecter comme garantie réelle au payement de ses fermages que ses instruments de travail. Mais ce moyen de crédit serait tout aussi inutile, disons plus, aussi funeste au créancier qu'au débiteur. Il fallait donc rendre possible l'affectation des instruments au payement des fermages, sans en enlever au fermier ni la possession ni

(1) L. 13, § 1, et L. 14. De pign. act., 13, 7.
(2) L. 35, § 1, et L. 37, eod. tit.

l'usage. Ce fut, à cet effet, que le preteur Servius introduisit à Rome, à une époque qu'il est difficile de préciser, l'institution grecque de l'hypothèque.

Dans ce dernier mode d'organisation des sûretés réelles, ni la propriété ni la possession ne passent au créancier. Il fut admis par le préteur Servius, dans le cas particulier, que nous citions tout à l'heure, que le créancier pourrait acquérir, au moyen d'un simple pacte, un droit réel sur les invecta du fermier, droit qui lui conférerait la faculté de faire vendre s'il n'était pas payé à l'échéance (§ 7. Inst. De Action. IV, 6). Cette innovation, jugée simple et commode, fut bientôt généralisée, et ce fut l'origine de la pratique de l'hypothèque à Rome.

D'ailleurs la date exacte de l'introduction de l'hypothèque est inconnue. Cicéron en parle au moins pour l'Asie mineure (Ad famil. XIII, 56). Il est certain qu'elle fixe déjà l'attention des jurisconsultes du second siècle.

L'hypothèque était un instrument de crédit bien supérieur au pignus. En effet, la possession restait au débiteur. En conséquence, il était possible d'hypothéquer la même chose à plusieurs créanciers et d'épuiser ainsi le crédit que ce gage était susceptible de procurer. Ajoutons qu'elle améliorait en même temps la situation du créancier. Il n'avait plus, il est vrai, la possession, mais son droit, au lieu d'être garanti simplement par les interdits possessoires, comme le pignus, l'était par une action réelle. D'ailleurs il se fit en ce point une réaction de l'hypothèque sur le pignus, et le créancier gagiste put, comme le créancier hypothécaire user de l'action quasi-servienne. C'est en ce sens que les *Institutes* ont pu dire : « Inter pignus autem et hypothecam, quantum ad actionem hypothecariam attinet nihil inter est... Sed in aliis differentia est. » Ces différences se résument en une seule qui est la source de toutes les autres. « Nam pignoris appellatione eam proprie rem contineri dicimus, quæ simul etiam traditur creditori, maxime si mobilis sit, at eam quæ sine traditione, nudâ conventione tenetur, proprie hypothecæ appellatione contineri dicimus » (1). Il ne faut donc pas prendre à la lettre la loi si connue de Marcien : « Inter pignus autem et hypothecam tantum nominis sonus differt » (2). Cela n'est vrai que de l'action qui compète au créancier. On conçoit au surplus que c'était là un point capital, puisque le créancier gagiste et le créancier hypothécaire avaient le même moyen pour mettre leur droit en action. C'est ce qui explique sans doute pourquoi il se fit entre l'un et l'autre mode de sûretés réelles une sorte de confusion que nous révèle à chaque pas l'étude des textes. La plupart des lois qui nous sont parvenues sur ce sujet sont communes au pignus et à l'hypothèque. Il y a plus, si l'on était convenu de donner une chose en gage et que la tradition n'eût pas été effectuée, on

(1) L. 9, § 2 D. De pignerat. act., 13, 7.
(2) L. 5, § 1 D. De pign. et hyp., 20, 1.

considérait néanmoins la chose comme tenue de la dette. Le pacte de gage non accompagné de tradition était assimilé au pacte d'hypothèque (3). Par le même motif, et quoique le pacte d'hypothèque ne constituât pas un contrat, on n'hésitait point à accorder aux créancier et débiteur hypothécaires les actions pignératitiennes contraires ou directes. Néanmoins, la confusion ne fut pas complète et le pignus subsista comme contrat spécial, parce qu'il présentait dans certains cas de sérieux avantages. La possession donnait droit à l'exercice des interdits; elle dispensait le créancier nanti d'exercer l'action hypothécaire ou en délaissement. Enfin, s'il s'agissait d'un meuble, elle garantissait le créancier contre toute aliénation qui eût pu le faire disparaître.

Un auteur blâme énergiquement l'organisation de l'hypothèque à Rome. L'institution du préteur Servius « offrait, dit-il, un moyen commode de faire des dupes... On fonda ainsi le plus détestable système hypothécaire qui se puisse imaginer. Toutes les hypothèques étant occultes, il n'y avait ni sécurité pour le créancier, ni par conséquent véritable crédit pour les débiteurs. Quoiqu'il parût difficile de rendre un tel système plus mauvais qu'il ne l'était déjà par lui-même, on y arriva cependant en y jetant par la suite le chaos des hypothèques privilégiées. Mieux valait encore le pignus, si le débiteur ne tirait pas de sa

(3) Ulpien, L. 1, § 1, D. De pign. act.

propriété tout le crédit possible, au moins ne pouvait-il tromper personne (1). » Cette critique pourra paraître au moins sévère. Il est incontestable que l'institution du préteur Servius, généralisée par ses successeurs, constituait un progrès réel. Ce qui fit le danger du système, ce fut une organisation de détail vicieuse et surtout le défaut absolu de publicité. Les Grecs avaient eu un mode de publicité rudimentaire, si l'on veut, mais néanmoins utile. Quelques auteurs ont voulu inférer de diverses lois éparses au code, que les Romains avaient connu la pratique des *oroi* c'est au moins peu vraisemblable. Il est certain qu'à Rome les hypothèques furent occultes, et c'est, à n'en pas douter, la cause qui paralysa le développement pratique du régime hypothécaire.

Cette clandestinité devait évidemment donner lieu à des fraudes nombreuses, et faire dégénérer en instrument dangereux ce qui eût pu devenir un précieux moyen de crédit. On chercha à punir et à réprimer ce qu'on avait été impuissant à prévenir, et le fait d'induire un créancier en erreur en lui hypothéquant une chose déjà engagée à un tiers fut puni des peines du stellionat. Le stellionat n'était point un de ces délits attribués à une quæstio perpetua quelconque et atteint par une pœna legitima. Il rentrait dans la classe des animadversiones extraordinariæ. La connaissance en appartenait au président

(1) M. Bonjean, Traité des Actions, t. II, p. 174.

de la province. La peine variait suivant la qualité des coupables. Pour les plébéiens, elle pouvait aller jusqu'à la condamnation aux mines. Pour les personnes « qui sunt in aliquo honore positi » la peine pouvait être ou la relégation à temps ou l'exclusion de l'ordo (1).

On pouvait échapper à cette pénalité sévère en déclarant au second créancier qu'une première hypothèque grevait déjà la chose, sauf à restreindre la seconde hypothèque à l'excédant de valeur du bien engagé sur le montant de la première créance, ou à l'étendre à toute la chose pour le cas où cette première créance serait éteinte. Gaïus décide même que l'extension de la seconde hypothèque à toute la chose a lieu sans convention (2). — La déclaration du débiteur n'était même pas nécessaire si la première dette était modique et la chose hypothéquée de grande valeur. « Si res ampla sit et ad modicum æris fuerit pignorata. » (L. 36 § 1. D. Depign. Act.)

Un essai bien insuffisant du reste fut tenté par l'empereur Léon pour corriger les vices de cette clandestinité. Il décida que les gages ou hypothèques constitués dans des actes publics (instrumentis publicis) ou dans des actes privés (idiochiris) certifiés par la subscriptio de trois témoins bonæ et integræ

(1) V. au Dig. le tit. 20 du liv. 47, notamment la L. 3, §§ 1 et 2. — L. 1, D. De pign. act.
(2) L. 15, § 2, D. De pign. et hyp., 20, 1.
(3) L. 11, C. Qui potiores, 8, 18.

opinionis primeraient toutes les hypothèques mêmes antérieures qui seraient constatées par un simple acte privé. Mais cette constitution n'eût jamais l'ambition de créer un système quelconque de publicité. Elle attachait à la publicité un droit d'antériorité, mais ne la rendait aucunement obligatoire, et, après comme avant, l'écriture resta, en matière d'hypothèque, un simple moyen de preuve nullement essentiel à la validité de la constitution.

C'est la constitution de l'hypothèque qui doit faire spécialement l'objet de ce travail : nous déterminerons d'abord la nature et l'étendue du droit d'hypothèque. Comme toute convention, celle-ci exige le consentement des parties, leur capacité, un objet certain. Nous aurons donc à étudier comment doit se manifester le consentement, si parfois il n'est pas suppléé ou inutile, quelle capacité est requise pour constituer une hypothèque, quelles choses sont ou ne sont pas susceptibles d'en être frappées. Enfin, comme le pacte d'hypothèque est une convention accessoire, nous aurons à rechercher quelles obligations peuvent lui servir de base.

CHAPITRE II.

De la nature et de l'étendue du droit d'hypothèque.

L'hypothèque est un droit réel accessoire conféré sur une chose, par un débiteur à son créancier pour lui garantir l'exécution de son engagement sans aliénation de la propriété ni de la possession. Cujas la définit. « Hypotheca est pactio nuda, quâ, jure honorario, a debitore obligatur aliquid in crediti vicem. »

Le caractère de réalité du droit d'hypothèque, qui résulterait au surplus bien clairement de l'attribution au créancier d'une action in rem, nous est révélé aussi nettement que possible par différents textes du *Digeste*. Les L. L. 19 princ. De damno infecto et 30 D. De noxal. action. mettent sur la même ligne le dominus, l'usufruitier et le créancier gagiste ou hypothécaire, et disent formellement qu'ils ont tous un jus in re. De même l'action de la loi Aquilia, qui en principe n'appartient qu'au propriétaire, est accordée au créancier et à l'usufruitier comme ayant un jus in re (1).

(1) L. 11, § 10. — L. 17 princ., D. Ad legem Aquil., 9, 2.

Il ne rentre pas dans le cadre de notre étude de rechercher quels sont les droits conférés au créancier hypothécaire : mais nous ne pensons pas en excéder les bornes en examinant comment le droit réel attribué au créancier pouvait être mis en œuvre.

Pour user de son droit et utiliser ensuite les prérogatives diverses attachées à sa qualité, le créancier devait avant tout se faire mettre en possession de la chose hypothéquée.

Quelles voies pouvaient le conduire à ce but? Pour le préciser, il faut se souvenir que la constitution d'hypothèque n'avait pénétré à Rome que comme satisfaction donnée à la nécessité tout à fait spéciale de ne pas enlever au fermier ses instruments de travail. Les moyens de procédure furent au début restreints à cette application. Le droit romain nous en offre deux : l'interdit Salvien et l'action Servienne. Nous verrons si l'un et l'autre se généralisèrent comme le droit conféré au locator par le préteur Servius.

1° *Interdit Salvien.* — Il est impossible de préciser l'époque où fut créé l'interdit Salvien; très-vraisemblablement il précéda l'action Servienne. Cet interdit appartenait au propriétaire du fonds loué (1). Il est même probable que la qualité de locator suffisait pour permettre de l'exercer. Gaïus et Justinien précisent ainsi son objet. « Eo utitur dominus fundi de rebus coloni, quas is pro mercedibus fundi pignori futuras

(1) Gaïus, Com., IV, § 147.— Inst. de Just., § 3, liv. IV, tit. XV.

pepigisset. » Ce dernier mot ne parait faire allusion qu'à une constitution de gage expresse. Mais il n'est point douteux qu'il ne s'appliquât aussi aux choses grevées d'hypothèques tacites et par exemple aux fruits nés sur l'immeuble loué. Il s'appliquait de même aux choses qu'un tiers avait affectées à la garantie des fermages du colonus. L'exercice de l'interdit était soumis à la double condition d'une convention expresse ou tacite et d'un apport effectif sur le fonds, apport qui devait présenter certains caractères de permanence (2). La nécessité d'assurer au locator une garantie efficace ne permet pas de douter que l'interdit Salvien n'ait été accordé contre tout tiers détenteur (L. 1 § 1 D. De Salv. Interd.). On peut invoquer en ce sens le témoignage formel de Théophile. On a cependant élevé quelques doutes sur ce point, à cause d'une constitution de Gordien, qui forme au code la L. 1 De prec. et Salv. interd. Les auteurs se sont efforcés de concilier ce texte avec l'opinion de Théophile. Il y a tout lieu de croire qu'il a subi quelque interpolation, et dès lors son authenticité n'étant plus certaine son autorité se trouve fort amoindrie. La question de savoir quelle preuve le juge de l'interdit pouvait exiger du demandeur est des plus délicates. Nous pensons que dans cette procédure on agitait simplement une question de possession sans pouvoir faire porter le litige sur la validité de la constitution

(2) L. 7, § 1 D. In quib. causis, 20, 2. — L. 32 D. De pign. et hyp., 20, 1.

de gage. La procédure de l'interdit Salvien pouvait être dirigée contre le colonus ou ses héritiers, contre un tiers constituant contre un créancier gagiste auquel le colonus aurait livré les illata, contre un créancier hypothécaire auquel il aurait pu les affecter, sauf le débat sur la priorité, qui ne pouvait du reste s'engager que par l'action servienne.

2° *Action Servienne.* — La voie possessoire parut bientôt sans doute insuffisante, et le préteur Servius reconnaissant au conductor un jus in re, lui concéda une action in rem pour agir au pétitoire, dans le but toujours d'obtenir la possession de la chose. Cette action du nom de son créateur s'appela Actio Serviana.

L'action Servienne est au nombre de celles dont la formule était in factum concepta. On comprend en effet que pour une institution nouvelle le préteur ne pouvait trouver de formule préexistante susceptible d'être étendue à ce cas au moyen d'une fiction. C'est une action arbitraire, par conséquent le défendeur a deux moyens de se faire absoudre : payer ou livrer la chose au créancier qui alors sera nanti et pourra faire vendre. Le but de l'action Servienne est la même que celui de l'interdit Salvien : obtenir la possession des res coloni. Mais la preuve à faire est différente. Outre la convention, le demandeur doit prouver la validité de la constitution, c'est-à-dire la qualité de propriétaire du constituant au moment de l'affectation. Elle était évidemment possible contre tous tiers détenteur ;

c'était la conséquence de son caractère de réalité. Elle pouvait être exercée contre le colonus ou ses héritiers, contre un tiers constituant, contre un créancier gagiste ou hypothécaire.

Si l'on compare entre eux les deux exposés sommaires qui précèdent, on est tenté d'admettre que l'une et l'autre voie faisaient double emploi. Certains auteurs l'ont en effet pensé et expliquent que l'interdit Salvien a dû précéder l'action Servienne et devenir inutile lors de la création de cette dernière. En sorte que des deux voies ouvertes au créancier, l'une n'eût été qu'un acheminement vers l'autre. Cependant il paraît évident que les deux moyens ont coexisté, et dès lors il est naturel de croire que l'un et l'autre avait son domaine distinct.

Un examen attentif démontre que les conditions d'exercice de l'action Servienne n'étaient pas les mêmes que celles de l'interdit. Dans celui-ci, il fallait prouver l'apport effectif, preuve inutile dans l'action Servienne. Mais là n'est point la différence capitale. L'action comportait un débat bien plus approfondi, elle donnait le dernier mot sur les prétentions respectives de l'une et de l'autre partie parce qu'on y examinait la validité du pignus. Marcien est formel pour l'attester (1). En était-il de même dans l'interdit? Les auteurs qui ne le considèrent que comme une sorte de préface de l'action répondent affirmativement,

(1) L. 23, D. De probationibus, 22, 3.

mais nous ne pensons pas que ce sentiment doive être suivi. De puissantes considérations conduisent à admettre que le débat sur l'interdit laissait entière la question de savoir si le constituant avait été ou non capable d'engager sa chose : — 1° La qualification d'interdit adipiscendæ possessionis semble bien restreindre à une question de possession la portée de l'interdit Salvien ; — 2° Si le locator se trouvait nanti et venait ensuite à être dépossédé, il ne pourrait plus user de l'interdit Salvien qui, comme tous les interdits adipiscendæ possessionis, ne peut servir qu'à obtenir une possession qu'on a jamais eue (1). Or tout le monde accordera que cette dépossession ne fait pas perdre au locator son droit de gage, puisque le gage peut subsister sans la possesion. Comment donc expliquer si l'interdit Salvien peut porter sur le fonds du droit, le maintien de ce droit joint à la perte des moyens de le faire valoir. — 3° Le locator prædii urbani, dont la maison possédait en quelque sorte les meubles de l'inquilinus, pouvait retenir ces meubles par voie de perclusio sans qu'il y eut à examiner la validité de ce gage tacite (2). L'interdit Salvien avait été donné au locator fundi rustici pour compenser l'impossibilité pour lui de posséder les meubles du colonus ; mais il ne devait pouvoir obtenir

(1) Gaïus Corn., IV, § 144 in fine, § 3 Inst. de Just., IV, 15, — Paul, L. 2, § 3, D. De Interd., 43, 1.
(2) L. 1, § 5, D. De migrando, 43, 32.

par cette voie un résultat plus complet que le bailleur d'une maison par la *perclusio*.

On comprend donc que dans ce système l'interdit Salvien, et l'action Servienne pouvaient coexister sans superfétation.

Tels étaient les moyens créés pour le cas spécial du locator fundi rustici. Mais l'institution de Servius n'en resta pas là et bientôt entre tous contractants la convention suffit pour créer l'hypothèque. La procédure suivit-elle cette marche progressive?

En ce qui touche l'interdit Salvien, la question est controversée. Pour l'affirmative on invoque différents textes. 1° La L. 2 §, 3 au *D. de interd.* où Paul range l'interdit Salvien parmi les interdits adipiscendæ possessionis en s'exprimant ainsi : « Salvianum quoque interdictum, quod est de pignoribus, ex hoc genere est. » On tire argument de la généralité du mot « pignoribus. » 2° Le § 16 du tit. VI, liv. 3 des *Sentences* de Paul. Le jurisconsulte énumérant les biens qui échappent à une constitution générale d'hypothèque ajoute : « Ideoque de his nec interdictum redditur. » On voit dans ces mots une allusion à l'interdit Salvien qui apparait comme corollaire de toute constitution d'hypothèque. 3° La L. 1, *C. De prec. et Salv. interd.*, parle incidemment en ces termes de notre interdit : « Id enim tantummodo adversus conductorem debitoremve competit. » Le mot « debitoremve » semble bien consacrer la généralisation dont il s'agit. 4° La L. 3 *C. De pignor.*, 8, 14, tout en constatant que les créanciers gagistes qui se mettent d'eux-mêmes en possession du gage « vim facere non videntur » indique cependant que, régulièrement « auctoritate præsidis possessionem adipiscidebent. » Dans cette doctrine on interprète ces derniers mots comme se référant à l'interdit Salvien, adipiscendæ possessionis — Ces témoignages ne paraissent pas concluants aux partisans de l'opinion contraire. L'argument tiré du mot « pignoribus. » dans la L. 2 § 3 *D. De Salv. interd.*, est bien peu probant, car pourquoi veut-on faire prévaloir un mot mis incidemment dans la phrase de Paul sur les textes nombreux où l'interdit est accordé au locator et rien qu'à lui. Le paragraphe extrait des *Sentences* de Paul n'est guère plus favorable. Il ne fait aucune allusion au cas d'un locator, et peut fort bien s'entendre, dans sa généralité, d'un créancier gagiste ordinaire qui aurait retrocédé, au moyen d'un precarium, la possession des biens engagés, à son débiteur. Quant à la constitution de Gordien, nous avons eu déjà l'occasion de remarquer que son texte était sans doute interpolé : le mot « debitoremve » doit être entendu comme une sorte de qualificatif joint au mot « conductorem. » Enfin il est tout aussi légitime d'admettre une allusion à l'action Servienne dans la L. 3 C. De pignoribus que d'y trouver un renvoi à l'interdit Salvien, Nous concluons donc que l'interdit Salvien ne reçut jamais d'application en dehors du cas particulier qui l'avait fait créer.

Quant à l'action Servienne, il n'est pas douteux qu'elle fut généralisée et concédée sous le nom d'*actio quasi Serviana* ou *hypothecaria* à tout créancier hypothécaire. Sa formule ne nous est pas parvenue intégralement dans les textes. De Keller l'a restituée de la sorte (1) : « Octavius Judex esto. Si paret eam rem, quâ de agitur, ab eo, cujus in bonis tum fuit, ob pecuniam promissam, Aulo pignori obligatam, eamque pecuniam neque solutam, neque eo nomine satisfactum esse, neque per Aulum stare quominus solvatur, satisve fiat nisi arbitratus tuo Numerius Aulo restituet, quanti ea res erit Numerium Aulo condemna : Si non paret, absolve. »

Tout ce que nous avons dit de l'action Servienne au point de vue de sa nature, de la preuve qu'elle exige, est vrai ici. Le juge examinera d'abord si le défendeur possède; car s'il ne possède point et si la perte de la possession ne provient pas de son dol il doit être absous. Que s'il possède, il sera encore absous soit en payant, soit en restituant, soit enfin en donnant caution si la restitution immédiate est impossible. Si le défendeur ne prend ni l'un ni l'autre de ces divers partis, il sera condamné dans la mesure de l'intérêt du demandeur, et même si c'est par son dol qu'il s'est mis dans l'impossibilité de restituer, il sera condamné « quanti actor in litem juraverit. » La somme ainsi fixée par le demandeur sous la foi du

(1) Der rœmische Civil process., etc. Traduct. Capmas, p. 138.

serment pourra excéder son droit. Le jurisconsulte Marcien voit là une sanction de l'ordre du juge : « Nam si tanti condemnatus esset quantum deberetur, quid proderat in rem actio, cum et in personam agendo idem consequeretur (1)? » Suivant Ulpien, cette condamnation exagérée ne serait possible qu'autant que l'action serait dirigée contre un tiers détenteur (2). Pothier a tenté de concilier les deux textes en prétendant que Marcien visait comme Ulpien le cas spécial où le fonds hypothéqué avait passé aux mains d'un tiers détenteur. Mais les derniers mots de la L. 16 § 3, que nous avons cités, protestent contre cette prétendue conciliation.

Tels sont en résumé les moyens attribués au créancier pour acquérir la possession : une fois nanti, il peut vendre et se payer.

Nous pensons avoir ainsi déterminé la nature de l'hypothèque. Reste à en fixer l'étendue. Sur ce point tout se résume en deux principes : 1° l'hypothèque est indivisible; 2° elle s'étend aux accessoires de la chose hypothéquée. L'une et l'autre règle veulent être éclaircies par quelques applications.

I. *L'hypothèque est indivisible.* — L'indivisibilité de l'hypothèque est un de ses caractères les plus remarquables. C'est une garantie de plus pour le créancier. Notre principe signifie que l'hypothèque frappe l'objet hypothéqué dans son ensemble et dans

(1) Marcien. L. 16, § 3, D. De pignor. et hyp., 20, 1.
(2) Ulpien. L. 21, § 3, D. Eod. tit.

chacune des parties qui le composent, en sorte que la moindre portion de la dette restée impayée soit garantie par le fonds entier, et que la moindre parcelle du fonds réponde de la dette entière : « Est tota in toto, et totà in quâlibet parte, » suivant l'expression consacrée. Ce principe est fécond en conséquences soit du vivant du débiteur et du créancier, soit surtout lorsqu'à la mort de l'un ou de l'autre la dette vient à se partager activement ou passivement entre plusieurs héritiers.

Du vivant du débiteur et du créancier, le débiteur, en acquittant une quote-part de la dette, ne peut exiger qu'une quote-part correspondante du fonds hypothéqué soit dégrevée (1). S'il aliène une partie du fonds, cette partie passe aux mains de l'acquéreur grevée de l'hypothèque pour toute la dette. Enfin si, pour une cause ou pour une autre, le fonds se trouve aux mains de plusieurs copropriétaires indivis, chacun d'eux peut être poursuivi hypothécairement pour le tout.

A la mort du débiteur, la dette se trouve partagée entre ses héritiers et chacun d'eux ne peut être poursuivi par l'action personnelle que pour sa part héréditaire. Mais par suite de l'indivisibilité de l'hypothèque, quelle que soit la part de l'objet hypothéqué qui lui ait été attribuée, chaque cohéritier est tenu de la dette entière et ne peut échapper à la nécessité de

(1) L. 19, D. De pignor. et hyp., 20, 1. — L. 8, § 2, in fine, D. De pign. act., 13, 7.

l'acquitter intégralement qu'en délaissant sa part de l'objet hypothéqué (1).

Nous trouvons le même principe consacré pour le cas inverse où le créancier meurt laissant plusieurs héritiers, dans la L. 1 C. *Si unus ex plurib. hered.*, 8,32 : « Manifesti et indubitati juris est, defuncto creditore, multis relictis heredibus, actionem quidem personalem inter eos, lege XII. Tabularum dividi, pignus vero in solidum unicuique teneri. » Toutefois, Ulpien semble apporter un tempérament à cette règle dont les résultats pourraient être bien rigoureux pour le débiteur. Il ne permet aux héritiers du créancier, lorsque l'un d'eux a reçu sa part de la dette, de vendre le fonds entier qu'à la charge de rendre d'abord au débiteur la somme qu'il a payée. On a tenté de concilier ces deux textes en appliquant celui d'Ulpien au système de l'aliénation fiduciaire (2).

La L. 65 D. *De evictionibus* 21, 2, nous présente une intéressante application du principe de l'indivisibilité. Deux héritiers ont vendu une *res hereditaria* qui se trouvait hypothéquée, et chacun pour sa part a fait avec l'acheteur la *stipulatio duplæ* pour le cas d'éviction. L'un des deux héritiers seulement acquitte sa part dans la dette, et le créancier hypothécaire, en vertu du droit réel qu'il a sur la chose, évince l'acheteur. Celui-ci peut-il intenter l'*actio ex stipu-*

(1) L. 2 C. Si unus ex plur. hered., liv. VIII, tit. XXXII.

(2) Ulpien, L. 11, § 4 D. De pign. act. — V. M. Demangeat, Cours élém. de droit romain, t. II, p. 534.

latu duplæ contre l'un et l'autre héritier? Papinien lui en donne le droit « propter indivisam pignoris causam. » Cependant il paraît peu équitable d'actionner ainsi celui qui s'est libéré. Quel recours pourra-t-on lui accorder? Il ne pourra, dit le texte, exiger par la voie de l'exception de dol que l'acheteur lui cède ses actions contre son cohéritier. Chacun d'eux ne s'était engagé que pour sa part : ils n'étaient pas *correi debendi;* l'acheteur n'a donc commis aucun dol en agissant contre celui qui avait payé. Au surplus, l'acheteur a besoin de conserver ses actions contre l'autre cohéritier. Il faut donc chercher une autre voie de recours? Le jurisconsulte la trouve dans l'action *familiæ erciscundæ*. Par cette action, en effet, chaque cohéritier peut obtenir réparation du préjudice que lui a causé son cohéritier. On peut appliquer à l'action *familiæ erciscundæ* ce que dit Pomponius de l'action *communi dividundo* « quidquid enim culpâ socii amissum est, eo judicio continetur. » On pourrait objecter qu'il n'y a point ici faute du cohéritier, que celui qui a payé la dette n'a fait en réalité que se libérer de ce qu'il devait. C'est à cette objection que répond la fin de notre L. 65, en considérant plutôt la négligence du cohéritier *Secundus* que le fait du cohéritier *Primus* (1).

On sait que Justinien confondant en une seule les diverses espèces de legs qui avaient existé jusqu'à

(1) V. M. Machelard, Textes sur les hypothèques, p. 150, et M. Demangeat, Des oblig. solidaires, p. 249.

lui, donna aux légataires, pour la poursuite de leur droit, la triple voie de l'action personnelle, de la revendication et de l'action Servienne. En ce qui concerne ce dernier moyen, l'empereur s'exprime ainsi : « Tantum hypothecariâ unumquemque volumus quantum personalis actio adversus eum competit (1). » N'est-ce point là une dérogation manifeste au principe de l'indivisibilité? Il faut répondre négativement. L'hypothèque ne se divise pas entre les héritiers, puisqu'elle prend séparément naissance sur la part indivise de chacun d'eux. Que l'on considère, en effet, que l'hypothèque, garantie accessoire, ne prend naissance qu'avec la dette qu'elle doit garantir : or, la dette des legs n'existait pas du vivant du testateur, elle a pris naissance par le quasi-contrat d'addition d'hérédité, elle est née divisée à charge pour moitié des deux héritiers, si nous supposons qu'il y en a deux. Et simultanément deux hypothèques se sont trouvées créées garantissant l'une et l'autre dette. Toutefois l'on sait que le droit romain n'admettait pas le principe consacré par l'article 883 de notre Code civil. Le partage était translatif de propriété et ce principe combiné avec ceux de l'hypothèque va nous conduire à un résultat contraire à la règle de Justinien. Soient deux héritiers, Primus et Secundus, débiteurs d'un legs de dix mille sesterces. L'hérédité se compose de deux fonds d'égale valeur. Avant le partage, l'hypothèque garantissant la dette de Primus (5,000 ses-

(1) L. 1, C. Communia de legatis, 6, 43.

terces) grève la moitié indivise du fonds A et du fonds B. Celle garantissant la dette de Secundus (5,000 sesterces) grève l'autre moitié indivise des deux fonds. Le partage attribue le fonds A à Primus, le fonds B à Secundus. Primus acquiert la moitié du fonds A qui appartenait à Secundus grevée de l'hypothèque garantissant la dette de celui-ci. De même pour Secundus en ce qui concerne le fonds B. En sorte que l'un et l'autre peuvent être poursuivis hypothécairement pour le tout.

Ajoutons, en terminant, que l'indivisibilité est seulement de la nature de l'hypothèque et que ce principe peut être abandonné par une manifestation formelle de volonté (1).

II. *L'hypothèque s'étend aux accessoires de la chose hypothéquée.* — Les textes nous présentent de nombreuses et intéressantes applications de ce principe. Par exemple, quand un fonds a été hypothéqué, l'alluvion qui vient l'accroître est également frappé par l'hypothèque (2). De même si on a hypothéqué la nue propriété d'un fonds, l'usufruit qui vient s'y réunir est grevé de la même charge (3). L'hypothèque d'un pécule s'étend à tout ce qui entre dans le pécule depuis la constitution du gage. Quand un

(1) L. 8, § 3 D. Quib. modis pignus solvitur, 20, 6. Comp. C. C., art. 2114.
(2) L. 16, § 1 D. De pignor. et hyp., 20, 1.
(3) L. 18, § 1 D. De pign. act., 13, 7.

troupeau a été hypothéqué, l'engagement porte aussi sur le croît, alors même que par la mort de tous les animaux qui le composaient, lors du pacte, le troupeau se trouverait entièrement renouvelé (1).

Au surplus, le principe que l'hypothèque s'étend aux accessoires était entendu très-largement, et nous trouvons des cas nombreux où le droit du créancier subsiste nonobstant la transformation complète de la chose. « Si res hypothecæ data, dit Marcien, postea mutata fuerit, æque hypothecaria actio competit : veluti de domo data hypothecæ et horto facta. Idem si de loco convenit et domus facta sit (2) ». Il en serait autrement en matière d'usufruit. Cette différence s'explique d'ailleurs sans peine. L'usufruit est le droit d'user d'une chose avec sa destination actuelle : quand la chose grevée d'usufruit se transforme, par exemple quand il s'agit d'une maison détruite par un incendie, l'exercice du droit de l'usufruitier n'est plus possible. Le propriétaire au contraire peut tirer de sa maison toute l'utilité qu'elle est susceptible de procurer, quelles que soient les transformations qu'elle subisse. Même en cas de démolition, il conserve la propriété du sol et des matériaux. Le créancier auquel il a consenti une hypothèque doit avoir les mêmes droits que lui (3).

Dans le cas où un bien a été hypothéqué, il est de principe que les fruits qui en naissent sont engagés,

(1) L. 13, Princ. D. De pignor. et hyp., 20, 1.

(2) L. 16, § 2 D. eod. tit.

(3) L. Sent. de Paul., III, vi, § 31. — Inst., § 3, in fine, de usuf., liv. II, tit. IV.

par voie de conséquence, quoiqu'on ne l'ait pas dit expressément. Les fruits perçus depuis la litis contestatio sont tenus d'une façon absolue envers le créancier, toutes les fois que la valeur de la chose est inférieure au montant de la dette. Au contraire, ceux perçus avant la litis contestatio ne sont les accessoires du gage que s'ils sont existants et si la res principalis n'est pas suffisante. Car s'ils ont été perçus et consommés par un tiers de bonne foi, de même qu'il n'est pas tenu de les restituer au maître, de même il n'en doit pas compte au créancier auquel ils n'ont jamais été engagés puisqu'ils n'ont jamais appartenu au débiteur (1).

L'application de notre principe au part de la femme esclave ne souffre pas de difficulté quand l'enfant est né chez le débiteur (2). Que si au contraire, l'ancilla a été aliénée, et qu'un enfant soit né d'elle chez le tiers acquéreur, cet enfant est-il atteint par l'hypothèque? Nous avons sur ce point deux textes qui semblent contradictoires : « Si mancipia in causam pignoris ceciderunt ea quoque quæ ex his nata sunt eodem jure habenda sunt : quod tamen diximus etiam adgnata teneri.... ita procedit, si dominium eorum ad eum pervenit qui obligavit, vel heredem ejus, ceterum si apud alium dominum pepererint non erunt obligata. » Paul semble donc résoudre négativement

(1) L. 3 C. In quib. causis pignus vel hyp. tacite contrah. — L. 16, § 4 D. De pignor. et hyp., 20, 1. — L. 1, § 2, eod. tit.

(2) L. 1, Code. De partit. pignoris.

notre question. Cependant, dans un autre texte, le même jurisconsulte s'exprime ainsi : « Si fundus pignoratus venierit, manere causam pignoris, quia cum sua causa fundus transeat : sicut in partu ancillæ qui post venditionem natus sit » (1). Il est difficile d'admettre une contradiction aussi nette entre deux passages d'un même auteur. Aussi a-t-on proposé diverses conciliations. Accurse restreint l'application de la L. 13, § 2, au cas où l'ancilla a conçu pendant qu'elle était encore apud debitorem (2). C'est ajouter au texte une circonstance qu'il ne laisse pas soupçonner.

Cujas, après avoir admis cette explication en a proposé une autre. En principe, dit-il, le part de l'esclave hypothéquée ne l'est pas lui-même. Mais si le créancier qui le revendique n'est pas complétement indemnisé par la valeur de la mère, le juge pourra équitablement ordonner au défendeur de restituer la part (3).

M. Pellat émet une nouvelle tentative de conciliation. Suivant lui, la loi 18, § 2, D. De pign. Act. décide que le fonds ou l'esclave hypothéquée passe à l'acheteur cum suâ causâ c'est-à-dire avec toutes ses chances favorables ou défavorables. Le part de cette esclave est une causa favorabilis dont profite l'ache-

(1) Comp. L. 29, § 1 D. De pign. et hyp., et L. 18, § 2 D. De pign. act.

(2) Glose sur la L. 18, § 2, D. De pign. act., 13, 7. — Cujas, liv. XXIX, Pauli ad edictum.

(3) Cujas, Comm. sur les réponses de Paul.

teur : le gage est une causa defavorabilis dont il doit souffrir. Le jurisconsulte veut donc seulement donner un exemple de causa favorabilis et non pas dire que l'hypothèque atteint le part de la femme esclave né chez l'acheteur. Dans aucun cas le part n'est atteint par l'hypothèque quand il n'est pas né apud debitorem (1).

La L. 29, § 2, D. De pignor et hyp. 20, 1 nous présente une application nouvelle de notre principe : « Une maison hypothéquée a été détruite par le feu. Lucius Titius a acheté le sol. Quid de l'hypothèque? Paul a répondu que la poursuite était encore permise au créancier, que la superficie suivait le sort du sol et en conséquence était frappée par l'hypothèque. Toutefois, que les possesseurs de bonne foi ne pourraient être contraints à une restitution qu'après qu'on leur aurait tenu compte de la plus value procurée à la chose par les dépenses qu'il y auraient faites. » On a prétendu trouver dans la L. 44, § 1, D. De damno inf. 39 2 une décision qui contredit celle-ci : « Envoyé en possession, dit ce texte, en raison d'un dommage imminent, j'ai acquis la propriété par la possession. Le créancier à qui l'objet menaçant ruine avait été hypothéqué intente l'action quasi-servienne. Son action sera paralysée s'il n'est pas prêt à me rembourser les dépenses que j'ai faites pour les réparations. Pourquoi ne pas accorder le même

(1) M. Pellat, Cours de Pandectes (année 1866-67).

avantage à l'acheteur d'une maison hypothéquée. La position n'est pas la même parce que l'acheteur agit de son plein gré et peut exiger du vendeur toutes les garanties nécessaires, tandis que l'envoyé en possession à qui l'on ne donne pas caution n'est pas dans la même situation. » En réalité, il n'y a entre ces deux textes aucune opposition. Point n'est besoin de supposer dans la L. 29, § 2, l'hypothèse d'une maison nouvelle qui constituerait pour le créancier un gage nouveau et dans la L. 44, § 1, une maison simplement réparée sur laquelle le créancier n'eût pas moins eu son droit de gage sans les réparations. La différence des deux cas ne justifierait pas une diversité si grande de solutions. La L. 44 signifie simplement qu'il faudra tenir compte à l'envoyé en possession de ses débourséés d'une façon intégrale, tandis qu'on aura égard, en ce qui concerne l'acquéreur, à la plus value procurée à la chose, différence qui s'explique au surplus sans difficulté par les situations respectives de l'emptor et du missus in possessionem, comme l'indique la fin de la L. 44, § 1.

CHAPITRE III.

Du consentement. — Modes de constitution de l'hypothèque.

Comme toute convention, le pacte d'hypothèque suppose entre les parties un accord de volonté. Mais tantôt cet accord de volonté doit être exprimé formellement, tantôt la loi le suppose pour créer de sa propre autorité la garantie hypothécaire, tantôt même ce consentement n'est pas requis et la loi, dans un but de protection que les exemples à suivre feront suffisamment comprendre, établit spontanément un droit d'hypothèque, tantôt enfin la constitution résulte d'un ordre du magistrat ou du juge.

I. *Hypothèques conventionnelles.* Il faut ici un consentement manifesté sans que la forme de cette manifestation soit d'ailleurs aucunement réglée. Un simple pacte suffit : « Contrahitur hypotheca per pactum conventum, » dit Gaïus. On pourra s'étonner que le droit romain ait admis qu'une constitution de droit réel puisse résulter d'un simple pacte, sans aucune condition de formes. Ce fait peut s'expliquer si l'on considère que nous sommes ici dans le domaine du droit prétorien, et si d'ailleurs on se reporte à l'histoire des garanties réelles. On avait dû se familiariser avec cette idée par l'usage assez fréquent, paraît-il, de rétrocéder au débiteur immédiatement, sans doute en vertu d'un *precarium*, la possession des objets qu'il engageait. On s'accoutuma à ne plus distinguer s'il y avait eu perte, puis reprise de la possession, ou si le débiteur avait toujours continué à posséder, et le créancier obtint d'une manière uniforme la reconnaissance d'un jus in re, grâce seulement à une convention..... En pratique, la circonstance d'une tradition devint indifférente au point de vue du droit à l'action réelle (1).

Peu importaient, d'ailleurs, les termes employés pour conclure la convention. Il n'y avait pas, comme pour les contrats verbis, de paroles consacrées. Pas n'était besoin de dresser un écrit, et s'il en était fait un, il n'était utile que pour faciliter la preuve de la convention (2).

La convention pouvait se former même *inter absentes*, car une lettre suffit pour établir le consentement réciproque des parties (3). — La L. 3, § 1, *D. De pignor et hyp.* offre une nouvelle preuve des facilités accordées en cette matière. On demande à Scœvola si une lettre non datée peut servir de base

(1) M. Machelard, Théorie gén. des Interdits, p. 109.
(2) Gaius, L. 4 D. De pignor. et hyp., 20, 1.
(3) L. 23, § 1 D. eod. tit.

à une constitution valable d'hypothèque : « Respondit cum convenisse de pignoribus videtur, non idcirco obligationem pignorum cessare cum dies vel consules additi aut tabulæ signatæ non sint. »

Le consentement des parties se supposait parfois avec une facilité exagérée, comme le prouve une espèce prévue dans la L. 26, § 1, *D. De pignor. et hyp.* Un père qui empruntait de l'argent prie son fils d'écrire le billet reconnaissant sa dette, et rappelle dans ce billet qu'il hypothèque à la garantie de son obligation une maison appartenant à son fils. Le père meurt, le fils s'abstient de sa succession et l'on se demande s'il peut posséder sa maison, *optimo jure,* libre de toute charge, et se prévaloir de ce fait qu'il n'a écrit l'*instrumentum* que sur l'ordre de son père, sans témoigner, d'ailleurs, par aucun signe, de son consentement personnel. Modestin répond qu'en écrivant de sa main que sa maison serait hypothéquée, il a manifestement consenti à l'engagement que prenait son père. Cette extrême liberté nous révèle combien les idées de crédit étaient peu avancées et combien peu l'on avait compris les inconvénients d'un régime hypothécaire mal réglé. Les législations modernes se sont justement départies de cette indulgence excessive et dangereuse.

Au temps du droit classique, la constitution d'hypothèque était rendue plus dangereuse encore par la possibilité d'y adjoindre un pacte commissoire. On convenait que si le débiteur ne payait pas à l'échéance, le créancier posséderait la chose hypothéquée à titre d'acheteur, le montant de la dette représentant le prix d'achat. C'était une sorte de forfait dont on comprend tous les dangers pour le débiteur. Il résulte formellement du § 9 des *Fragm. Vaticana et de la L.* 81, *Princ. D. De contrat. empt.* que ce pacte était licite à l'époque du droit classique. Ce devait être cependant un instrument dangereux aux mains du créancier, et un moyen facile d'abuser de la misère du débiteur pour lui imposer des conditions usuraires. Il paraît bien que les inconvénients de ce pacte ne tardèrent pas à se révéler, car nous voyons, en l'an 326, l'empereur Constantin en proscrire l'usage en termes énergiques : « Quoniam inter alias captiones, præcipue commissoriæ pignorum legis crescit asperitas, placet infirmari eam et in posterum omnem ejus memoriam aboleri. Si quis igitur, tali contractu laborat, hac sanctione respiret quæ cum præteritis præsentia quoque repellit et futura prohibet » (1). Toutefois, si l'on est convenu : « ut si intra certum tempus non sit soluta pecunia, jure emptoris (creditor), possideat rem, justo pretio tunc estimandam, » on ne tombe pas sous la prohibition de Constantin, parce que les mêmes dangers n'existent plus : il n'y a là qu'une vente conditionnelle, formellement déclarée valable par un rescrit de Sévère et d'Antonin (2).

L'hypothèque conventionnelle peut être constituée

(1) L. 3 C. De pactis pignorum, 8, 35.
(2) L. 13, § 9 D. De pignor. et hyp., 20, 1.

purement et simplement, ou sous condition suspensive (1) ou résolutoire : Elle peut aussi être constituée *ad certum tempus* (2).

II. *Hypothèques tacites.* — Nous comprenons sous cette dénomination les hypothèques qui naissent de la loi, soit qu'en les créant le législateur se pose en interprète de la volonté tacite des parties, soit qu'il agisse en vertu de son autorité propre, pour répondre à des besoins dont il est seul juge et souverain appréciateur.

Nous citerons à titre d'exemple les cas suivants :

A l'idée d'une convention tacite entre les parties se rattachent :

1° L'hypothèque concédée au bailleur d'un fonds urbain, pour sûreté de loyer ou autres obligations du locataire, sur les choses apportées par celui-ci dans l'immeuble loué, « invecta et illata. » (L. L. 2 et 4 *Princ. D. In quib. causis*, 20, 2.) Les *invecta et illata* du sous-locataire sont hypothéquées non-seulement au locataire principal, mais encore au bailleur primitif (L. 11, § 5, *D. De pign. Act.* 13, 7). Toutefois, ils ne sont tenus envers ce dernier que dans la mesure de la sous-location.

2° L'hypothèque du bailleur d'un bien rural sur les fruits et récoltes (L. 7, *D. In quib. causis*). Quant aux meubles ou instruments apportés par le

(1) L. 13, § 5, D. Eod. tit.
(2) L. 6, Princ. D. Quib. modis pign. solv., 20, 6.

fermier, ils ne sont pas atteints par cette hypothèque tacite et ne peuvent être affectés à la garantie de sa dette que par convention expresse (L. 4, Pr. Eod. tit.) Cependant comme certains fonds ruraux ne portent point de fruits, en sorte que le maître ne posséderait aucune garantie pour le payement des loyers, on ne les distingue guère des fonds urbains en ce qui concerne les invecta et illata; tels sont les stabula, les areæ triturariæ et les greniers ou magasins (L. 3, § 1, D. In quib. causis. — L. 3 Eod. tit. L. 50, D. Locati. 19, 2.) Si le colonus a sous-loué le fonds rural, les fruits restent engagés au premier bailleur, en vertu du gage tacite, même s'ils sont perçus par le sous-locataire (L. 24, § 1, D. Locati.) Mais ils ne doivent être engagés que jusqu'à concurrence de la sous-location.

Les hypothèques tacites, bornées d'abord à Rome et à son territoire, furent étendues aux provinces par Justinien. (L. 7, In quib. causis, 8, 15.)

De nombreuses hypothèques tacites peuvent se grouper en conséquence de la deuxième idée. Nous citerons :

1° L'hypothèque accordée au fisc sur les biens des administrateurs et des comptables, probablement depuis Caracalla. (L. 46, § 3, 2. De jure fisci, 40, 14). Toutefois, le fisc n'a d'hypothèque que pour garantie des contrats qu'il passe, et non pour lui assurer les revenus qui ont un caractère pénal (L. 17, D. De jure fisci) ;

2° L'hypothèque accordée aux légataires sur les

biens de la succession par l'empereur Justinien (L. 1, C. Communia de legatis, 6-43);

3° Celle des pupilles sur les biens de leurs tuteurs, des mineurs de vingt-cinq ans et des furiosi sur les biens de leurs curateurs (L. 20, C. De Admin tut. 5, 37. — L. 7, §§ 5 et 6 D. De curat furiosi, 3, 70). Lorsqu'une mère, tutrice de ses enfants mineurs, se remarie au mépris de l'engagement qu'elle a dû prendre, sans avoir fait nommer un autre tuteur, les biens du second mari sont affectés à la garantie du pupille (Nov. 23, ch. 40). — L'hypothèque tacite dont nous parlons s'étend aux protuteurs (L. 19, § 1. D. De rebus auct. Jud. possit, 42, 5). A ceux qui, sans être tuteurs, gèrent par affection les intérêts des pupilles (L. 23, Eod. tit.); mais elle n'atteint pas les magistrats contre lesquels les pupilles ont une action subsidiaire (L. 1, C. 14. D. De magist. conv. 27, 8). Le point de départ unique de cette hypothèque est la moment où la tutelle a été déférée (L. 6, § 4. C. De bonis quæ, lib, 3, 41);

4° Dans le droit de Justinien, celle de la femme sur les biens du mari pour lui garantir la restitution de sa dot (L. 30, C. De jure dotium, 5, 12);

5° Celle du mari sur les biens de la femme ou d'autres personnes, pour sûreté du payement de la dot promise ou des indemnités dues en cas d'éviction des objets dotaux (L. 1, § 1, C. De rei uxor, art. 5, 13), ou encore pour obtenir le payement d'une donation ante-nuptiale (L. dern, § 2, C. Qui pot.);

6° L'hypothèque sur les biens du veuf ou de la veuve convolant en secondes noces pour la restitution des choses qui leur avaient été laissées sous la condition de garder l'état de viduité. (Nov. 22, ch. 44, § 2);

7° Celle que l'on accordait aux enfants du premier lit sur les biens de leur auteur qui se remarie pour la restitution des choses dévolues au survivant du chef de son premier conjoint ou du chef d'autres enfants du premier lit, toutes les fois que ces biens doivent faire retour aux enfants du premier lit, pour peine du second mariage (L. 6, § 2 ; L. 8, § 4 C. De secundis nuptiis);

8° En général, une hypothèque est accordée aux enfants pour les biens qui leur sont venus de leur auteur prédécédé ou d'un parent de celui-ci et qui sont administrés et possédés par le survivant (L. 8, § dern., C. De sec. nupt. ; L. 6, §§ 1 et 2 C. De bonis quæ liberis);

9° Enfin, ajoutons que Marc-Aurèle avait accordé une hypothèque spéciale au créancier qui avait prêté de l'argent pour la reconstruction d'une maison sur la maison réparée. (L. 1. D. In quid causis.)

III. Gage prétorien. — Nous mentionnons ici, pour mémoire, le gage prétorien qui se subdivise en deux espèces, pignus pretorium proprement dit, et pignus ex causa judicati captum : le premier accompagnant tout envoi en possession consenti par le magistrat ; le second, servant de moyen d'exécution contre un judicatus qui refuse d'obéir à la sentence rendue contre lui. Ces deux sortes de garanties ne sauraient figurer parmi les hypothèques, et rentrent nécessairement dans la classe des pignora proprement dits, car elles n'existent que tout autant que les envoyés en possession ou celui qui a triomphé dans l'instance sont nantis de la possession. Si le débiteur avait vendu ses biens avant cette appréhension de fait, il n'y aurait sur les biens vendus ni droit de vente, ni droit de préférence.

Les hypothèques sont ou spéciales ou générales, et cette division s'applique aussi bien aux hypothèques légales et au pignus pretorium qu'aux hypothèques conventionnelles. Quant à la question de savoir ce que comprend la convention générale d'hypothèque, ce sera une question de fait qu'il faudra résoudre, d'après les termes employés par les parties, et, mieux encore, en cherchant sous ces termes leur exacte volonté. Les textes fournissent en cette matière de nombreuses décisions d'espèces.

CHAPITRE IV.

De la capacité des parties.

Deux personnes figurent dans la convention d'hypothèque : le constituant et l'accipiens. Il faut rechercher quelle capacité le droit romain requiert de l'un et de l'autre.

SECTION PREMIÈRE.

De la capacité requise pour constituer valablement une hypothèque.

Nous pouvons ainsi résumer la capacité requise de la part du constituant. Il doit : 1° être propriétaire; 2° être, en principe, capable d'aliéner.

§ 1. Le constitnant doit être propriétaire (1). Nous avons à rechercher ici pourquoi cette qualité est expressément requise, quel genre de propriété doit avoir

(1) L. 2, D. De pign. act. L. 6, C. Si aliena rés.

le constituant; quel serait l'effet du défaut de propriété; enfin, l'influence sur la constitution d'hypothèque de l'indivision de la propritété et de son démembrement entre plusieurs.

I. L'exigence des lois romaines s'explique sans difficulté. La création de l'hypothèque doit faire naitre au profit du créancier un droit réel. Il faut bien, pour donner la vie à un tel droit, que le constituant soit propriétaire en vertu de l'adage : Nemo plus juris in-a'ium transferre potest quam ipse habet. C'est une différence remarquable entre l'hypothèque, et la vente qui se comprend aisément dans les principes du droit romain. On sait, qu'en effet, la vente n'était pas translative de droit réel, mais simplement créatrice d'obligations. Le vendeur devait seulement procurer à l'acheteur la possession de la chose : « Rem habere licere vacuam possessionem tradere. » Cette obligation pouvait être évidemment accomplie, même par un non propriétaire. Il en est tout autrement pour la création d'un droit réel.

II. — Au reste, si la qualité de propriétaire était requise de la part du constituant, on n'allait pas jusqu'à exiger qu'il eût sur la chose le dominium ex jure Quiritium. Il suffisait qu'il eût in bonis le bien hypothéqué : ce qui ne doit pas surprendre, ce genre de propriété étant comme l'hypothèque d'origine prétorienne. On avait une chose in bonis quand on avait reçu par simple tradition une chose mancipi. Dans ce cas celui qui avait ainsi la propriété bonitaire était protégé par l'action Publicienne. Si en cet état il hypothéquait la chose, le créancier pouvait exercer l'action Servienne. (L. 18 D. De pign. et hyp.) Toutefois il faut remarquer qu'au moment de la rédaction du *Digeste* ce texte de Paul ne peut plus s'appliquer à ce cas particulier puisqu'au temps de Justinien le dominium ex jure Quiritium et l'in bonis ne se distinguent plus. Mais la L. 18 peut encore à cette époque recevoir son application dans une hypothèse où le débiteur pouvait de même se servir de l'action Publicienne : c'était le cas où il avait acquis de bonne foi, et en vertu d'une juste cause, un bien d'un individu qu'il croyait à tort propriétaire. Au surplus, même en droit classique, il ne faut pas hésiter à admettre que la décision donnée par Paul était vraie de ce second cas. Sans doute les termes dont il se sert rappellent plus exactement le premier (si ab eo qui Publicianâ uti potuit quia *dominium* non habuit), mais un autre texte confirmerait au besoin cette extension : « Si debitor, dit Ulpien, servum, quem a non domino emerat et pignoravit, teneat, Servianæ locus est (1). »

III. — Donc, pour constituer valablement une hypothèque, il fallait avoir au moins sur la chose hypothéquée la propriété bonitaire, mais quand cette qualité manquait au constituant il faisait un acte nul. Toutefois, la question se compliquait dans deux hypothèses particulières qu'il peut être intéressant

(1) L. 21, § 1, D. De pign. et hyp., 20, 1.

d'examiner : en premier lieu le constituant pouvait acquérir ex post facto la propriété de la chose. A l'inverse le véritable propriétaire pouvait devenir l'héritier du constituant. Quels effets ces événements postérieurs pouvaient-ils produire sur la constitution d'hypothèque ?

Première question. — Acquisition postérieure de la propriété par le constituant. — Cette hypothèse est prévue par Papinien dans la L. 1re Pr. D. De pig. et hyp. Il est certain tout d'abord que le fait par le constituant d'acquérir la propriété ne peut avoir pour effet de valider rétroactivement la convention d'hypothèque. Il est tout aussi clair pour qui connait les conditions d'exercice de l'action Servienne qu'elle ne pourra être donnée au créancier dans le cas qui nous occupe. En effet nous avons eu déjà occasion d'indiquer que l'action quasi-Servienne exige du demandeur la preuve qu'au moment de la constitution, la chose était in bonis du débiteur (1). Donc le créancier n'a aucun moyen de faire valoir son droit et cette impossibilité est constatée formellement dans la L. 5 C. Si aliena res 8. 16.

Cependant cette décision pourra conduire à des résultats bien rigoureux, surtout si le créancier a cru sincèrement acquérir un gage valable, et se trouve exposé par suite de sa fausse confiance à perdre le montant de sa créance. D'ailleurs nous ne sommes

(1) L. 15, § 1, D. Eod. tit. — L. 23, D. De probationibus.

pas ici dans une matière de droit strict et l'on s'étonnerait qu'aucun remède n'eût été apporté par le préteur au danger de cette situation. Aussi la difficulté avait-elle été vaincue : mais ici encore il faut établir la distinction si fréquente entre le créancier de bonne foi et celui de mauvaise foi.

Le créancier est-il de bonne foi, on lui donnera une action utile, en modifiant la formule ordinaire de l'action Servienne. C'est ce qui résulte d'une constitution de Dioclétien et de Maximien : « Cum res nec dum in bonis debitoris est pignori data ab eo, posteà in bonis ejus incipiat, ordinariam quidem actionem super pignore non competere manifestum est, sed tamen æquitatem facere ut facilè utilis persecutio exemplo pigneratitiæ detur (1). » Le même droit est consacré par Paul dans la L. 41 D. De pign. Act. 13. 7. Que si le créancier était déjà en possession et que le débiteur agît contre lui pour reprendre le gage, il le repousserait par l'exception de dol. (Argt. a fortiori, tiré de la L. 1re Pr. D. De pignor. et hyp.)

Supposons maintenant que le créancier n'a pas ignoré que la chose appartenait à autrui. Sa situation est moins digne d'intérêt puisqu'il s'est exposé sciemment à recevoir une garantie inutile. Néanmoins on ne le laisse pas sans ressources. La L. 1re Pr. D. De pign. et hyp. est spéciale à ce cas particulier : « In

(1) L. 5, C. Si aliena res pignore data sit, 8, 16.

speciem autem alienæ rei collatâ conventione, dit Papinien, si non fuit ei qui pignus dabat debita, postea debitori dominio quæsito difficiliùs creditori qui non ignoravit alienam, utilis actio dabitur, sed facilior erit possidenti retentio. » Des deux secours que nous avons accordés au créancier de bonne foi, le second, c'est-à-dire l'exception appartiendra au créancier de mauvaise foi. Au surplus, la décision de Papinien est fondée en raison et en équité. Nous sommes en présence d'un créancier et d'un débiteur qui ni l'un ni l'autre ne méritent de faveur exceptionnelle ; l'un a hypothéqué sciemment la chose d'autrui, l'autre a reçu en connaissance de cause cette garantie inutile. Que si maintenant, le débiteur, violant la foi promise, veut enlever au créancier nanti le gage qu'il lui a fourni, il se rend plus indigne encore de la protection de la loi et l'on conçoit que l'exception de dol serve à repousser son injuste prétention. D'ailleurs ce secours pourra être inefficace, car l'exception de dol est toute personnelle, et si depuis qu'il a acquis la propriété, le débiteur a constitué d'autres hypothèques, le créancier nanti ne sera pas protégé par l'exception de dol, contre ces créanciers hypothécaires. Sans difficulté, donc, nous accordons au créancier de mauvaise foi l'usage de l'exception.

Devons-nous aller plus loin, et lui conférer aussi, s'il n'a pas la possession, une action utile pour l'obtenir? On l'a prétendu. A la vérité, les termes dont se sert Papinien ne sont pas bien formels. « Difficiliùs...

creditori utilis actio dabitur. » On a argumenté de ce mot difficiliùs pour prétendre qu'il n'y avait pas là un refus catégorique d'action, mais une répugnance vague à protéger un créancier de mauvaise foi, une simple hésitation, trop peu formelle pour fonder une dénégation absolue du droit d'agir. Néanmoins il semble résulter de l'ensemble des textes que si l'on pouvait raisonnablement protéger le créancier de mauvaise foi au moyen d'une exception, il ne méritait pas que l'on fît fléchir les principes au point de lui accorder une action utile. D'abord le mot difficiliùs s'explique par l'opposition qu'établit Papinien entre l'action d'une part et l'exception de l'autre. De plus, il était dans l'usage des jurisconsultes, qui en définitive n'avaient pas l'autorité du législateur, d'exprimer sous cette forme dubitative et hésitante une négation absolue. D'ailleurs les autres textes indiqués plus haut militent victorieusement en faveur de cette interprétation. Quel motif justifie la constitution qui forme la L. 5 C. Si al. res? « Æquitatem facere, disent les empereurs, ut utilis persecutio exemplo pigneratitiæ detur. » Or le créancier de mauvaise foi serait mal venu à invoquer l'équité, lui qui n'a point été induit en erreur. Les empereurs invoquent l'exemple de l'action pigneratitia née du contrat de gage, et accordée au créancier au cas notamment où on lui a engagé la chose d'autrui. Or la L. 16, § 1 D. De pign. Act. est aussi formelle que possible pour n'accorder cette action pigneratitia contraria qu'au créancier de bonne foi. Enfin le texte de Paul (L. 41. D. De pign. Act.) qui semble ne point distinguer entre le créancier de bonne ou de mauvaise foi (1) ne peut cependant s'appliquer qu'au premier. En effet, à la fin de la même loi, dans une hypothèse inverse, mais sans changer la situation respective du débiteur et du créancier, en ce qui concerne la bonne foi, le jurisconsulte suppose que le débiteur veut s'opposer à l'exercice de cette action utile et pour cela il faut, dit-il, « ut ex suo mendacio arguatur, » qu'il argumente de son mensonge. Mais s'il en est ainsi, c'est donc qu'il a trompé le créancier, c'est donc que celui-ci a ignoré qu'on lui engageait une res aliena, en autres termes qu'il a été de bonne foi; et c'est à cette hypothèse unique que se réfère la décision du jurisconsulte. Cet ensemble de considérations nous conduit à admettre que l'action utile n'a jamais été accordée au créancier qui avait reçu sciemment hypothèque sur la chose d'autrui (2).

Deuxième question. — Le véritable propriétaire devient l'héritier du constituant. — Cette question est l'inverse de celle qui précède : Nous supposons qu'un débiteur a constitué une hypothèque sur un bien qui ne lui appartenait pas et que dans la suite le véritable propriétaire du bien hypothéqué est de-

(1) Ce texte porte : « Rem alienam pignori dedisti, deinde dominum rei « esse cœpisti, datur utilis actio pigneratitia creditori »

(2) En ce sens, Doneau. De pignor. et hypoth., ch. VII, nos 12 et suiv. — V. aussi M. Machelard. Textes sur les hypothèques, p. 114.

venu l'héritier du débiteur. Ce cas donne lieu à une difficulté assez sérieuse parce qu'on trouve au Digeste deux textes contradictoires pour le résoudre. Voici d'abord les éléments du débat :

Dans la L. 22 D. De pignor et hyp. 20 1. Modestin accorde au créancier contre l'héritier du constituant une action utile : « Si Titio qui rem meam ignorante me creditori suo pignori obligaverit, heres exstitero, ex postfacto pignus directo quidem non convalescit, sed utilis pigneratitia actio debitur creditori. »

D'autre part dans L. 41 D. De pignerat. Act. 13. 7. Paul est aussi formel que possible pour refuser toute action au créancier. Après lui avoir accordé une action contre le constituant devenu propriétaire, le jurisconsulte continue en ces termes : « Non est idem dicendum si ego Titii qui rem meam obligaverat sine meâ voluntate heres exstitero : hoc enim modo pignoris persecutio concedenda non est. » Et comme pour justifier la diversité des solutions qu'il propose pour deux cas différents, Paul remarque qu'il ne suffit pas pour conférer une action pigneratitienne utile que les deux qualités de propriétaire et de constituant viennent à se réunir sur une même tête. Ce n'est pas pour ce motif que l'on octroie une action utile au créancier contre le constituant devenu propriétaire : c'est par des considérations d'équité, parce qu'il ne faut pas permettre au débiteur de se targuer de sa fraude pour enlever au créancier son espérance légitime en une garantie qu'il avait cru valable.

Ainsi la contradiction entre l'un et l'autre texte paraît manifeste. Et néanmoins comme on se résout difficilement à admettre que deux solutions aussi diamétralement opposées aient pu trouver place dans un recueil législatif, les tentatives de conciliation n'ont pas manqué soit dans l'ancien droit, soit dans les travaux des commentateurs modernes.

Doneau (1), d'après les glossateurs, pense qu'il s'agit dans le texte de Modestin non pas l'action in rem utile, mais de l'action personnelle née du contrat de pignus et accordée au créancier qui a reçu en gage la chose d'autrui pour l'indemniser du préjudice que lui cause cette fraude. Sans doute le créancier est investi, en cas pareil, d'une action pigneratitia contraria, mais plusieurs raisons nous déterminent à penser que Modestin dans la L. 22 n'a pu viser cette action. Et d'abord il est impossible d'argumenter du mot « pigneratitia » dont il se sert, dans l'opinion que nous combattons. A maintes reprises, par suite d'une confusion déjà signalée, les mots pignus et hypotheca, pigneratitia actio ou quasi. Serviana ou hypothecaria actio sont pris comme synonymes. D'ailleurs, et c'est à notre sens la raison décisive de repousser la conciliation de Doneau, qu'est-il besoin d'accorder au créancier une action utile personnelle contre l'héritier du constituant? Celui-ci n'a-t-il pas succédé aux obligations passives de son auteur, et ne

(1) De pignorib. et hypoth., ch. VII, n° 20.

peut-on agir contre lui par l'action directe que l'on avait contre le de cujus? Comme on l'a remarqué justement, cette action pignératitienne contraire existe contre l'héritier du constituant, qu'il soit propriétaire ou non de la res pignorata. Comment d'ailleurs expliquer dans cette opinion les mots : « ex post facto directo quidem pignus non convalescit; » et comment rattacher à titre d'effet une action utile à un contrat que le jurisconsulte se refuse à valider rétroactivement? Que l'on ne prétende pas, au surplus, pouvoir contraindre par cette action l'héritier du constituant à confirmer l'engagement de la chose, sous le prétexte trompeur qu'il est tenu de prester le fait promis par son auteur. Car si le quasi-contrat d'adition d'hérédité lui impose en effet cette obligation, il ne s'oblige pas du moins à valider par une convention nouvelle une opération juridique que le défunt n'a pu faire valablement. On ne peut donc admettre ce premier essai de conciliation ni appliquer la L. 22 à l'action personnelle.

C'est ce que fait ressortir Voët (1) qui repousse l'opinion de Doneau et propose une interprétation nouvelle. Suivant lui l'une et l'autre loi se réfèrent à l'action hypothécaire utile : l'une l'accorde au créancier, l'autre la lui refuse. Est-ce à dire qu'il y ait une divergence absolue d'opinion entre Paul et Modestin? Point du tout. La diversité des solutions s'explique

(1) Ad Pandectas. In lib. XX, tit. III, n° 5.

par la dissemblance des hypothèses de fait que l'on veut régler. Que l'on relise attentivement les deux textes et on verra que dans la L. 22. Modestin suppose que le gage a été constitué « ignorante domino, » à l'insu du maître. Au contraire dans la L. 41. Paul suppose le gage fourni « sine voluntate domini, » ce que Voët traduit : « au su et contre le gré du maître. » Donc, dans un cas, le propriétaire aurait simplement ignoré l'acte du constituant, et dès lors, devenu héritier de celui-ci, il serait tenu de respecter cet acte. Dans l'autre, il s'y serait opposé et cette manifestation de volonté contraire le rendrait étranger à l'obligation de maintenir le gage. L'interprétation est ingénieuse. Néanmoins une raison de texte et une raison de principe ne permettent pas de l'accueillir. D'abord n'est-ce pas une interprétation forcée que de traduire : « sine meâ voluntate » comme si le jurisconsulte avait écrit : « contra meam voluntatem » ? Mais en adoptant à la rigueur cette opinion au moins hardie, cette dissemblance dans les faits expliquerait-elle des solutions aussi extrêmes? Nous ne le pensons pas. En effet, peu importe à la validité du gage que le dominus ait simplement ignoré l'acte du constituant ou s'y soit opposé. Ce qui vicie cette constitution c'est l'absence chez le constituant de la qualité de propriétaire, et ce vice existe aussi énergiquement dans l'une et dans l'autre hypothèse.

Cette seconde tentative n'a guère trouvé plus de faveur que la première, et de nos jours les deux lois en question ont exercé de nouveau la sagacité des interprètes. De nombreux efforts ont été employés à cette œuvre impossible, et il n'est pas de remaniements, de tortures, si l'on peut dire, que l'on n'ait imposés à ces malheureux textes rebelles néanmoins à toute conciliation. Nous pensons qu'il vaut mieux admettre, au risque d'infliger aux rédacteur du Digeste le reproche d'inattention, que sur ce point particulier Paul et Modestin étaient d'avis différents. Cujas pense que dans ce conflit d'opinions contradictoires il faut préférer le sentiment de Modestin. La circonstance qu'il vivait postérieurement à Paul, la place assignée à son texte dans les Pandectes, enfin l'analogie à tirer du cas ou le défunt avait vendu la chose de l'héritier (1), telles sont les raisons qui militent en faveur de cette opinion (2).

Dans certains cas exceptionnels l'hypothèque de la chose d'autrui se trouvait valable. Ainsi un non dominus pouvait hypothéquer une chose qu'il avait l'espérance d'acquérir, par ex. parce qu'elle lui était due. (L. 1 Pr. D. De pignor. et hyp.) De même la chose d'autrui peut être hypothéquée sous cette condition : si debitoris facta fuerit. (L. 16, § 7 D. De pignor. et hyp.) On conçoit que l'hypothèque générale portant sur les biens à venir atteignait forcément des biens qui se trouvaient entre les mains de tierces

(1) L. 1, § 1, D. De except. rei vend. et trad., 21, 3. — L. 14, C. De revend., 2, 33. — L. 14, C. De eviction., 8, 45.
(2) Conf. MM. Pellat. Cours, 1866-67; Machelard. Hypoth., p. 123.

personnes. Or, cette convention était parfaitement licite. (L. 1 Pr. D. De pign. et hyp. L. 15, § 1, eod. tit.) Dans ces deux derniers cas les biens n'étaient frappés par l'hypothèque qu'à leur entrée dans le patrimoine du débiteur.

Bien entendu, si le maître avait consenti à l'hypothèque de sa chose, ou si cette hypothèque avait été conférée sur son mandat, la constitution serait valable. Ce n'est pas là au surplus une véritable exception, au principe mais plutôt une hypothèque conférée par un tiers pour sûreté de la dette d'autrui. Ajoutons que le maître pouvait ratifier la constitution d'hypothèque faite à son insu. (L. 20 princ. D. De pignerat. act.— L. 16, § 1 D. De pignoribus). En principe la ratification rétroagira au jour de la constitution, à moins toutefois que dans l'intervalle le dominus ait lui-même hypothéqué la chose, auquel cas sa ratification ne pourrait évidemment nuire aux droits acquis aux tiers. Nous trouvons même dans la L. 5, § 2. D. In quib. causis, 20, 2) un exemple de ratification tacite. C'est le cas où le maître dont la chose a été hypothéquée se porte fidejusseur du débiteur.

Dans un cas, la validité de la constitution est imposée au maître comme peine. C'est quand il a connu l'acte du constituant et n'a pas révélé sa qualité dans le but de tromper le créancier. Pour le punir d'une fraude dont il s'est fait complice on lui impose le respect de la garantie ainsi donnée. (L. 2 C. Si al. res. — L. 11 C. De Distract. pignorum.)

IV. — Il n'est pas douteux qu'un communiste ne puisse hypothéquer son droit de copropriété. Si le copropriétaire a hypothéqué la chose commune sans autre explication, le droit du créancier ne porte que sur la part indivise du constituant. (L. un. C. Si com. res.) Mais l'on sait que dans le droit romain le partage avait spécialement le caractère d'une aliénation, spécialement d'un échange opéré entre les copartageants. Il était translatif de propriété. Si l'on combine ce principe avec cet autre que l'hypothèque continue à grever la chose en quelques mains qu'elle passe, on arrive à ce résultat logique et confirmé expressément par les textes : après le partage opéré, l'hypothèque qui grevait indivisément la chose pour la part appartenant au constituant ne va pas se cantonner sur la part divise échue à celui-ci, elle subsiste sur tout l'immeuble et grève également la part acquise au copropriétaire non débiteur. C'est ce que déclare formellement Gaïus. « Illud tenendum est si quis communis rei partem pro indiviso dederit hypothecæ, divisione factâ cum socio, non utique eam partem obligatam esse quæ ei obtingit qui pignori dedit, sed utriusque pars pro indiviso pro parte dimidiâ manebit obligata » (1). Cette théorie si conforme aux principes ne devait pas être sans inconvénient : jointe à la règle de la clandestinité des hypothèques, elle compromettait la sécurité des copartageants dont le lot pouvait

(1) L. 7, § 4, Dig. Quib. modis pignus solv., 20, 6.

se trouver grevé d'une hypothèque à eux inconnue. Aussi avait-on cherché des remèdes à ce danger.

Trebatius, dans une hypothèse identique (1), voulait que l'on permît au juge de l'action communi dividundo de cantonner le droit réel sur la part divise du copartageant qui en était seul grevé. C'était poser le principe de la rétroactivité du partage au jour de l'ouverture de la succession. Mais la logique des jurisconsultes romains ne leur permit pas d'accueillir cette idée. Labéon la repousse par ce motif que l'arbitrium du juge ne peut modifier un droit réel appartenant à un tiers qui n'est pas partie au procès.

Ulpien, tout en confirmant la doctrine de Labéon, tant pour le cas où le partage a lieu en nature que pour celui où le fonds entier a été adjugé au copropriétaire du constituant, propose d'après Julien une autre solution. Le juge de l'action communi dividundo n'estimera la part du copropriétaire non débiteur que déduction faite du montant de la dette hypothécaire (2).

Enfin Papinien indique un dernier moyen. Il suppose le cas suivant. Deux frères sont copropriétaires d'un fonds. L'un hypothèque sa part indivise et on procède au partage en nature. Le frère débiteur convient que s'il ne désintéresse pas le créancier pour

(1) L. 31, D. De usu et usuf. — Il s'agissait dans l'espèce d'un fonds indivis. L'un des copropriétaires meurt laissant l'usufruit de sa copropriété à sa femme. C'était donc bien un droit réel grevant le fonds commun du chef de l'un des communistes, c'est-à-dire une hypothèse identique à la nôtre.

(2) L. 6, § 8, D. Com. divid., 10, 3.

dégrever la moitié indivise du fonds, son frère pourra vendre la moitié de la part assignée par le partage à lui débiteur. Papinien voit dans cette convention une constitution d'hypothèque au profit du frère non débiteur (1).

V. — Quant à ceux qui n'avaient qu'un démembrement de la propriété, il va sans dire qu'ils pouvaient hypothéquer leur droit. Notamment l'usufruitier, l'emphythéote, le superficiaire jouissaient de cette prérogative. Nous retrouverons au chapitre suivant l'occasion d'étudier la portée des hypothèques par eux consenties.

§ 2. *Le constituant doit être capable d'aliéner.* — En principe outre la qualité de propriétaire, il faut avoir pour constituer une hypothèque valable la faculté d'aliéner.

En conséquence le paterfamiliâs peut hypothèquer sa chose soit par lui-même soit par une personne alieni juris en sa puissance, soit par un mandataire sui juris.

Un mandataire peut valablement hypothéquer la chose du mandant, bien entendu s'il a reçu à cet effet un pouvoir spécial. (L. 11 § 7 D. De pign. Act.) Dans le cas même où il n'aurait reçu qu'un mandat général d'administration, il le pourrait encore si son mandant avait l'habitude d'emprunter de l'argent de cette façon. (L. 12 D. eod. tit.) Suivant les principes

(1) L. 3, § 2, D. Qui potiores, 20, 4.

généraux du mandat l'action naîtra en la personne du mandataire qui pourra la céder au mandant en le constituant procurator in rem suam. Le mandant pourra même l'y contraindre par l'action mandati.

L'esclave, le fils de famille in potestate peuvent hypothéquer la chose du maître ou du père, de son consentement ; ce sera comme si l'opération avait été faite par le paterfamilias lui-même dont l'esclave ou le fils n'auront été que les instruments. (L. 29, § 3 D. De pign. et hyp.)

L'esclave et le fils de famille qui ont un pécule peuvent-ils hypothéquer une res peculiaris? On le leur permettra, s'ils ont un droit de large administration (libera administratio). (L. 18 § 4 D. De pignor. act. ; L. 19. eod. tit.) Toutefois il faut entendre ceci avec cette restriction qu'ils ne pourront hypothèquer que si l'acte présente les caractères d'un acte d'administration du pécule. Si par conséquent ils hypothéquaient un bien du pécule pour garantir la dette d'un tiers leur acte ne serait pas valable, car il constituerait une véritable libéralité et leur pouvoir d'administration ne peut s'étendre jusque-là. (L. 1, § 1. Quæ res pignori 20, 3.)

Remarquons toutefois qu'en ce qui concerne le pécule castrense, le fils de famille est assimilé à un paterfamilias. (L. 2 D. D. Scto Macedon.) Il pourra donc l'engager comme bon lui semblera, et en ce point il faut mettre sur la même ligne le pécule quasi castrense.

La femme ne peut engager ou hypothéquer une chose, qui lui appartient, dans l'intérêt d'un tiers. Cet acte constitue en effet une intercession qui tombe sous l'application du sénatus-consulte Velléien. (L. L. 8 et 32 § 1 D. ad Sctum Vell. 16 1.; L. 4 C. cod. tit.)

Celui qui administre les biens d'une cité peut hypothéquer les biens de la cité, pour garantir un emprunt fait dans un intérêt municipal, mais non dans d'autres cas. (L. 11 Pr. D. De pign. et hypoth.)

Le pupille ne peut hypothéquer ses biens sine tutoris auctoritate. (L. 1 Pr. D. quæ res pignori, 20. 3.) C'est une application du principe qu'il ne peut sans l'auctoritas tutoris rendre sa condition pire. De même l'interdit ne peut pas plus hypothéquer ses biens qu'il ne peut les aliéner. Mais les tuteurs et curateurs peuvent valablement engager les biens de leurs pupilles et mineurs pourvu que, ce faisant, ils gèrent l'affaire de l'incapable confié à leur garde. Toutefois, en vertu d'un sénatus-consulte rendu sous Septime-Sévère et Caracalla, il fut défendu aux tuteurs d'hypothéquer les prædia rustica vel suburbana des pupilles, c'est-à-dire tous les immeubles autres que les maisons et les fonds situés dans les villes, sans un décret du præses provinciæ, ou du prætor urbanus, qui ne doit autoriser l'acte qu'en cas d'absolue nécessité. (L. L. 1, § 2 — 5, §§ 9 et 11 D. De rebus eorum 27. 9. — L. 8, § 2 cod. tit.) Constantin étendit la prohibition du sénatus-consulte aux prædia urbana et à certains meubles précieux. (L. 22 C. De adm. tut. 5. 37.)

SECTION DEUXIÈME.

De la capacité requise pour recevoir une hypothèque.

La capacité requise est ici évidemment la plus élémentaire, puisqu'il s'agit pour le créancier d'assurer le payement de ce qui lui est dû, c'est-à-dire de rendre sa condition meilleure. Aussi dirons-nous que le pupille peut sans l'auctoritas tutoris recevoir de son débiteur une hypothèque. S'il en est autrement en matière de pignus proprement dit, c'est que le pignus créerait en tant que contrat des obligations à la charge du pupille et qu'il n'est pas permis à celui-ci de s'obliger sine tutoris auctoritate.

Le créancier peut recevoir une hypothèque non-seulement par lui-même mais encore par les personnes qu'il a sous sa puissance.

Peut-il acquérir un droit réel d'hypothèque per extraneam personam? En principe il ne faut pas hésiter à répondre négativement. Si un mandataire a stipulé pour lui de son débiteur une garantie réelle, l'action appartiendra au mandataire qui d'ailleurs pourra le transporter au mandant par les voies ordinaires. Cependant Ulpien qui consacre cette règle ne semble pas lui donner une portée absolue : « Per liberam autem personam pignoris obligatio nobis non acquiritur : adeó ut ne per procuratorem *plerumque* vel tutorem acquiratur et ideò ipsi actione pigneratitiâ convenientur. » (1). Le mot plerumque semble impliquer des réserves et faire pressentir des exceptions au principe général que le texte consacre.

Quelques auteurs en effet ont pensé découvrir une première exception dans la L. 21 Pr. D. De pignor. et hyp. : « Si une convention d'hypothèque a eu lieu entre mon fermier et mon procureur, soit que je ratifie la convention, soit que j'aie donné mandat, elle sera comme passée entre moi et mon fermier. » Il ne s'agit pas dans ce texte, disent nos auteurs, des fruits du fonds loué lesquels sont tacitement engagés au propriétaire comme nous le savons, mais d'une hypothèque supplémentaire, expressément fournie par ex. sur les invecta et illata, par le fermier au locateur représenté par un mandataire. Dans cette hypothèse il ne sera nécessaire de recourir ni à la procuratio in rem suam, ni à la concession d'actions utiles au mandant. L'action produite par la convention naîtra immédiatement sur la tête du propriétaire. Cette dérogation au principe s'explique par la grande faveur dont

(1) L. 11, § 6, D. De pign. act., 13, 7. — D'ailleurs, comme on peut acquérir la possession par extraneam personam, lorsque le mandant avait fait lui-même la convention de gage ou d'hypothèque, et ne recourait à l'entremise du mandataire que pour prendre livraison, la possession lui était directement acquise (même loi 11, § 6, in fine).

jouissait le bail à ferme et par cette circonstance que l'on est ici en matière de droit prétorien (1).

Quelle que soit la puissance des considérations qui serviraient à justifier une aussi grave dérogation à tous les principes reçus en matière de mandat, nous ne pensons pas que le texte de la L. 21 soit assez formel pour l'autoriser. Il faut remarquer que nous nous trouvons très-exactement en présence des cas d'application de l'interdit Salvien et qu'en effet cette loi est extraite d'un commentaire d'Ulpien sur cet interdit (2). Il est très-probable qu'il s'agit dans le texte de l'acquisition du droit d'exercer l'interdit Salvien. Or si l'on admet, comme nous l'avons fait, que l'interdit Salvien ne portait que sur une question de possession, on arrive à trouver dans notre L. 21 une simple application de la règle qu'on peut acquérir la possession par l'intermédiaire d'une persona extranea (3).

Nous ne pensons pas en conséquence que la L. 21 consacre une exception au principe général et nous croyons qu'Ulpien posait dans la L. 11, § 6 D. De pign. Act. une règle absolue. Le mot plerumque, qui la tempère, a dû être ajouté par les compilateurs du Digeste pour accorder ce texte avec une innovation de

(1) Pellat. Cours de Pand., 1866-67.

(2) Cette loi a pour rubrique : Ulpianus, liv. 73 ad edictum. Or, dans ce livre de son Com. sur l'édit, Ulpien traitait de cet interdit, comme le prouve la rubrique de la L. 2 de Salv. Interd.

(3) En ce sens, M. Machelard. Théorie gén. des Interdits, p. 123.

Justinien qui, celle-là, constitue une exception véritable à la règle posée par Ulpien.

Voici en quoi consiste cette innovation : On admettait au temps du droit classique, et en ce qui concernait spécialement le mutuum, que si le futur créancier faisait compter au futur débiteur les écus prêtés par l'entremise d'un mandataire, la condictio ex mutuo naissait directement en la personne du mandant (1). Mais, en ce qui concernait le gage et les hypothèques on avait maintenu le principe, et s'ils étaient stipulés par un mandataire, l'action naissait en la personne de celui-ci. Justinien corrige cette sorte d'anomalie et décide que l'action hypothécaire de même que la condictio naîtra directement au profit du mandant, car, dit-il, « si les lois imposent au mandataire la nécessité de céder son action au mandant, pourquoi, puisque ce détour a paru superflu pour l'action personnelle, n'en serait-il pas de même de l'action hypothécaire (2) ? »

L'adjectus solutionis gratià ne trouve pas dans le pouvoir qui lui a été conféré par le créancier de recevoir le payement, le droit de recevoir une hypothèque ou un gage. La L. 33 D. De pignor. et hyp. décide formellement que s'il y avait eu convention de gage avec l'adjectus solutionis gratià et que la possession lui eût été conférée, on pourrait répéter le gage même ante solutionem.

(1) L. 2, § 4. — L. 9, § 8, D. De reb. creditis, 12, 1.
(2) L. 2, C. Per quas pers. nob. acquir. 4, 27.

La L. 24 D., même titre, contient une allusion aux gouverneurs de provinces. Ils ne pouvaient acheter aucun immeuble dans le ressort de leur gouvernement, néanmoins on leur concède le droit d'acquérir une hypothèque sur lesdits immeubles.

Un esclave, en dehors du cas où il stipule et acquiert pour son maître, peut-il, jouant lui-même le rôle de créancier, recevoir une hypothèque? Remarquons d'abord qu'il ne peut jouer ce rôle qu'en stipulant de son propre maître; il y a dans ce cas obligation naturelle : la dette du maître grossira le pécule de l'esclave, ce qui augmentera d'autant les droits de ceux qui seront en situation d'exercer l'action de peculio. Mais cette augmentation importe peu à l'esclave lui-même, puisque son maître reste souverain dispensateur du pécule : son rôle de créancier ne s'accuse pas encore nettement. Aussi la L. 56 § 1 D. De fidejus. 46. 1 n'admet pas en pareille occurrence la possibilité d'une garantie personnelle. Il faut décider de même pour l'hypothèque. Mais si l'esclave vient à être affranchi sans que son pécule lui soit enlevé, il pourra être effectivement créancier même à l'égard de son ancien maître. Il n'y aura, il est vrai, qu'un lien d'obligation naturelle, dépourvue d'action, suffisante néanmoins pour servir d'appui à une garantie accessoire (1).

(1) M. Machelard, Obligat. natur., p. 189.

CHAPITRE V.

De l'objet de la convention.

Ce chapitre se divise naturellement en deux sections : 1° Quelles choses sont susceptibles d'hypothèque. 2° Quelles choses ne peuvent être hypothéquées.

SECTION PREMIÈRE

Quelles choses peuvent être hypothéquées.

Le Romains avaient autorisé fort largement la constitution de l'hypothèque. La règle était que toutes choses étaient susceptibles d'être ainsi grevées. Les choses qui ne pouvaient servir de gage ou de garantie hypothécaire formaient l'exception.

Le principe de la matière semble posé par Gaïus dans la L. 9 § 1 D. De pign. et hyp. : « Quod emptionem venditionemque recipit, etiam pignerationem recipere potest. » Il est naturel en effet qu'il en soit ainsi, puisque le principal effet de l'hypothèque est de permettre au créancier de vendre la chose pour se payer sur le prix. Toutefois il ne faut point accepter absolument la formule de Gaïus. Exacte en ce qui concerne le gage proprement dit, elle souffre en ce qui touche l'hypothèque une exception considérable. Tandis en effet que la vente de la chose d'autrui est parfaitement valable (1), l'hypothèque de la chose d'autrui est nulle (2).

On peut constituer une hypothèque sur tous les biens dont on a la pleine propriété, qu'ils soient d'ailleurs meubles ou immeubles, corporels ou incorporels. On peut même, par voie de constitution générale, engager non-seulement les biens présents, mais encore les biens à venir.

A la différence de la législation française le droit romain autorisait l'hypothèque sur les meubles.

Tous les biens corporels pouvaient être hypothéqués : il en était de même des droits incorporels. Nous parlerons tout à l'heure des droits réels ou démembrements de la propriété. Occupons-nous ici des droits personnels ou créances. Les créances étaient susceptibles d'hypothèque. On donnait à celui qui avait reçu cette garantie des actions utiles pour agir contre le débiteur de la même manière qu'eût pu

(1) L. 28, D. De contrah. empt.

(2) L. 9, § 4, D. De pign. act., 13, 7. — L. 1, Pr. in fine. De pign. et hypoth.

faire celui qui a fourni la sûreté. En sorte que le prêteur protégera tout à la fois le créancier pour le recouvrement de sa dette, et le débiteur contre les poursuites que pourrait diriger contre lui le constituant. Si par cette action utile le créancier obtient de l'argent, il l'imputera sur ce qui lui est dû; s'il obtient un corps certain, il le retiendra à titre de gage. Évidemment, il ne pourra actionner le débiteur de son débiteur que dans la limite de ce qu'il doit (1). — Nous citerons encore à titre d'exemple de droits incorporels susceptibles d'hypothèque, les militiæ ou fonctions publiques qui pouvaient être vendues ou transmises aux héritiers (2).

Non-seulement les biens présents pouvaient être hypothéqués; mais les biens à venir que le débiteur avait l'espoir d'acquérir le pouvaient de même. C'était là une constitution d'hypothèque conditionnelle, et les biens n'étaient frappés que du jour de leur entrée dans le patrimoine du débiteur. Mais l'hypothèque prendra-t-elle rang à dater de ce moment, ou à dater du jour de la constitution? Il est facile de comprendre l'intérêt pratique de la question, si l'on suppose qu'après avoir constitué cette hypothèque générale, et avant d'avoir acquis les biens, le débiteur en a consenti une seconde, ou bien que postérieurement à l'hypothèque générale le débiteur a constitué une hypothèque spéciale sur un bien à venir sous

(1) L. 18, Princ. De pign. act. — L. 4 C. Quæ res pign., 8, 17.
(2) L. 27 C. De pignor. nov., 53, ch. V, § 1.

la condition, si ejus factum fuerit. Si l'on admet la première opinion, les deux créanciers viendront en concours, le premier sera préféré au second dans le cas contraire. C'est précisément ce côté pratique de la question qui est envisagé dans les textes.

L'un et l'autre système a ses partisans, qui tous s'appuient sur des textes du digeste. Mais comme les textes qui servent de base au premier semblent contredire ceux qui autorisent le second la tâche des partisans de l'une ou de l'autre doctrine est double. Il faut d'une part expliquer les textes qui appuient le système adopté, et de l'autre réfuter ou plier à une interprétation plus favorable les textes qui servent d'arguments à l'opinion adverse. D'ailleurs l'une et l'autre théorie méritent un sérieux examen.

Premier système. — Les créanciers viendront en concours ; par conséquent l'hypothèque frappera le bien acquis à la date de l'acquisition. On a dans ce sens un texte d'Ulpien qui paraît bien formel : c'est la L. 7 § 1 D. Qui pot. in pignore. « Je vous ai hypothéqué mes biens à venir : j'ai spécialement hypothéqué à Titius un fonds pour le cas où j'en deviendrais propriétaire. Je l'acquiers en effet : Marcellus pense que les deux créanciers doivent concourir sur ce gage. » C'est bien notre hypothèse. Un premier créancier a reçu une hypothèque générale sur tous les biens à venir : un second créancier reçoit une hypothèque spéciale sur tel bien déterminé que le débiteur se propose d'acquérir par la suite. Les deux créanciers, aux termes de la L. 7 § 1, doivent concourir sur ce bien. Cette solution peut d'ailleurs se justifier en théorie, car le bien hypothéqué spécialement à l'un et compris dans l'hypothèque générale de l'autre, se trouve engagé à tous les deux sous une même condition : « Si debitoris factum fuerit. » La condition se réalisant pour tous les deux au même instant, c'est à dater de ce moment que la chose se trouve engagée tout à la fois à l'un et à l'autre. Les deux hypothèques ont donc le même point de départ, par conséquent les deux créanciers sont égaux en droits. Que l'on ne dise pas, en effet, que la condition accomplie doit rétroagir aux jours des deux conventions. Il s'agit ici d'une condition potestative de la part du débiteur, à laquelle le principe de la rétroactivité ne s'applique pas (1).

Donc la solution indiquée par Ulpien est la solution vraie; elle semble cependant contredite par une consultation de Scævola (2). Voici l'espèce qui était soumise au jurisconsulte : Titius, ex-tuteur de Seia, avait été condamné à payer à son ex-pupille une certaine somme pour reliquat de son compte de tutelle. Pour lui garantir le payement de cette dette, il lui avait hypothéqué : « omnia bona sua quæ habebat, quæque habiturus esset. » Plus tard, le même Titius emprunte de l'argent au fisc et lui engage « res suas omnes. » En cet état, il s'acquitte envers Seia d'une

(1) L. 9, § 1 D. Qui potiores, 20, 4. — L. 11, Pr. eod. tit.
(2) L. 21. Princ. D. Qui pot. in pign.

partie de sa dette, fait avec elle, pour le surplus, une novation accompagnée de la même clause accessoire quant à l'engagement de ses biens; on demande à Scœvola si Seia doit être préférée au fisc et sur les choses que Titius possédait au moment de la première obligation, et sur celles qu'il a acquises depuis cette première obligation, jusqu'à ce que la créance complète de Seia soit éteinte? « Respondit nihil proponi cur non sit præferenda. » Ce texte semble donc, bien contrairement à celui d'Ulpien, établir le système de la préférence. Comment les partisans du concours y répondent-ils? Ils proposent deux explications différentes.

D'après les uns, la décision donnée par Scœvola ne contredit pas la doctrine d'Ulpien. En effet, on sait que le fisc a une hypothèque tacite sur les biens de ceux qui contractent avec lui. Dans ce système on dit que cette hypothèque du fisc est soumise à la règle commune prior tempore potior jure, en tant qu'elle frappe les biens qui appartenaient au débiteur au moment du contrat passé avec le fisc, c'est-à-dire les biens présents. Mais en tant qu'elle atteint les biens à venir du débiteur, elle se transforme en hypothèque privilégiée et prime les droits des créanciers même antérieurs au fisc. Cette doctrine s'appuie sur la L. 28 D. De jure fisci 49, 14 (1). Cette loi, qui appartient à Ulpien, est extraite comme la L. 7 § 1 D.

(1) Ce texte est ainsi conçu : « Si qui mihi obligaverat quæ habet habitu-

Qui potiores, qui sert de fondement à la doctrine du concours, du livre III des Disputationes d'Ulpien. Il semble donc naturel de penser que ces deux fragments, séparés à tort par les rédacteurs du digeste doivent être réunis. Ce faisant, on trouve qu'Ulpien établit une opposition entre le cas où les deux créanciers sont deux particuliers et celui où le conflit s'élève entre un particulier d'une part et le fisc de l'autre. Dans le premier cas il y a concours (L. 7 § 1 D. Qui potiores); dans le second le fisc, en vertu de son hypothèque privilégiée, prime tous autres créanciers même antérieurs à lui (L. 28 D. De jure fisci). Quant à la réponse de Scœvola elle s'accorde bien avec ce système, car elle ne s'applique qu'aux choses : « quas post priorem obligationem Titius acquisiit, » c'est-à-dire aux biens acquis après la condamnation envers Seia, mais avant le contrat avec le fisc. Pour ces biens, l'hypothèque du fisc n'est pas privilégiée, Seia est antérieure à lui : on applique simplement la règle prior tempore potior jure; et telle est aussi la réponse de Scœvola (1).

Parmi les partisans du concours tous n'admettent pas cette conciliation. Il ne faut pas, dit-on, dans une seconde explication (2), interpréter la L. 21. D. Qui

« rusqué esset cum fisco contraxerit : sciendum est in re postea adquisita « fiscum potiorem esse debere Papinianum respondisse : quod et constitutum « est, prævenit enim causam pignoris fiscus. »

(1) Cujas. Observ., liv. X, chap. 22.

(2) Glück, cité par M. Machelard. Textes sur les hypoth., p. 120.

potiores d'après la L. 28 D. De jure fisci. Ce serait un anachronisme : car le privilége du fisc n'avait point encore été établi au temps de Scœvola, qui vivait sous Marc-Aurèle. Cette hypothèque du fisc ne remonte qu'à Antonin Caracalla (1). Cela est tellement vrai que, dans son espèce, le jurisconsulte suppose une convention expresse d'hypothèque avec le fisc, convention qui serait inutile s'il existait une hypothèque tacite (mutuatus a fisco pecuniam, pignori ei res suas omnes obligavit). Donc le privilége du fisc n'est point en question. Mais pourquoi au moins le fisc, conformément à la doctrine générale adoptée par nos auteurs, ne concourt-il point avec Seia? On expliquera sans peine cette apparente antinomie par un examen attentif du texte. Le débiteur « obligavit Seiæ pignori omnia bona sua quæ habebat quæque habiturus esset. » Au contraire : « pignori fisco res suas omnes obligavit. » Dans l'explication proposée on entend des cerniers mots des biens présents et l'on admet que Seia seule a hypothèque sur les biens à venir. Donc notre question n'est point en jeu : il ne s'élève aucun conflit, puisque des deux créanciers, l'un borne ses droits aux biens présents, et que l'autre peut seul prétendre une hypothèque sur les biens à venir. Autre est la difficulté soumise à Scœvola : Seia, créancière antérieure au fisc, devrait naturellement lui être pré-

(3) LL. 1 et 2, C. In quib. causis, 8, 15.

férée sur les biens présents ; mais la novation vient compliquer la situation : elle est intervenue par hypothèse après le contrat avec le fisc ; l'obligation nouvelle envers Seia se trouve donc postérieure à l'engagement pris envers le fisc, et comme l'accessoire suit le sort du principal, ne faut-il pas dire que l'hypothèque de Seia ne prend naissance qu'après celle du fisc? Scœvola écarte cette objection parce que les garanties accessoires d'une créance novée se rattachent avec leur date à la créance nouvelle (1).

Comme on le voit, l'une et l'autre explication se débarrassent du texte de Scœvola en le déclarant étranger au débat qui nous occupe.

Deuxième système. — Suivant la règle générale, les divers créanciers viendront sur les biens à venir au rang que leur confère la date de leur hypothèque. C'est à sa date que l'hypothèque atteint les biens à venir. Ce système trouve son principal appui dans la susdite loi de Scœvola, que les partisans de la première doctrine interprètent faussement. Il faut dire au contraire que le jurisconsulte consacre formellement au profit de Seia, dont la créance est antérieure en date, un droit de préférence sur le fisc qui ne vient qu'au second rang, parce que son titre est plus récent.

Pour l'explication de ce texte il importe tout d'abord d'écarter du débat la circonstance de la nova-

(1) L. 3, Princ. L. 12, § 5 D. Qui potiores, 20, 4.

tion faite avec Seia. En effet, puisque par hypothèse on rattache à la créance nouvelle les hypothèques qui garantissaient la créance primitive, rien n'est changé quant à cette garantie accessoire. En ce point, suivant l'expression de Papinien, le créancier se succède à lui-même, in suum locum succedit. Les hypothèques conservent le rang qu'elles avaient avant la novation : la situation respective du débiteur et des créanciers est restée la même.

Cette complication supprimée, nous chercherons à prouver que les partisans du concours ne donnent ni dans l'une ni dans l'autre de leurs explications le sens véritable du texte de Scœvola.

1° Ils s'efforcent de restreindre la portée de la L. 21 D. Qui potiores. Les uns la limitent aux biens acquis avant la convention passée avec le fisc. Or, suivant nous, les expressions du texte : « res, quas post priorem obligationem adquisiit. » sont beaucoup plus larges. Elles limitent l'époque de l'acquisition dans le passé, mais non pas dans l'avenir. Si l'on remarque surtout que ces mots s'opposent à ceux-ci : « rebus quas Titius tempore prioris obligationis habuit, » on sera convaincu que ces deux expressions prises cumulativement embrassent tous les biens présents et à venir. Cette interprétation se fortifie par cette considération que le jurisconsulte étend le droit de préférence de Seia jusqu'au moment où elle aura été complétement désintéressée, c'est-à-dire évidemment dans l'avenir. Les autres, profitant de ce que le jurisconsulte qui rapporte la décision de Scævola a dû, dans un intérêt de style, varier les expressions, restreignent les droits du fisc aux biens présents. C'est encore, suivant nous, enceindre trop à l'étroit les mots « res suas omnes. » La donnée générale du texte indique qu'il faut comprendre dans ces termes même les biens à venir.

2° Parmi les défenseurs du premier système, ceux qui adoptent la première explication sont contraints, pour fournir, de notre L. 21 une explication satisfaisante d'attribuer au fisc une hypothèque privilégiée sur les biens à venir. Nous ferons remarquer d'abord qu'il serait étrange d'accorder ainsi au fisc une hypothèque privilégiée sur les biens à venir alors qu'on le soumet d'autre part à la règle générale pour les biens présents. Il faudrait pour l'admettre que cette singularité nous fût attestée par des textes bien formels. Ces textes existent-ils? Examinons.

Nos adversaires nous opposent la L. 28 D. De jure fisci : « Si qui mihi obligaverat quæ habet habiturusque esset cum fisco contraxerit, sciendum est in re posteà, acquisità fiscum potiorem esse debere Papinianum respondisse : quod et constitutum est, prævenit enim causam pignoris fiscus. » A ce texte nous répondons que loin de contrarier notre doctrine, il peut au contraire lui fournir un nouvel appui. Nos adversaires l'interprètent en ce sens qu'il suppose la convention avec le fisc postérieure à la convention faite avec le créancier simple particulier. Néanmoins, le fisc est préféré, « prævenit enim causam pignoris fiscus, » parce que sa créance, est d'une qualité préférable à celle de l'autre créancier. » Ce privilége exorbitant résultant des constitutions impériales, « quod et constitutum est. » Si nous demandons au Code la consécration de ce privilége fiscal, que les commissaires de Justinien n'eussent certainement pas omis, nous y trouvons deux constitutions, dont l'une accorde au fisc une hypothèque tacite déjà signalée (1), et dont l'autre consacre le droit de préférence du fisc, quand il a contracté avant le créancier qui se trouve en conflit avec lui (2). Il n'y a rien là qui confirme l'interprétation de la doctrine du concours. Au contraire, le second système peut fournir une explication toute autre et bien plus satisfaisante de la L. 28 D. De jure fisci. Il suffit de supposer que dans l'espèce le fisc avait contracté avant l'autre créancier. Dès lors, rien de surprenant s'il lui est préféré. Avec cette donnée, le texte devient clair. Elle n'est point contredite par le mot » contraxerit », forme commune au passé et au futur du verbe contrahere. Le « quod et constitutum » est « devient une allusion très-exacte à la L. 2 C. De privilegio fisci. Enfin, les derniers mots du texte : « prævenit enim causam pignoris fiscus » prennent un sens des plus naturels.

Au surplus, la doctrine de la préférence trouve une confirmation nouvelle dans un autre texte qui ap-

(1) L. 2 C. In quib. causis, 8, 15.
(2) L. 2 C. De privil. fisci, 7, 73.

partient à Africain (1). Une femme a hypothéqué successivement à Titius, puis à Mœvius, un bien futur. Elle l'acquiert ensuite et le constitue en dot à son mari sur estimation. Si la doctrine du concours était la vraie, nous aurions ici deux créanciers, égaux en droits. Or, dans la suite du texte, Africain distingue soigneusement la situation du premier créancier, Titius de celle du second, Mœvius. Si l'on désintéresse Titius, dit-il, le gage de Mœvius ne se trouvera pas consolidé par ce fait : « Tunc enim *priore* dimisso. *Sequentis* confirmatur pignus, cum res in bonis debitoris inveniatur. » Ce texte, dont la doctrine générale ne doit être acceptée d'ailleurs que sous réserves, semble, par les termes employés pour désigner l'un et l'autre créancier, tout à fait péremptoire dans la controverse particulière qui nous occupe.

Cependant on nous oppose la L. 7, § 1. D. Qui potiores qui sert de base principale au système adverse. Or, nous pouvons facilement plier ce texte à notre doctrine en lui restituant son sens véritable et en prenant soin de l'examiner dans son ensemble. Rien n'y révèle que l'un des deux créanciers en conflit soit antérieur à l'autre. La question de priorité n'y est point agitée; on n'y fait même aucune allusion. Ulpien, d'après Marcellus, consacre le concours entre le créancier à hypothèque générale et le créancier à hypothèque spéciale. Mais quelle était la raison de

(1) L. 9, § 3 D. Qui pot. in pignore, 20, 4.

douter? La fin du texte nous l'indique : « Non enim multum facit quod de suo nummos debitor dederit : quippe, cum res ex nummis pigneratis empta, nom sit pignorata ob hoc solum quod pecunia pignerata erat. » Un créancier avait hypothèque sur tous les biens présents et à venir, un second créancier avait spécialement hypothèque sur un fonds que le débiteur se proposait d'acquérir. Le débiteur achète en effet ce fonds et le paye avec l'argent qu'il avait en caisse. En l'état, le créancier à hypothèque générale faisait le raisonnement suivant : J'avais hypothèque sur les écus qui ont servi à payer le fonds qui vous a été spécialement engagé. Cette hypothèque n'appartenait qu'à moi. Or, le fonds acquis est subrogé aux écus qui m'étaient engagés. Donc, même sur ce fonds, je dois vous exclure. Le jurisconsulte repousse ce raisonnement. On le voit, point n'est question de la règle prior tempore potior jure, et de ce silence significatif on peut conclure sans témérité que les deux créanciers avaient reçu en même temps, l'un une hypothèque générale, l'autre une hypothèque spéciale. S'il s'élevait quelque conflit entre l'un et l'autre, c'était par suite du faux raisonnemement que le texte place dans la bouche du premier, et que le jurisconsulte se refuse à admettre.

Il ne faut pas dire non plus que les biens sont hypothéqués sous une condition purement potestative de la part du débiteur, et que dès lors cette condition accomplie ne doit pas rétroagir : « A notre sens, dit

M. Machelard, c'est étendre bien loin l'idée de la condition potestative que de l'invoquer ici. Elle n'est vraie que pour des faits que le débiteur peut à son gré exécuter ou omettre sans inconvénient pour lui, sans en ressentir de la gêne, et certes il y aurait dans l'abstention de toute acquisition quelque chose de bien lourd pour le débiteur. »

Ajoutons comme dernière considération, que la doctrine du concours permettrait au débiteur d'anéantir à son gré les droits de ses créancierr par des concessions postérieures d'hypothèque. Cette idée, si contraire au but essentiel de la garantie hypothécaire suffirait à condamner le principe qui en autorise la déduction. Si nous considérons de plus que le second système fournit une interprétation des textes moins forcée et plus satisfaisante, nous n'hésiterons pas à nous y ranger et à admettre en définitive que si l'hypothèque ne frappe les biens à venir qu'au fur et à mesure de leur acquisition, elle les frappe au moins avec sa date (1).

Revenons à de des biens susceptibles d'hypothèque.

On pouvait hypothéquer le droit réel que l'on avait sur une chose. C'est ainsi que la superficie et l'emphythéose pouvaient être engagées.

La distinction entre la propriété du sol et la propriété de la superficie n'avait pas été reconnue par le

(1) En ce sens, Doneau, De pignor. et hyp., ch. XII, nos 7 à 10. Conf. M. Machelard, textes sur les Hypoth., p. 125 et suiv. Pellat, à son cours.

droit civil : ce fut l'œuvre du préteur qui donna au superficiaire pour protéger son droit une action et un interdit utile. Dès que la superficie eut été reconnue comme droit réel sui generis, elle fut susceptible d'hypothèque (1).

Il faut en dire autant des agri vectigales. En principe, le conductor troublé dans sa jouissance n'a qu'une action personnelle contre le bailleur qui doit le défendre. Ce détour dut dévenir incommode dans les baux à longs termes. C'est pourquoi le préteur concéda au conductor agri vectigalis une action et des interdits utiles, ce qui lui reconnaissait une sorte de droit réel susceptible d'hypothèque. Mais il fallait que la redevance fût soigneusement payée, sans quoi le droit du concessionnaire s'évanouissait et partant celui du créancier hypothécaire (2).

Le créancier gagiste qui a un droit réel sur l'objet à lui engagé peut hypothéquer ce droit réel. C'est le pignus pignori datum. Le cas est prévu par le jurisconsulte Marcien dans la L. 13, § 2. D. De pignor. et hyp. Primus débiteur de Secundus a fourni à celui-ci un gage, Secundus l'affecte à la sûreté de son propre créancier Tertius. Il faut remarquer que le droit de Tertius sur le gage se réduit au montant de la dette de Primus et ne peut subsister qu'autant que le droit de Secundus subsiste lui-même. Tant que la première dette n'est pas payée, l'hypothèque du se-

(1) L. 16, § 2 D. De pign. act. — L. 13, § 2 D. De pignor. et hyp.

(2) L. 16, § 2 L. 17, D. De pign. act. — L. 31, D. De pignor. et hyp.

cond créancier se maintient et son droit est protégé par une action utile. Que si Primus paye à son créancier Secundus ce qu'il lui doit, il libère son gage, et partant le droit de Tertius s'éteint. Mais, dans cette hypothèse, une valeur quelconque a remplacé le gage entre les mains de Secundus. Tertius n'a-t-il aucun droit sur cette valeur, et ne peut-il prétendre que le droit qu'il avait sur le gage s'est transporté, soit sur les écus reçus, si la dette était pécuniaire, soit sur le corps certain payé par Primus, si tel était l'objet de la dette? Marcien qui se pose la question la résout, d'après Pomponius, par une assimilation complète de ce cas au pignus nominis. Donc, on donnera au créancier Tertius contre son débiteur Secundus une action utile; et si, par cette action, il obtient de l'argent, il l'imputera sur le montant de sa créance, s'il obtient un corps certain, il le retiendra jure pignoris. Cette assimilation entre le pignus nominis d'une part et le pignus pignori datum d'autre part, prouve que le second implique le premier, et que dans notre espèce Tertius avait hypothéque tout à la fois sur la créance de Secundus et sur le gage qui servait à la garantir. Cette dernière sûreté lui était utile en ce qu'elle lui donnait le droit de se faire délaisser la chose hypothéquée, mais il n'en pouvait tirer parti que jusqu'à concurrence du montant de la dette de Primus.

Parmi les démembrements de la propriété quelques-uns pouvaient être hypothéqués.

Au premier rang nous signalerons l'usufruit. L'usufruit peut être hypothéqué puisqu'il peut être vendu. Quand on dit que l'usufruit est attaché à la personne cela ne signifie pas qu'il ne peut être cédé, mais qu'il s'éteindra entre les mains de l'acheteur par la mort du vendeur. Donc un usufruitier peut engager son droit, et de même que le préteur accorde une action utile à l'acheteur d'un usufruit contre ceux qui troubleraient sa jouissance, de même il concédera une action hypothécaire utile à celui qui aura reçu cette garantie. Le créancier peut craindre spécialement d'être inquiété soit par le nu-propriétaire qui intenterait contre lui l'action négatoire, soit par l'usufruitier, qui l'attaquerait par la voie de l'action confessoire. Il les repoussera l'un et l'autre par l'exception : « Si non inter creditorem et eum ad quem ususfructus pertinet convenerit, ut ususfructus ei pignori sit » (1).

Le plein propriétaire peut hypothéquer à son créancier l'usufruit de son bien. L'effet de cette convention sera de conférer au créancier non payé à l'échéance le droit de vendre cet usufruit ainsi engagé et de forcer le propriétaire à le constituer au profit de l'acheteur.

En ce qui concerne les servitudes prédiales, la L. 12 D. De pign. et hyp. permet d'hypothéquer les servitudes rurales. Voici, suivant Pomponius, quel sera l'effet de cette convention : « On peut convenir

(1) L. 11, § 2 D. De pign. et hyp.

que tant que l'argent ne sera pas payé, le créancier qui a un fonds voisin usera de la servitude et que si l'argent n'est pas payé au terme fixé, il pourra la vendre au voisin. » S'agit-il dans ce texte de servitudes à établir ou de servitudes préétablies ? Les auteurs sont divisés sur ce point. Dans la première opinion, on fait remarquer que si Primus, par exemple, a un droit de passage sur le fonds de Secundus, il ne peut l'hypothéquer à Tertius. En effet, ce droit existe non pas au profit de Primus, mais au profit de son fonds, et il ne peut l'en détacher pour en attribuer le bénéfice à un troisième fonds ; on ajoute que le propriétaire du fonds dominant ne peut pas vendre son droit : qu'il ne doit pas non plus pouvoir l'engager. On comprend aisément au contraire la constitution nouvelle d'un droit de passage au profit du créancier jusqu'à l'échéance et le droit de vendre à défaut de payement. Jusque-là, en effet, la servitude n'est pas constituée : son existence est subordonnée au non-payement de la dette; jusqu'à l'échéance le créancier n'en use lui-même que par une sorte de tolérance. S'il n'est pas payé, il ne constituera pas lui-même la servitude, parce que la cessio in jure ne comporte pas l'intervention d'un mandataire, mais il forcera le débiteur par l'action pigneratitienne à constituer la servitude (1).

Le second système répond que l'on est ici en ma-

(1) M. Pellat, à son cours.

tière de législation prétorienne, et qu'il ne faut pas s'étonner si la rigueur des principes fléchit devant les exigences de la pratique. Plusieurs raisons, dit-on, doivent faire rejeter le premier système : 1° Le texte qui précède notre L. 12 se réfère à un usufruit préexistant. Il est logique d'admettre que la question posée dans la L. 12 est la même. 2° Pourquoi exiger que le créancier ait un fonds voisin du fonds servant, s'il ne s'agit que de l'autoriser à créer une servitude au profit d'un tiers ? 3° Pourquoi distinguer entre les servitudes urbaines et les servitudes rurales? Au fond, tout se réduit dans le système contraire à un mandat de constituer une servitude par voie de quasi-tradition sur le fonds du mandant. Or, un pareil mandat se conçoit aussi bien d'une servitude urbaine que d'une servitude rurale (1). Nous pensons que ces diverses considérations ne sont pas sans réponse. L'induction tirée de la L. 11, § 2 D. De pignor. n'est pas très-probante, si l'on considère surtout que l'usufruit au lieu d'être comme la servitude une prérogative du fonds est attaché à la personne de l'usufruitier. Quant au second argument, on peut faire remarquer, pour y répondre, que le texte prévoit le cas d'un pignus proprement dit : puisque le créancier jusqu'à l'échéance doit avoir la quasi-possession de la servitude; or, pour que cette quasi-possession soit possible, il faut bien que le créancier possède un fonds

(1) M. Accarias, Précis de droit romain, t. Ier, p. 636, note 2.

voisin du fonds servant. Enfin, la différence établie entre les servitudes urbaines et les servitudes rurales s'explique, comme nous le verrons tout à l'heure par des motifs qui se rattachent à la nature respective des unes et des autres.

Section deuxième.

Quelles choses ne peuvent pas être hypothéquées.

On peut poser ici le principe inverse de celui qui dominait la précédente section : Tout ce qui ne peut être vendu ne peut faire l'objet d'un gage ou d'une hypothèque.

D'abord les choses qui sont hors du commerce ne peuvent naturellement pas être hypothéqués. Telles sont les res sacræ, les res religiosæ (1), tels sont encore les hommes libres. On punissait même le créancier qui sciemment avait reçu en gage un fils de famille. La peine aurait été de la déportation s'il faut en croire les Sentences de Paul, de la relégation d'après un texte du même jurisconsulte inséré au Digeste (2).

On ne pouvait hypothéquer parmi les servitudes personnelles ni l'usage ni l'habitation, parce que ces droits étaient attachés à la personne du titulaire et ne pouvaient être cédés par lui (3).

(1) L. L.3 et 6, C. Quæ res pignori, 8, 17.
(2) Sent. de Paul, liv. V, tit. I, § 1. — L. 5 D. Quæ res pignori, 20, 3.
(3) L. 10, Princ. De usu et habit.

Parmi les servitudes prædiales, les servitudes rurales étaient seules susceptibles d'hypothèque : les servitudes urbaines ne l'étaient pas, sans doute parce que la vente en eût été peu productive, souvent même impossible. On conçoit, en effet, qu'il est dans la nature de ces servitudes de ne pouvoir être utiles qu'à un seul fonds voisin. Nous citerons comme exemple la servitude tigni immittendi ou stillicidii recipiendi (1).

On sait qu'aux termes de la loi Julia le fonds dotal avait été déclaré inaliénable. Il n'est pas prouvé que la loi Julia distinguât, comme le prétend Justinien, entre l'aliénation d'une part et l'hypothèque de l'autre. Mais il est certain qu'en droit classique, si la femme pouvait valider par son consentement la vente de l'immeuble dotal, il en était autrement pour la convention d'hypothèque. Cette incapacité spéciale se rattacherait au senatusconsulte Velléien.

Un fonds litigieux ne se trouve in bonis ni du demandeur, ni du défendeur. Peut-il être hypothéqué? Octavenus et Scœvola répondaient négativement (2). Cette solution se trouve en apparence contredite par la L. 18 D. De rei vindic. : « Si un possesseur après la litis contestatio a usucapé, il doit fournir la cautio de dolo car il est à craindre qu'il n'ait engagé ou hypothéqué la chose. » Mais, dit-on, il a hypothéqué une chose litigieuse et, d'après la L. 1, § 2, cette hypo-

(1) L. 11, § 3 D. De pignor. et hyp.
(2) L. 1, § 2 D. Quæ res pignori.

thèque étant nulle la caution est inutile. La contradiction n'est qu'apparente. Ce n'est pas en effet aux deux parties mais au demandeur seulement qu'il est défendu d'hypothéquer la chose litigieuse : cela résulte formellement du § 8 De jure fisci et du § 117, Com. IV de Gaïus, qui déclarent non valable la vente d'un fonds litigieux consentie a non possidente, c'est-à-dire évidemment par le demandeur. Il faut certainement dire de l'hypothèque ce que ces deux textes disent de la vente.

Par des motifs d'ordre public les empereurs Constantin, Honorius et Théodose défendent de saisir en exécution d'un jugement quelconque les esclaves employés à une exploitation rurale, les bœufs, les instruments aratoires et d'une manière générale tout ce qui sert aux besoins de l'agriculture (1). Toutefois ces objets n'échappent qu'au pignus ex causâ judicati captum, et il n'est point douteux que le maître ne pût les hypothéquer, si telle était sa volonté.

Enfin les athlètes ne pouvaient engager éventuellement les récompenses qu'ils espéraient. On craignait que désintéressés par avance des luttes du cirque dont il ne pourraient recueillir aucun bénéfice, ils ne combattissent sans courage. Mais ces bénéfices une fois réalisés pouvaient être hypothéqués (2).

(1) L. L. 7 et 8, C. Quæ res pignori, 8, 17.
(2) L. 5 C. eod. tit. — L. 40 D. De re judicata, 42, 1.

CHAPITRE VI.

Du caractère accessoire de la convention d'hypothèque.

En définissant l'hypothèque, nous avons pris soin de mentionner son caractère essentiellement accessoire. Elle a besoin pour se soutenir d'un droit principal qu'elle sert à garantir, et sans cette base nécessaire toute constitution d'hypothèque serait vaine et inutile Déjà nous en avons eu un exemple dans l'impossibilité pour l'adjectus solutionis gratiâ de recevoir du débiteur un gage ou une hypothèque, par cette raison simple qu'il ne lui est rien dû personnellement. La L. 28 D. De pignoribus et hyp. nous en présente un second : Paul dans ce texte suppose qu'un legs conditionnel a été fait à un fils de famille. Pour garantir ce legs, le père a reçu de l'héritier un gage ou une hypothèque, puis, au moment où la condition vient à se réaliser, il se trouve que le fils de famille est devenu sui juris, soit par suite du décès de son père, soit parce qu'il a été émancipé. C'est donc au fils que le legs est dû, puisqu'au moment où le dies cedit, celui-ci a cessé d'être alieni juris. En cet état, ni le père, ni le fils ne pourront revendiquer le gage, le père, parce qu'il ne lui est rien dû, le fils, parce que ce n'est pas à lui que le gage a été promis.

Donc, il est essentiel à la validité d'une hypothèque, qu'une obligation principale existe, susceptible de recevoir une garantie de cette nature. Reste à préciser quelles obligations peuvent servir de point d'appui à une sûreté hypothécaire. Le principe est posé en termes aussi compréhensifs que possible dans la L. 5, Princ. D. De pignor. : « Res hypothecæ dari posse sciendum est pro quâcumque obligatione. »

Ainsi peu importe la cause de l'obligation principale : qu'elle résulte d'un prêt ou d'une constitution de dot ou d'une vente, ou d'un louage ou d'un mandat, par cela seul qu'il existe une dette, une hypothèque p[illegible]ervir à en assurer l'exécution.

Peu importe aussi l'objet de la dette, qu'il s'agisse d'une obligation de donner ou d'une obligation de faire ou de ne pas faire, la décision est invariable : « Non tantum ob pecuniam, dit Ulpien (1), sed et ob aliam causam pignus dari potest, veluti si quis pignus alicui dederit, ut pro se fidejubeat. »

Peu importent encore les modalités qui affecteraient l'obligation principale, qu'elle soit pure et simple ou à terme ou conditionnelle : si la dette est à terme, toute poursuite hypothécaire sera impossible jusqu'à l'é-

(1) L. 9, § 1 D. De pign. act., 13, 7.

chéance (1). Si la dette est conditionnelle, la L. 11, § 1 D. Qui pot. in pign. constate formellement la possibilité de la garantir par une hypothèque qui prendra rang du jour de la constitution et non à dater de l'événement de la condition : « Quum enim, dit Gaïus, pour justifier cette solution, semel conditio exstitit perinde habetur ac si illo tempore quo stipulatio interposita est sine conditione facta esset. » La meme solution est consacrée par Africain. (L. 9, § 1 D. eod. tit.) sous cette réserve : » Si non ea conditio sit quæ invito debitore impleri non possit. » Beaucoup d'auteurs ont expliqué cette restriction en rappelant que la rétroactivité ne s'appliquait pas aux conditions potestatives. Tel n'est pas l'avis de M. Bufnoir. Cet auteur (2) remarque que le principe de rétroactivité intervient à tort dans cette question : il ne peut servir à justifier complétement la règle posée par Gaïus dans la L. 11, § 1, puisque la convention peut appliquer la même règle aux obligations simplement futures : si donc l'explication de la règle n'est pas dans le principe de rétroactivité, il ne faut pas chercher dans une dérogation à ce principe le motif de la restriction indiquée par Africain. M. Bufnoir repousse dans ses termes généraux l'interprétation exagérée, suivant lui, que l'on donne de cette L. 9, § 1, et il restreint la portée du texte au cas où une obligation a

(1) L. 8, § 1 D. Quib mod. pign. vel hyp. solv., 20, 6. — L. 4 D. De dist. pign., 20, 5.

(2) Théorie de la condition, p. 281

été contractée sous condition potestative de la part du débiteur, sans que de son côté le futur créancier soit lié par aucun engagement actuel. Si l'on suppose en effet que le créancier s'est d'ores et déjà engagé, en stipulant une garantie hypothécaire, il est naturel de croire qu'il n'a consenti à cette opération, qui laisse au débiteur la liberté de ne point parfaire le contrat, qu'en considération de la sûreté qui lui était fournie. N'est-il pas dès lors injuste de frustrer son espérance en retardant la naissance de l'hypothèque jusqu'au moment où la condition potestative de la part du débiteur viendra à se réaliser. Donc dans le cas seulement où les deux parties auront conservé leur liberté respective, l'hypothèque naîtra et prendra rang du jour de l'événement de la condition, car, jusqu'à ce moment, il n'y a pas à proprement parler d'obligation formée; dans toutes autres hypothèses, on devra fixer le point de départ de l'hypothèque au moment de la constitution, conformément à l'intention vraisemblable des parties.

Le pacte d'hypothèque peut accompagner la formation de l'obligation principale, ou la suivre ou même la précéder. Ainsi, n'est-il pas douteux que cette garantie puisse s'attacher à une dette future. Le cas de l'obligation conditionnelle nous en a fourni un premier exemple. Il faut aller plus loin et admettre que l'hypothèque peut garantir une dette purement future et nullement soumise à l'incertitude d'une condition. Toutefois, l'hypothèque dans ce cas ne naîtrait qu'avec la dette et sans rétroactivité, à moins que la convention n'en ait expressément fixé le point de départ au jour de la constitution.

Enfin, il est indifférent que l'obligation principale soit civile, prétorienne ou même naturelle, mais cette dernière hypothèse appelle quelques remarques. Tout d'abord, dans ce cas particulier, l'hypothèque offre un intérêt tout spécial puisqu'elle fournit au créancier une action que l'obligation principale ne pourrait lui assurer. Si l'on suppose, par exemple, que les parties pour former le lien obligatoire ont négligé de recourir à la stipulation et se sont bornées à un simple pacte, nous n'hésitons pas à admettre, bien que la question soit controversée, qu'il résulte de ce pacte une obligation naturelle, dépourvue d'action, suffisante pour servir de base à une garantie hypothécaire. Que si maintenant une obligation a pris naissance destituée d'action civile à cause de l'incapacité d'une partie, une obligation naturelle subsistera néanmoins dans certains cas : c'est notamment l'hypothèse d'une obligation contractée par le fils de famille, au mépris du Scte Macédonien. Une hypothèque pourra-t-elle garantir cette dette naturelle? La L. 2 D. Quæ res pign. 20, 3. nous renvoie pour la solution de cette question à l'hypothèse d'une garantie personnelle prévue dans la L. 9, § 3 D. De Scto Maced. 14, 6. Ce texte, supposant qu'un fidéjusseur a garanti l'obligation d'un fils de famille, agite la question de savoir si l'on devra accorder à ce fidéjusseur l'exception du Sctc Macédonien et pour y répondre il distingue : Si le fidéjusseur, en payant, doit conserver un recours contre le fils de famille, il faudra lui accorder l'exception. Si, au contraire, il a entendu intervenir donandi animo, il n'a droit à aucun recours et dès lors il n'y a plus d'intérêt à le protéger contre les conséquences possibles de son intercession. La même distinction devra donc être appliquée au cas où un tiers a constitué une hypothèque pour garantir la dette d'un fils de famille.

La dette contractée par un esclave pourra de même être garantie hypothécairement soit par un tiers, soit par l'esclave lui-même après son affranchissement. Si même l'esclave avait reçu un pécule avec le droit de libera administratio, il pourrait, in servitute, affecter à sa dette un objet quelconque de son pécule. (L. 13 Princ. D. De Condict. Indeb. 12, 6.)

Au contraire la L. 2 D. Quæ res pignori décide que si un tiers a constitué une hypothèque pour garantir une intercessio contractée par une femme en violation du Scte Velléien, il faudra dans tous les cas couvrir le constituant par l'exception du Scte. Ce n'est là d'ailleurs qu'une application des principes généraux, car à la différence du Scte Macédonien qui laisse peser sur le fils de famille une obligation naturelle, le Scte Velléien affranchit la femme de toutes les conséquences de son acte : « quia, dit Julien, totam obligationem senatus improbat (1). »

(1) L. 16, § 1 D. Ad. Sctum Velleian., 16, 1.

La L. 14, § 1 D. De pignor. nous apprend que le pignus survit à la perte de l'action, quand la disparition de l'obligation civile laisse subsister après elle une obligation naturelle. On peut citer à titre d'exemples le cas où le débiteur subit une capitis deminutio minima, celui où le créancier perd son action pour avoir laissé périmer l'instance, ou encouru la plus-pétition ou s'être vu opposer les exceptions procuratoria, litis dividuæ, ou litis residuæ.

Au temps du droit classique, il ne paraît pas douteux que la prescription de la dette n'éteignît en même temps l'action hypothécaire. Les textes que l'on invoque en sens contraire (L. 25 D. De minoribus et L. 2 C. De luitione pignoris) ne sont rien moins que probants. On sait que Théodose le Jeune en établissant la prescription trentenaire (L. 3 C. De præsc. trig. annor.) n'appliqua point cette règle à l'action hypothécaire : contre le débiteur et ses héritiers cette action était perpétuelle. Justinien, par la célèbre loi Notissimi, en réduisit la durée à quarante ans. On a voulu argumenter de la survivance de cette action hypothécaire à l'action personnelle pour prétendre que la prescription trentenaire laissait subsister une obligation naturelle. De graves raisons ne permettent pas d'accueillir cet avis. Cette survivance ne constitue, suivant M. Machelard : « qu'une anomalie impossible à justifier raisonnablement... Si l'on n'autorise pas un créancier, quand une fois le laps de trente années a rendu son droit trop douteux, à essayer de le prouver en vue d'obtenir une condamnation, n'y a-t-il pas contradiction à lui permettre de tenter cette épreuve dans le but d'exiger le délaissement de la chose hypothéquée (1)? »

Si l'obligation principale était déclarée entièrement nulle par le droit civil, il est clair qu'elle ne comporterait aucune garantie accessoire. Quid si elle était paralysée par une exception perpétuelle? Schilling distingue : Si le débiteur ignorait le droit qui lui appartient d'opposer une exceptio perpetua, la garantie hypothécaire par lui constituée ne serait pas valable. Il en serait autrement si le débiteur avait agi en connaissance de cause, parce que dans cette hypothèse la constitution du gage emporterait, quant à ce, renonciation à l'exception (2).

L'hypothèque garantit en principe non-seulement l'obligation principale, mais encore les accessoires, à moins que son efficacité n'ait été expressément restreinte à la sûreté du principal. Cette extension de l'hypothèque s'applique notamment aux intérêts conventionnels de la créance, pourvu toutefois qu'ils n'excèdent pas le taux légitime (3).

Enfin la L. 5 § 2 D. De pignorib. dispose que l'on peut constituer une hypothèque non-seulement pour sûreté de sa propre dette mais encore dans l'intérêt d'autrui. Nous rappelons l'exception considérable

(1) Traité des oblig. naturelles, p. 496.

(2) Tr. du gage et de l'hypoth. Trad. Pellat, p. 10.

(3) L. 18, D. Qui potiores, 20, 4. — L. 11, § 3 D. De pignerat. act., 13, 7.

apportée à ce principe par le scte Velleien. La constitution d'un gage ou d'une hypothèque dans l'intérêt d'autrui rentre dans la classe des intercessiones absolument interdites aux femmes.

Nous sommes arrivés au terme de notre travail : nous avons montré par quelle lente progression les Romains avaient été conduits à la pratique de l'hypothèque, par quelle porte étroite ce mode de sûreté réelle avait pénétré dans leur législation, et comment une organisation de détail vicieuse avait paralysé dans son développement le régime hypothécaire romain. L'étude des effets du pignus et des droits qui en naissaient au profit du créancier nous révélerait d'autres imperfections. Faut-il s'en étonner, si l'on considère que cette matière si complexe, qui a pour mission de régler tant d'intérêts contradictoires, était encore à l'état d'enfance, que, malgré les progrès accomplis, les législations modernes cherchent encore sur ce point leur formule définitive, quand théoriciens et praticiens s'accordent pour signaler dans les monuments les plus récents d'importantes lacunes et de redoutables obscurités?

DEUXIÈME PARTIE.

DROIT FRANÇAIS

DE LA PUBLICITÉ DES HYPOTHÈQUES.

I

ANCIEN DROIT FRANÇAIS

Nous avons eu occasion de signaler dans la première partie de ce travail le vice fondamental du régime hypothécaire romain. C'était le défaut absolu de publicité qui compromettait les droits des créanciers et ne permettait d'assurer aucune sécurité aux tiers acquéreurs. Nous nous proposons de montrer dans cette seconde partie comment notre législation a été purgée de ce vice, en un mot de faire sommairement l'histoire de la publicité de l'hypothèque.

Les principes romains sur ce point, comme sur beaucoup d'autres, durent s'introduire en Gaule par la conquête. L'invasion germanique ne les détruisit point et ils restèrent la loi des Gallo-Romains. Il serait sans doute téméraire de demander aux lois barbares qui régissaient le reste de la Gaule un système de crédit bien coordonné. Mais l'on sait que peu à peu le système de la personnalité des lois disparut pour faire place au système de la territorialité. Cette évolution s'accomplit surtout pendant l'anarchie des IXe et Xe siècles sous l'influence du régime féodal qui se formait.

On a pensé trouver à cette époque reculée une organisation complète de la publicité des charges réelles. Et pour qui connait les caractères de la féodalité naissante, et l'application au territoire de la hiérarchie qui marquait alors l'ensemble des institutions, cette hypothèse ne paraitra pas extraordinaire. Il faut se souvenir qu'au rapport de foi qui dans l'organisation féodale unissait l'homme à l'homme, s'ajouta bientôt le rapport réel de mouvance qui subordonnait la terre du vassal concessionnaire à celle du seigneur concédant. « L'établissement territorial une fois accompli, et par la seule introduction de la propriété foncière dans la relation du chef aux compagnons, cette relation fut grandement modifiée. De la nature même de la propriété foncière il résulta que la relation devint moins libre, moins mobile. Le compagnon s'attacha à la terre qu'il tenait de son chef; il ne lui fut pas aussi facile de quitter sa terre que jadis de quitter son chef » (1). C'est qu'en effet il s'était formé entre le seigneur et le vassal un lieu nouveau. Le seigneur retenait sur la terre concédée la seigneurie directe; et entre autres conséquences de cette rétention il n'était pas permis au vassal, au moins dans l'origine, d'aliéner son fief sans l'exprès consentement

(1) Guizot, Hist. de la civil. en France, t. III, 9e leçon, p. 215.

du seigneur. Les auteurs coutumiers sont formels pour l'attester (1). Ils ne disent rien de l'hypothèque, mais il eût été singulier de permettre au vassal d'hypothéquer son fief sans le consentement du seigneur, puisque l'hypothèque avait précisément pour but de rendre éventuellement possible une aliénation. Il est donc légitime d'admettre que ce consentement était universellement requis et se donnait sous la forme d'un nantissement. C'est précisément sous cet aspect que Dufresne nous présente les devoirs de loi. « Le nantissement n'est autre chose qu'un consentement ou approbation donnée par le seigneur à son vassal ou tenancier de la vente qu'il fait de son héritage, ou sur lequel il a constitué ou consenti hypothèque pour sûreté des conventions portées par le contrat, et de fait cessant cette approbation les contrats sont réputés purs personnels » (2). Ce qui corrobore cette assimilation de l'hypothèque à la vente, à l'origine de la féodalité, c'est que dans les pays de nantissement, qui auraient gardé ces premières traditions, les formes étaient les mêmes pour assurer la publicité des hypothèques, et celle des mutations de propriété. Nous ne nous dissimulons pas d'ailleurs que cette application générale de la publicité, à une époque si lointaine, n'a d'autre valeur que celle d'une conjecture.

(1) Pothier, Tr. des fiefs, n° 410. Cout. d'Orléans, Int. au titre des fiefs, n° 119.

(2) Commentaire sur la coutume d'Amiens, p. 214.

On accordera tout au moins qu'elle est séduisante et suffisamment vraisemblable (1).

Quoi qu'il en soit de cette hypothèse, au moment où la lumière se fait dans l'histoire juridique du moyen âge, et où des monuments authentiques nous permettent de raisonner avec plus de certitude, nous trouvons le droit romain restauré dans tout le midi de la France, pénétrant de son influence les coutumes nationales, et spécialement en ce qui nous occupe, la clandestinité de l'hypothèque à peu près universellement admise. Néanmoins quelques coutumes du nord du royaume et des Pays-Bas nous présentent un système assez complet de publicité. C'en est assez pour établir un contraste entre le système des hypothèques occultes et celui des hypothèques publiques, et faire ressortir les avantages du second. Ces avantages ne manquèrent pas d'attirer à diverses reprises l'attention des jurisconsultes et des hommes d'Etat.

Des coutumes qui suivaient les principes romains, nous ne dirons rien; nous ferons cependant remarquer qu'elles y avaient dérogé, en n'attachant de plein droit la garantie hypothécaire qu'aux actes authentiques et non plus aux actes sous seing privé à moins qu'ils n'aient été reconnus en justice ou déposés chez un notaire (2). Mais il pourra sembler intéressant

(1) Voy. MM. Merlin, Rép., V° *Devoirs de loi*; Troplong, des Priv. et Hyp., préface, p. xix et xx.

(2) Pothier, Tr. de l'Hypothèque, n° 10. — Cout. d'Orléans, introd. au titre des Arrêts, n°s 6 et suivants.

d'indiquer en peu de mots les voies employées dans les coutumes du Nord, pour procurer la publicité des hypothèques, et les efforts plusieurs fois tentés pour généraliser ces pratiques. Deux sortes de monuments doivent servir à cette étude : le texte des coutumes, les édits des rois de France.

I.

COUTUMES.

L'ensemble des formalités requises pour assurer la publicité des charges qui grevaient les biens est compris sous le nom générique de devoirs de loi. Nous aurons à indiquer : 1° quelles coutumes pratiquaient les devoirs de loi ; 2° quelles en étaient les formalités ; 3° les exceptions au principe de la publicité ; 4° enfin l'effet des devoirs de loi accomplis ou de leur omission.

§ 1. — Les pays où l'on pratiquait les œuvres de loi étaient tous situés au Nord. C'étaient les Pays-Bas, le Luxembourg, la Belgique, les Flandres, Chimay, le Boulonnais, le Ponthieu, le Vermandois, l'Artois, la Picardie (Amiens, Péronne, Chaunay, Ribemont, etc.), le Cambrésis, Laon, Reims, Saint-Quentin, Senlis, etc. (1).

(1) Voy. Artois, art. 73 ; Ribemont, art. 51 ; Luxembourg, tit. V, art. 3 ; Péronne, art. 259 ; Reims, art. 173 ; Amiens, art. 137 ; Cambrésis, tit. V,

§ 2. — Les formalités du nantissement variaient avec les coutumes. Leur nom même n'était pas partout identique. Néanmoins, il est possible d'en présenter les principaux caractères. « Nantir un contrat sur un héritage, dit de la Fons (1), c'est comme par une appréhension de fait prendre l'héritage pour gage. Par l'exhibition du contrat en la justice et l'acte qui s'en dresse et enregistre, l'hypothèque est assise et imprimée sur l'héritage et une espèce de droit réel acquis au créancier à l'exclusion de toute autre personne. Ainsi le créancier est assuré, le débiteur non dépossédé et ceux qui voudront traiter avec lui certiorés de l'état de ses immeubles par les registres qu'ils peuvent voir aux greffes. » C'est, en effet, la marche générale des œuvres de loi : le créancier, par l'intervention de la justice, est en droit et par une sorte d'investiture simulée mis en possession de l'immeuble qui lui est hypothéqué. Acte est dressé de cette quasi-tradition et il en est conservé mention dans un registre, absolument comme on conserve aujourd'hui les hypothèques sur le registre des inscriptions. Dès lors chacun, pouvant obtenir des extraits de ce registre, pouvait être exactement renseigné. Le rang de préférence entre les créanciers était réglé par l'ordre des divers nantissements mentionnés au

art. 1. — Voy. aussi De Ghewiet, Inst. au droit de Belgique, partie II, tit. V, § 9, art. 2.

(1) Commentaire sur la Coutume de Vermandois, t. Ier, p. 46.

registre. Ajoutons que les transports de propriété étaient rendus publics de la même manière.

Trois moyens s'offraient au créancier pour procéder à cette sorte d'appréhension de fait : le rapport d'héritage, la main-mise et la main-assise.

I. — *Rapport d'héritage ou saisine et désaisine, ou vest et devest.* — Loyseau (1) le définit ainsi : « La première façon de nantissement est quand le vendeur ou debteur se devest de la propriété de l'héritage ès mains du seigneur qui a la justice foncière d'iceluy et que l'acquéreur ou créancier hypothécaire s'en fait ensaisiner par le seigneur par la tradition d'un baston ou buschette, ce qui se pratique plus communément ès ventes et aliénations qu'ès simples engagements et obligations des héritages. » C'était, en effet, la forme usitée pour la transmission de la propriété, mais, quoi qu'en dise Loyseau, le rapport d'héritage servait aussi à constituer les hypothèques (2). Comme on l'a vu, le rapport d'héritage imite la tradition des Romains. Pour l'effectuer, les parties débiteur et créancier comparaissent en justice. Là, le vendeur ou débiteur déclare se désaisir de l'héritage, le juge donne acte de cette désaisine et prononce l'ensaisinement du créancier ou de l'acquéreur. Quelques coutumes, notamment celles de l'Artois, du Cambrésis et de Chimay exigent que la partie qui se

(1) Traité du Déguerpissement, liv. III, chap. 1er, no 33.

(2) Voy. notamment Cout. d'Amiens, art. 140, 141; Artois, art. 75; Ponthieu, art. 111 et ss.; Cambrésis, tit. V, art. 1er; Boulonnais, art. 115.

désaisit remette au juge un bâton que celui-ci transmet à la partie ensaisinée. Ailleurs, cette opération symbolique n'est pas requise : une simple déclaration suffit.

En principe, les parties peuvent se faire représenter par un mandataire (1). Suivant les coutumes, la procuration peut être tacite (arrêt du Parlement de Flandre du 9 mars 1697), ou doit être expresse (Amiens, art. 138). Toutefois la coutume de Valenciennes ne permet la représentation qu'en cas d'empêchement légitime et justifié (art. 68), et la coutume de Cambrésis (tit. V, art. 3) dispose : « Devoirs de loy pour deshéritances, rapport ou hypothèque d'héritage ne se peuvent faire, ni passer par procureur, si ce n'est pour une communauté, collége ou couvent. »

Devant quels juges doivent s'accomplir les devoirs de loi? La compétence, en cette matière, était attribuée aux justices foncières : il fallait donc se présenter devant la justice du seigneur dont la terre relevait. La cour était diversement composée suivant qu'il s'agissait d'un fief ou, au contraire, d'une censive ou mainferme. Dans le premier cas, le représentant du seigneur est assisté des hommes de fiefs, dans le second des censitaires. Quant au nombre des juges terriers qui doivent assister aux devoirs de loi, il varie suivant

(1) Amiens, art. 138; Vermandois, art. 127; Hainaut, Ch. générales, ch. 103, art. 1er.

les coutumes (1). Il serait aussi fastidieux qu'inutile de rappeler leurs dispositions de détail sur ce point spécial.

Si le seigneur immédiat n'est pas connu, on peut remonter au seigneur médiat, et en dernière analyse, s'adresser à la justice royale en vertu du principe qui fait du roi le souverain fieffeux du royaume.

L'attribution de compétence ne souffre pas de difficulté quand il s'agit d'un bien engagé dans la hiérarchie féodale. Mais quels juges sont compétents pour le nantissement d'un franc-alleu? Les coutumes de Vermandois et de Péronne n'exigent pas l'ensaisinement pour ces sortes de biens. Merlin (2) approuve cette décision parce que, selon lui, la nécessité du nantissement ne s'explique que comme satisfaction donnée à la seigneurie directe retenue par le concédant. Comme l'alleu ne suppose aucune propriété supérieure, on ne comprendrait pas que le nantissement lui fût appliqué. Cependant, s'il est vrai que les devoirs de loi ont puisé leur origine dans les principes hiérarchiques de la féodalité, les graves intérêts qu'ils doivent sauvegarder, et qui militent avec une égale force, quelle que soit la nature du bien hypothéqué, ne permettent pas d'accepter en théorie la distinction des coutumes de Péronne et de Vermandois. Aussi dans les Pays-Bas et la Belgique, la législation était-

(1) Cambrésis, tit. V, art. 2; Hainaut, Chartes générales, chap. 94, art. 1er; Namur, art. 7, etc.

(2) Rép. V° *Devoirs de Loy*, § 1, n° 6.

elle uniforme. Les textes très-généraux et les motifs qui les appuient comprennent aussi bien les alleus que les fiefs ou les censives. Il est défendu, disent-ils, de charger ou d'aliéner aucun héritage sans le secours du nantissement, dans le but de couper court aux fraudes et aux stellionats. (Placards des 10 février 1538 et 6 décembre 1586.) En Hainaut, les œuvres de loi pour les alleus se passent devant deux francs alloëtiers, qui ont sur ces sortes de biens la même juridiction que les baillis et hommes de fiefs sur les fiefs.

Pour assurer la publicité des nantissements, acte est dressé des formalités de saisine et de désaisine et cet acte est enregistré au greffe de la justice qui les a reçus. Tous les nantissements sont de la sorte réunis en un seul registre dont le greffier délivre des extraits à tous requérants.

II. — *Mainmise ou mise de fait* (1). — Ce second mode rappelle assez exactement le pignus prætorium ou la missio in possessionem des Romains. C'était autrefois le mode employé en Artois par ceux qui avaient un droit personnel sur une chose par succession, donation ou legs pour acquérir sur cette chose un droit réel. En ce qui nous occupe spécialement voici comment on procédait :

Sur le titre qui constituait hypothèque on obtenait du juge foncier dans le ressort duquel était situé l'immeuble, une commission qui équivalait à l'envoi en possession prononcé à Rome par le préteur. Quel-

1) Artois, art. 75; Amiens, art. 141; Cout. de Ponthieu, art. 111 et ss.

ques coutumes (V. not. Amiens, art. 144) exigeaient que le créancier se transportât effectivement sur le fonds pour y faire acte de puissance matérielle et là se fit investir de la possession par un sergent. C'était la mise de fait ou mainmise qui ne constituait encore qu'une procédure préparatoire. Il fallait donc ne pas laisser prescrire cette procédure ainsi commencée, et dans ce but en vertu de la commission du juge un sergent assignait devant ledit juge le débiteur et le seigneur dont la terre était mouvante pour discuter la validité de la mainmise. Sur cette instance intervenait une décision du juge qui donnait à l'opération son caractère définitif avec effet rétroactif au jour de l'exploit d'assignation. On tenait registre au greffe des mises de fait comme des rapports d'héritages.

III. — *Main assise* (1). — Ce troisième mode, assez semblable au précédent, est analogue au pignus ex causâ judicati captum, de la législation romaine. Le créancier n'y peut procéder qu'à la condition d'être muni de lettres authentiques, c'est-à-dire de contrat passé devant deux notaires, ou un notaire et deux témoins, ou reconnu en justice. Sur ces lettres, il obtient commission du juge ordonnant à un sergent dans la limite de sa juridiction d'asseoir sur l'immeuble la main du seigneur immédiat, ou celle du roi : ce qui revient à saisir l'immeuble, pour parler la langue juridique moderne. Le sergent déclare par

(1) Amiens, art. 142; Ponthieu, art. 113; Artois, art. 75.

exploit mettre ledit immeuble en la main du roi ou du seigneur, puis il assigne le débiteur et le seigneur en reconnaissance de la validité de la main assise, et sur cette instance le juge ordonne que ladite main-assise tiendra jusqu'à ce que le créancier soit payé, en conséquence défend d'opérer à l'avenir aucun nantissement au préjudice dudit créancier. Si le propriétaire et le seigneur consentent à la main assise sur la signification qui leur en est faite, pas n'est besoin de les assigner ; mais ils doivent apposer leur signature sur l'exploit pour témoigner de leur adhésion. Il est dressé procès-verbal du tout et ce procès-verbal est inscrit sur le registre du greffe.

Ces trois formes de nantissement étaient communes aux transmissions de propriété et aux constitutions d'hypothèque. C'est dans la première hypothèse que se placent plus volontiers les commentateurs des coutumes pour les expliquer, et en effet on en comprend mieux dans ce cas le fonctionnement. Pour les approprier aux constitutions d'hypothèque il suffit de remarquer qu'en pareille occurrence ces divers modes de prise de possession n'étaient que simulés, et servaient simplement à manifester et à établir le droit du créancier. En fait, la possession demeurait aux mains du débiteur.

Dans certaines coutumes plus proprement appelées coutumes d'ensaisinement, on peut procéder au nantissement d'une manière plus simple (1). On commu-

(1) Péronne, art. 260; Reims, art. 174; Chimay, chap. VIII, art. 1er; Laon,

nique les lettres de constitution de rente ou le contrat constatant la dette aux officiers de la justice foncière pour qu'ils puissent les lire et en prendre connaissance. De cette communication il est dressé un acte par écrit qui est enregistré au greffe. Au dos du titre le greffier mentionne l'accomplissement de cette formalité et signe la mention. La coutume de Reims dans son art. 174 explique clairement cette procédure. Le débiteur, y est-il dit, doit faire nantir son contrat : « qui est à dire exhiber les lettres de la constitution de ladite rente aux maires et échevins ou autres officiers de la justice foncière du lieu où sont assis lesdits héritages, et illec le requérir en présence de témoins que pour sûreté de ladite rente ou dette ils nantissent lesdites lettres ou les tiennent pour bien nanties sur lesdits héritages, à ce que ladite justice ne reçoive de là en avant aucun autre nantissement vest ou devest que ce ne soit à la charge dudit deû ou rente et priorité de son droit en iceux, dont acte doit lui être délivré à part signé du greffier, ou endossé de sesdites lettres et enregistré au greffe de la justice des lieux où sont assis lesdits héritages. »

Que si les officiers de justice refusent d'accomplir ces formalités, l'art. 175 de la même coutume fournit des moyens pour triompher de ce mauvais vouloir : « L'autre manière est que ledit acquéreur ou créditeur d'icelle rente ou dette obtienne commission du

chap. V, art. 143; Senlis, art. 275. — Voy. aussi Loyseau, Tr. du Déguerpissement, liv. III, ch. 1er, n° 35.

bailli de Vermandois ou son lieutenant en ladite prévôté de Reims, ou des prévôts royaux audit baillage ou leurs lieutenants, adressant au premier sergent royal de ce requis, lequel en présence de témoins fera pour ledit acquéreur ou créditeur semblable exhibition des lettres et requêtes auxdits maires et échevins ou autres justiciers fonciers, en prenant acte à part, le faisant endosser et enregistrer comme dessus, lequel sergent au refus desdits justiciers fera ledit nantissement et défense auxdits justiciers de ne recevoir de là en avant autre nantissement, vest ou devest desdits héritages au préjudice de celui qui aurait été fait par lui au refus desdits justiciers : et du tout ledit sergent en fera son rapport qui servira d'acte audit acquéreur ou créditeur (1). »

On ne peut nantir de la sorte que les actes authentiques ou les actes sous seing privé reconnus en justice.

Au témoignage de Loyseau (2), cette formalité de l'ensaisinement aurait été exigée par la première rédaction de la coutume de Paris (art. 196), aussi bien pour la constitution d'hypothèque que pour les mutations de propriété. Mais cette exigence disparut lors de la réformation. Désormais dans la coutume de Paris : « ne prend saisine qui ne veut. » (Art. 55.)

En général, certains droits étaient dus au seigneur pour les devoirs de loi : « Il est dû des droits au sei-

(1) Comp., Cout. de Chauny, tit. II, art. 8.

(2) Loyseau, *loc. cit.*, n° 36.

gneur, dit Maillart, sur l'article 68 de la coutume d'Artois, parce que l'héritage est censé aliéné à proportion de la somme empruntée. » Ces droits sont en effet les mêmes que les droits dus en matière de vente : le quint pour les fiefs, le treizième denier pour les censives (1). Exceptionnellement, la coutume de Péronne n'attribuait aucun droit au seigneur (art. 262). On pouvait du reste par un détour éviter le payement de cet impôt. On faisait consentir dans l'acte le débiteur à ce que le créancier obtînt contre lui une sentence de condamnation. Cette sentence emportait hypothèque judiciaire du jour où elle était rendue, sans qu'il fût besoin de nantissement (Ordonnance de Moulins de 1566, art. 53).

Comme nous l'avons fait remarquer, toutes ces formalités étaient consignées dans un registre tenu au greffe des justices foncières (2). Le nantissement étant la forme commune qui servait à assurer la publicité des transports de propriété et celle des constitutions d'hypothèque, le registre représentait tout à la fois notre registre des transcriptions et celui des inscriptions. En examinant dans le texte des coutumes, et dans les ouvrages des commentateurs, les prescriptions de détail relatives à la tenue de ce registre, on y

(1) Artois, art. 68; Amiens, art. 140, 141.

(2) Péronne, art. 260; Reims, art. 177; Vermandois, art. 119, 120; Luxembourg, tit. V, art. 15; Amiens, art. 145. — Voy. aussi Maillart, sur la Cout. d'Artois, p. 94 et suiv.; De Ghewiet., Int. au droit de Belgique, partie II, tit. V, § 9, art. 4.

croirait lire les règles actuelles de manutention imposées au conservateur des hypothèques. C'est ainsi qu'un arrêt du bailliage d'Amiens du 12 février 1603 prescrit que les registres soient cotés et paraphés par les juges et greffiers (comp. C. civ., art. 2201), que les actes y soient inscrits de suite et sans aucun blanc à peine de 50 écus d'amende et des dommages et intérêts des parties. Il ne suffirait pas de conserver et de lier ensemble les divers exploits de nantissement. (Comp. C. civ., art. 2203). Les greffiers doivent délivrer des extraits des registres à tous requérants. Ils délivrent aussi aux parties qui font nantir un contrat un état des nantissements existant jusqu'à ce jour sur le bien. Pour tous les détails de son service le greffier est formellement déclaré responsable vis-à-vis des parties intéressées. (Comp. C. civ., art. 2196 et 2197.) Un placard du 16 septembre 1673 déclare qu'en Flandre les hypothèques et autres charges non enregistrées sont absolument nulles encore qu'elles puissent être autrement connues. La coutume d'Amiens a une disposition identique.

La tenue des registres est à peu près universellement requise dans les pays de nantissement. Cependant les chartes générales du Hainaut sont muettes sur ce point et certaines de leurs dispositions permettent d'induire par a contrario que la tenue du registre n'y était pas nécessaire. C'est ainsi que l'article 1er du chapitre XXX permet de prouver le nantissement par records. Il en est de même dans la coutume de Cambrésis (chap. v, art. 5 à 10).

§ 3. — Les hypothèques légales et les hypothèques judiciaires créées par l'ordonnance de Moulins de 1566 sont en général dispensées des formalités du nantissement (1). Mais l'ordonnance de Moulins n'avait pas été reçue en Artois et l'on n'y reconnaissait aucune hypothèque résultant des jugements. De même les hypothèques légales ne s'y produisaient pas sans nantissement.

§ 4. — L'accomplissement des devoirs de loi avait pour principal effet de rendre publiques les charges qui grevaient un fonds, de permettre à tout acquéreur une connaissance exacte des dettes garanties par l'immeuble qu'il se proposait d'acquérir, d'indiquer à tout individu qui voulait prêter à un propriétaire la mesure du crédit qui pouvait être accordé à ce futur débiteur. Grâce à cette publicité le nantissement assurait au créancier un droit de suite.

Mais son effet capital était de fixer l'ordre et le rang des diverses hypothèques qui grevaient le même immeuble. En un mot il réglait entre les créanciers le droit de préférence. C'est surtout sur ce dernier effet qu'insiste le texte des coutumes. « Préjudiciera tel nantissement, dit la coutume de Reims (art. 176), aux subséquents en même héritage. De sorte que le dernier nanti perd sa debte ou rente, si

(1) Amiens, art. 137; Reims, art. 182; Péronne, art. 268, 269; Boulonnais, arrêts de règlement des 29 juillet 1623 et 4 mars 1624.

la valeur desdits héritages est totalement entrée ou employée au payement de tout ou partie de la debte ou rente du premier nanti. » — De même la coutume de Laon (chap. v, art. 48) s'exprime ainsi : « Et si plusieurs nantissements sont faicts sur mêmes héritages, les premiers nantis sont les premiers payés et les autres aprës selon le temps qu'ils ont fait nantir, et s'il n'y a que pour payer les premiers, les autres n'y prendront aucune chose. » L'article 10 du titre II de la coutume de Chauny n'est pas moins formel.

Le défaut d'accomplissement des œuvres de loi paralysait l'effet de l'hypothèque. Nous avons vu les usages de Flandre et la coutume d'Amiens déclarer nulle une hypothèque qui n'aurait point été rendue publique au moyen des formalités légales. De même nous lisons dans la coutume de Péronne (art. 263) : « Es dites prévôtés de Péronne et Roye, hypothèque a lieu du jour dudit nantissement seulement. » D'ailleurs il est bien clair que les tiers pourraient seuls se prévaloir du défaut de nantissement. Ni le débiteur ni ses héritiers ne pourraient opposer cette fin de non-recevoir aux justes réclamations du créancier.

La coutume de Reims, dans son article 181, constate expressément que le nantissement se peut faire non-seulement pour dettes présentes mais encore pour dettes conditionnelles ou non encore échues. En cas pareil, l'hypothèque prend rang du jour où la condition vient à s'accomplir.

Tel est dans son ensemble le système de publicité

usité dans les pays de nantissement. A diverses reprises les édits royaux dont nous allons parcourir la série tentèrent d'abroger ces coutumes, en généralisant d'ailleurs leur principe. Mais toutes les fois que les théories nouvelles donnèrent moins de garantie que l'organisation ancienne au besoin de publicité, la volonté royale se heurta contre l'invincible résistance des juridictions locales. C'est ce qui explique comment, en 1789, le nantissement était encore pratiqué dans un certain nombre de coutumes du Nord, et notamment en Artois et en Flandre.

II

ÉDITS.

L'incontestable avantage résultant pour le crédit de la publicité des charges réelles n'avait pas été sans frapper l'attention des jurisconsultes. Loyseau s'en exprime en termes saisissants. En constatant que l'usage des hypothèques s'est tourné en « désordre et confusion, » parce qu'on a attaché l'hypothèque à tous les actes des notaires, il ajoute : « En quoy, à la vérité, il n'y a nul inconvénient pour le regard du debteur, car il est bien raisonnable de le faire bon payeur par tous moyens. Mais l'inconvénient est grand à l'égard d'un tiers acquéreur de bonne foi qui pensant être bien assuré de ce qu'on lui vend et que l'on met en sa possession, sçachant bien qu'il appartenait à son vendeur, s'en voit enfin évincé et privé par un malheur inévitable au moyen des hypothèques précédentes, lesquelles estant constituées secrettement, il ne lui était possible de savoir ni descouvrir... C'est pourquoi nous voyons à venir tous les jours du trouble aux tiers acquéreurs à cause des hypothèques précédentes, dont il se voit infinité de bonnes maisons ruinées non par mauvais mesnage, mais pour n'avoir pas assez seûrement acheté (1). » Puis le jurisconsulte expose comment les coutumes de nantissement ont évité ces inconvénients.

A diverses reprises on tenta de généraliser en France ce système de publicité.

S'il faut en croire Chopin, la première tentative pour introduire à Paris l'usage des nantissements serait due aux Anglais. Henri VI pendant son occupation l'aurait prescrit par lettres patentes du 27 mai 1424. « Tum enim pactarum hypothecarum mole obruta Lutetiæ ædificia urbem suam pessumdabant ruinâ, dum nudis pactis hypothecarii creditores in foro invicem altercarentur (2). » Une innovation venant d'une telle origine et en des temps si troublés n'avait pas grande chance de durée. Aussi ne voyons-nous pas que la prescription d'Henri VI ait longtemps survécu à sa domination passagère.

(1) Tr. du Déguerpissement, liv. III, ch. 1er, nos 16, 19. — Voy. aussi Basnage, Traité des Hypothèques, chap. 1er.
(2) Chopin, De moribus. Paris, tit. III, no 11.

Le premier essai national est beaucoup plus récent : on le doit à Henri III. Son édit de 1580 créait des contrôleurs des titres et prescrivait « que tous les contrats excédant cinq écus fussent contrôlez et enregistrez, faute de quoi l'on n'acquerrait point de droit de propriété ni d'hypothèque sur les héritages. » Cet édit ne reçut jamais qu'une exécution incomplète. On prétendit que son véritable but avait été de battre monnaie en créant la charge nouvelle de contrôleur des titres. Il fut révoqué en 1588 par l'édit de Chartres.

Sully, qui voulait : « qu'aucune personne de quelque condition ou qualité qu'elle pût être n'eût pu emprunter sans qu'il fût déclaré quelles dettes avait déjà l'emprunteur, à quelles personnes, sur quels biens (1), » fit revivre l'édit de 1580 par la déclaration de 1606. Mais ce nouvel édit ne fut reçu qu'au parlement de Normandie. Basnage, qui a commenté spécialement la législation de cette province, nous donne quelques détails sur cette déclaration de juin 1606. Il paraît que l'échiquier de Rouen ne l'avait accueillie que sous de graves modifications, mais qu'il dut sur des lettres de jussion enregistrer le texte primitif de l'édit.

Tous contrats excédant cinquante livres étaient soumis à la formalité du contrôle et ne pouvaient emporter hypothèque que du jour où cette formalité aurait été accomplie. Toutefois on exemptait de cette

(1) Mémoires, liv. XXVI.

obligation les adjudications et baux à ferme du roi, des communautés, des villes, des pupilles, et aussi les partages, les contrats de mariage et les testaments. L'arrêt de vérification portait que la formalité du contrôle serait accomplie au lieu où le contrat avait été passé et au domicile de l'obligé. D'où les praticiens avaient conclu que le contrôle était exigé en l'un et en l'autre lieu. Mais un règlement de 1666 décida qu'il suffisait de contrôler les contrats soit au domicile de l'obligé, soit au lieu de la passation de l'acte. Comme la déclaration de 1606 n'avait été admise qu'en Normandie, on se demandait si les contrats passés sur le territoire d'une autre coutume et grevant d'hypothèque des biens situés en Normandie devaient être contrôlés. Un arrêt du 21 janvier 1642 se prononça pour la négative par cette excellente raison que : « c'est une règle générale quand il s'agit de la forme et de la solennité d'un contrat, qu'il suffit pour le faire valoir qu'il soit fait selon toutes les formes requises par la coutume du lieu où il a été passé. »

Il était tenu registre de tous les contrôles, et en consultant ces recueils chacun pouvait s'éclairer sur la situation hypothécaire de son débiteur ou de son vendeur.

Les sentences et arrêts de justice et par conséquent les contrats et obligations reconnus judiciairement sont exemptés de la formalité du contrôle. Il en est de même des contrats de commerce (déclaration du 10 mai 1660) (1).

Comme on le voit, cet édit de 1606 organisait un mode de publicité incomplet sans doute, mais néanmoins préférable au système des hypothèques occultes. Toutefois restreint, à la Normandie, il n'eut jamais l'application d'une loi générale.

La tentative la plus remarquable qui puisse être signalée dans notre ancien droit est sans contredit celle qui trouva sa formule dans l'édit de 1673, dû à l'initiative de Colbert. Cette œuvre, sans intérêt si l'on ne considère que sa courte durée, présente au contraire un sujet des plus attachants si l'on y recherche les bases premières de notre système actuel de publicité. A ce titre nous croyons devoir en rappeler sommairement les dispositions.

Le préambule constate que, pour assurer la conservation des fortunes et empêcher que les biens d'un débiteur solvable ne soient consumés en frais de justice, on n'a point trouvé de meilleur moyen « que de rendre publiques toutes les hypothèques et de perfectionner par une disposition universelle ce que quelques coutumes du royaume avaient essayé de faire par la voie des saisines et des nantissements. »

Dans ce but, l'édit crée dans chaque bailliage et sénéchaussée des greffes d'enregistrement où l'on devra faire enregistrer les oppositions. L'opposition

(1) Basnage, Traité des Hypothèques, chap. XII.

dans l'édit de 1673 n'est autre chose que l'instrument de publicité aujourd'hui désigné sous le nom d'inscription. Le greffe est établi au lieu de la juridiction du bailliage ou de la sénéchaussée jugé le plus commode. Les registres y sont déposés et n'en doivent être distraits sous aucun prétexte (art. 1, 10 et 11). La compétence des préposés est naturellement réglée par la situation des immeubles grevés.

L'enregistrement doit être requis par le créancier (art. 12). Néanmoins, « si le créancier originaire est négligent de s'opposer et de faire enregistrer son opposition sur les biens de son débiteur, son créancier pourra le faire sans qu'il soit besoin de le faire ordonner, et l'enregistrement ne vaudra que pour lui et jusqu'à concurrence de la dette pour laquelle il aura formé son opposition. » (Art. 36.) Le cessionnaire d'une créance pour laquelle le cédant se sera opposé devra faire mentionner en marge la cession, à peine de déchoir de son droit de préférence. (Art. 37.)

L'édit ne fixe aucun délai pour faire enregistrer l'opposition. Néanmoins les oppositions formées dans les quatre mois du contrat par ceux qui habitent le royaume, dans les six mois par ceux qui sont absents ont un effet rétroactif et donnent rang au créancier à la date du contrat ou du jugement. Si au contraire l'opposition n'est enregistrée qu'après ces délais, la créance ne prendra rang qu'à la date de l'enregistrement. (Art. 23-25.) L'opposition enregistrée du vivant du débiteur ne devra pas être renouvelée après son décès. Que si à ce moment elle n'était pas encore formée, les créanciers ont quatre mois à compter du décès pour accomplir cette formalité qui rétroagira de manière à primer les créanciers de l'héritier. Après ce délai l'opposition n'aura plus d'effet rétroactif, et les créanciers du défunt subiront le concours de ceux de l'héritier. (Art. 30 à 33.)

Le vendeur devra déclarer à peine de stellionat, en cas d'aliénation de l'immeuble grevé, les charges qui le grèvent depuis quatre mois au moins. (Art. 26.) Les acquéreurs feront signifier leur titre aux créanciers opposants au domicile élu par ceux-ci dans leurs oppositions, et le titre du nouveau possesseur ainsi que les significations aux créanciers seront mentionnés en marge de chaque opposition. Ces formalités sont prescrites à peine de nullité. (Art. 42 à 45.) La même procédure sera suivie en cas de saisie réelle, par décret volontaire ou forcé. (Art. 47 et 48.)

L'édit règle avec soin les formalités diverses de l'opposition. Elle devra mentionner les sommes ou droits pour lesquels elle sera formée, le nom du créancier et celui du débiteur, le titre constitutif de la créance, le nom des notaires ou autres personnes publiques qui auront reçu l'acte, et s'il s'agit d'une sentence la juridiction qui l'aura prononcée. Elle sera datée, signée de l'opposant et du greffier. Elle contiendra élection de domicile par l'opposant dans le lieu où se fera l'enregistrement. On pourra d'ailleurs renoncer plus tard à ce domicile élu à la condition d'en choisir un autre et d'indiquer en marge ce changement par une mention signée par l'opposant et le greffier et paraphée par le juge. (Art. 20.) On devra y énoncer encore la ville, le bourg, le village ou hameau, la paroisse et terroir où l'immeuble sera situé, sa dénomination s'il en a une et le nom du propriétaire. (Art. 13 à 16.) Aucune difficulté ne peut s'élever pour la sanction de ces formalités diverses : elles doivent être observées à peine de nullité, d'après les termes exprès de l'art. 17. L'art. 39 résout la question aujourd'hui agitée des bordereaux collectifs. Le créancier pourra former et faire enregistrer son opposition par un même acte pour différentes dettes et sur plusieurs immeubles appartenant au même débiteur pourvu qu'ils soient situés en mêmes bailliage et sénéchaussée.

Des dispositions sagement minutieuses règlent la tenue des registres et la publicité qui doit leur être donnée. Ils doivent être cotés par premier et dernier et paraphés par le juge avant qu'on les puisse employer. Le juge dresse aussi en la première page un procès-verbal énonçant le nombre de feuillets et le jour où le registre a été paraphé. Les oppositions y sont inscrites de suite et sans aucun blanc, à peine d'être procédé contre le greffier comme faussaire et de quinze cents livres d'amende, plus les dommages et intérêts des parties. Tous les mois le juge arrête le registre en mentionnant le nombre de feuillets employés, et s'il s'y trouve quelque blanc ou lacune il en dresse procès-verbal pour y être pourvu. Il arrête de même le registre à sa dernière page au moyen d'un procès-verbal qui en fait connaître l'état. (Art. 3, 5, 7 à 9.) — Le greffier délivre à tous requérants des extraits de son registre en y mentionnant le jour de l'opposition, le numéro du registre et du feuillet où elle figure à peine de quinze cents livres d'amende et des dommages et intérêts des parties. (Art. 19.) Il délivre aussi des certificats négatifs. L'édit le déclare expressément responsable des inexactitudes ou omissions qui pourraient entacher les états par lui délivrés. (Art. 73 et 74.) L'art. 76 fixe à trente sols le salaire des greffiers pour chaque enregistrement et pour chaque extrait délivré.

Comme on le voit, toutes les précautions étaient prises pour assurer la publicité des charges réelles qui grevaient les immeubles. Cependant quelques hypothèques échappaient à la nécessité de l'opposition. Et d'abord la publicité n'était prescrite que pour les créances ou droits excédant la somme de deux cents livres en capital ou de dix livres de rente. Au-dessus de ce taux les privilèges et hypothèques du roi sur les biens des fermiers comptables, celles des créanciers sur les biens des receveurs des consignations et des commissaires aux saisies réelles, celles des seigneurs féodaux ou censiers pour la conservation de leurs droits sur les héritages qui sont en leur mouvance, le privilège des bénéficiers sur les biens des précédents titulaires pour dégradations aux bâtiments dépendant de leurs bénéfices sont dispensés d'opposition. (Art. 56, 65 à 70.)

Il en est de même des hypothèques des mineurs sur les biens de leurs tuteurs, de celles des femmes sur les biens de leurs maris. (Art. 57 et 60.) Ces exceptions se retrouvent dans notre Code civil (1), mais il est à remarquer que l'édit avait en ce point un système plus rationnel que le code en ne faisant pas survivre la dispense d'inscription à l'incapacité qui la justifiait. L'article 58 accordait un an après la cessation de la tutelle aux mineurs devenus majeurs pour inscrire leur opposition : « auquel cas ils seront conservés dans leurs hypothèques du jour de l'acte de tutelle ; et si leur opposition n'est enregistrée qu'après l'année de leur majorité, elle n'aura d'effet que du jour de l'enregistrement. » De même les articles 63 et 64 imposent aux femmes séparées de biens ou devenues veuves l'obligation de rendre publiques leurs hypothèques légales dans les quatre mois qui suivent le jugement de séparation, ou dans l'année qui suit la dissolution du mariage. La sanction est la même que celle prononcée contre les mineurs devenus majeurs par l'art. 58.

« Les créanciers dont les oppositions auront été enregistrées seront préférés sur les immeubles sur lesquels ils auront formé leurs oppositions à tous autres créanciers non opposants, quoique antérieurs et

(1) Art. 2135, C. civ.

privilégiés. » (Art. 21.) La date des oppositions fixait entre les créanciers le rang de préférence, sous réserve de l'effet rétroactif accordé aux oppositions formées dans les quatre mois du contrat ou de la sentence. On fera donc passer d'abord les créanciers opposants suivant la date des oppositions, puis les créanciers hypothécaires qui n'auront point fait enregistrer leurs oppositions, suivant la date de leurs titres, et enfin les créanciers chirographaires. (Art. 40 et 41.)

Comme on le voit, par cet exposé un peu aride des dispositions fondamentales de l'édit, il sauvegardait mieux qu'aucun de ses devanciers la publicité des hypothèques partant l'intérêt des créanciers et des acquéreurs, la sécurité du crédit et la libre circulation de la propriété. Aussi, bien que son article 71 abrogeât expressément « l'usage des saisines et nantissements pour acquérir hypothèque et préférence, » les juridictions des pays de nantissements se gardèrent d'élever la voix contre une innovation législative, qui, plus encore que leurs pratiques traditionnelles, donnait satisfaction à toutes les exigences du crédit réel. Mais si ces quelques coutumes, familiarisées dès longtemps avec la publicité des hypothèques, reçurent sans opposition l'édit de 1673, il n'en fut pas de même des parlements, qui avaient appliqué jusqu'alors le système des hypothèques occultes. D'ailleurs, le nouvel édit, si bien conçu dans l'intérêt public, allait heurter de front bien des intérêts particuliers, et le temps n'était pas venu où ceux-ci devraient s'effacer devant celui-là. La courageuse initiative de Colbert compromettait de hautes situations dont l'éclat ne pouvait se maintenir qu'à la faveur d'obligations clandestines : le crédit épuisé de la noblesse, qui ne trouvait que dans les emprunts les moyens de soutenir le luxe de la cour, ne devait pas résister à l'épreuve de la publicité. De plus, n'allait-on pas supprimer une branche féconde de procès, qui sans doute ruinaient créanciers et débiteurs, mais pour le plus grand avantage des praticiens et quelquefois des juges. En présence de ce danger commun et pour le combattre, la noblesse et le parlement s'unirent pour une résistance commune qui fut d'autant plus acharnée qu'elle était inspirée par des motifs moins respectables. « Le parlement, dit Colbert lui-même, n'eut garde de souffrir un si bel établissement qui eût coupé la tête à l'hydre des procès, dont il tire toute sa substance. Il remontra que la fortune des grands de la cour s'allait anéantir par là, et qu'ayant, pour la plupart, plus de dettes que de biens, ils ne trouveraient plus de ressources d'abord que leurs affaires seraient découvertes. Ainsi, ayant su, sous ce prétexte, engager quantité de gens considérables dans leurs intérêts, ils cabalaient si bien tous ensemble qu'il fut sursis à l'édit qui en avait été donné (1). » En effet, dès l'année suivante, le pouvoir royal cédait

(1) *Testament politique*, chap. XII, p. 351.

aux intrigues de cette puissante coalition et révoquait l'édit de 1673 en alléguant tristement ce motif que : « les règlements les plus utiles ont leurs difficultés dans leurs premiers établissements. » (Édit d'avril 1674.)

A partir de ce moment nous ne trouvons plus dans notre ancien droit de monument législatif qui ait cherché à faire revivre l'innovation de Colbert. L'édit de 1771 tenta seulement de simplifier les voies jusqu'alors usitées pour purger les hypothèques et consolider la propriété entre les mains des tiers. Dans ce but, il prescrivit aux acquéreurs de déposer leurs contrats aux greffes, et aux greffiers d'afficher ces contrats pendant deux mois. Durant cette période, les créanciers hypothécaires pouvaient faire opposition, et les lettres de ratification qui étaient délivrées par le greffier à l'acquéreur n'étaient scellées qu'à charge des oppositions ainsi formées. Les créances se trouvaient ainsi converties en actions sur le prix, et l'acquéreur devait les éteindre en payant ce prix. Toutefois l'édit ne rétablissait pas la publicité des hypothèques, et néanmoins il crut pouvoir, par son article 35, abroger l'usage des nantissements. Mais les coutumes qui les pratiquaient jugèrent qu'à la différence de l'édit de 1673, celui de 1771 ne rendait pas d'une part ce qu'il supprimait de l'autre, et refusèrent énergiquement de se soumettre à l'empire de la législation nouvelle. On ne peut que citer ici les réclamations éloquentes du parlement de Flandre, rappelées plus tard dans la discussion du Code civil : « Le parlement regardait la publicité des hypothèques comme le chef-d'œuvre de la sagesse, comme le sceau, l'appui et la sûreté des propriétés, comme un droit fondamental dont l'usage avait produit de tous les temps les plus heureux effets, et avait établi autant de confiance que de facilité dans les affaires que les peuples belges traitent entre eux (1). »

En somme, les efforts du pouvoir royal pour étendre à la France entière le système de la publicité avaient été à peu près inutiles. Sauf dans quelques pays de nantissements qui avaient fidèlement gardé les anciennes traditions, les hypothèques étaient partout occultes. Comme on l'a dit, il fallut une révolution pour mettre fin aux scandaleux désastres que la clandestinité entraînait après elle.

(1) V. l'exposé des motifs du titre des Hypothèques, par M. Treilhard. Fenet, t. XV, p. 451.

II.

DROIT INTERMÉDIAIRE.

La revue rétrospective qui précède nous permet de connaître quels principes se partageaient la France, à la veille de la Révolution, sur le point particulier de législation qui nous occupe. Parmi les coutumes de nantissement, les unes avaient accepté l'édit de 1771, les autres, notamment toutes celles comprises dans le ressort du parlement de Flandre et dans celui du conseil supérieur d'Artois, avaient conservé leurs pratiques anciennes, et les édits royaux, impuissants à les améliorer, n'avaient pas réussi davantage à les anéantir. Les autres pays de coutumes restaient absolument soumis au régime de la clandestinité. Pothier, que l'on peut considérer à bon droit comme nous révélant le dernier état de la législation coutumière, ne nous montre nulle part, ni dans le Traité particulier qu'il a consacré à cette matière, ni dans son Introduction à la coutume d'Orléans, l'efficacité de l'hypothèque soumise à quelque condition de publicité. Donc, à ce moment, la publicité des charges réelles se cantonnait encore dans quelques pays du nord du royaume et se produisait sous les formes du nantissement que nous avons étudiées.

On comprendra sans peine que l'usage des nantissements ne devait pas survivre à l'ancien régime. La féodalité abolie, les justices foncières supprimées, l'égalité pour tous substituée aux principes hiérarchiques qui subordonnaient la propriété vassale à la propriété suzeraine, telles furent les premières conquêtes de la Révolution : partant, tous les principes qui justifiaient le nantissement, toutes les institutions qui en assuraient les pratiques, avaient disparu, et, néanmoins, il faut savoir gré au législateur de cette époque d'avoir su distinguer sous ces formes d'un autre âge, l'idée féconde qui ne devait pas périr avec elles.

La première loi sur la matière que nous présente l'époque intermédiaire est celle du 27 septembre 1790 : « A compter du jour où les tribunaux de district seront installés dans les pays de nantissements, les formalités de saisine, desaisine, deshéritance, vest, devest, reconnaissance échevinale, mise de fait, et généralement toutes celles qui tiennent au nantissement féodal ou censuel seront et demeureront abolies : et jusqu'à ce qu'il en ait été autrement ordonné, la transcription des grosses des contrats d'aliénation ou d'hypothèque en tiendra lieu et suffira en conséquence pour consommer les aliénations et constitutions d'hypothèques, sans préjudice quant à la manière d'hypothéquer les biens de l'art. 35 de l'édit du mois de juin 1771 et de la déclaration du 27 juin 1772 dans les pays de nantissement où elles ont été publiées. » (Art. 3.) L'art. 4 portait que la transcription serait faite par les greffiers des tribunaux de district de la situation des immeubles grevés.

Bien qu'elle n'eût pas une portée générale, cette loi est néanmoins digne de remarque en ce que la transcription y figure pour la première fois comme mode de transférer la propriété à l'égard des tiers. Au nantissement, forme commune de la publicité des mutations de propriété et des constitutions d'hypothèque, la loi nouvelle substituait la transcription : et cette forme unique devait atteindre le double but de celle qu'elle remplaçait. Donc, de même que dans les pays de nantissement, il n'y avait pas d'hypothèque opposable aux tiers sans l'accomplissement des devoirs de loi, de même, il n'y eut pas d'hypothèque efficace sous la loi nouvelle sans la formalité de la transcription : de même que les deshéritances et adhéritances dépouillaient le vendeur de sa propriété pour en investir l'acheteur ergà omnes, de mêmes les ventes ne furent désormais parfaites à l'égard des tiers qu'après avoir été transcrites. Aussi fût-il décidé que la loi de 1790 s'appliquerait même aux contrats passés avant sa promulgation qui n'auraient pas été complétés par les œuvres de loy. On fit plus, on considéra la transcription comme une forme essentielle de la constitution d'hypothèque, en sorte que même après l'abrogation de la loi 1790 par la loi de brumaire, on ne put inscrire une hypothèque acquise dans les pays de nantissement sous l'empire de la loi abrogée, qu'après avoir fait transcrire le titre constitutif (1). La formalité créée par la loi 1790 prit le nom général de réalisation du contrat.

Mais il faut bien remarquer que cette loi n'avait pas pour but de donner à la France un code hypothécaire uniforme. Le législateur se trouvait en présence des coutumes de nantissement dont le maintien était incompatible avec la nouvelle organisation politique ; il créait provisoirement une forme nouvelle pour suppléer à celle que l'ancien régime entraînait dans sa chute. Le seul vestige de publicité que l'on pût trouver dans les autres coutumes consistait dans l'application de l'édit de 1771 dont nous avons parlé. Cette application même devenait impossible par la suppression des baillages et sénéchaussées et des justices royales. Divers décrets de l'Assemblée constituante pourvurent à son remplacement. Notamment un décret du 27 janvier 1793 prescrivit que : « Les registres, minutes et autres actes existant dans les chancelleries supprimées seront sous inventaires remis aux chancelleries des tribunaux de district dans l'arrondissement desquels les anciennes existaient. « Les conservateurs des anciennes chancelleries pourraient

(1) Grenier, Tr. des Hypothèques, t. Ier, n° 132.

être appelés à régir les nouvelles. En somme, on maintenait l'ancienne législation avec ses diversités régionales : on se bornait à en mettre l'application d'accord avec les institutions nouvelles, laissant à l'avenir le soin de réformer la législation hypothécaire et d'y rétablir l'unité. Ce ne devait être là qu'un chapitre du grand ouvrage que la Constituante promettait à la France, en ordonnant qu'il serait fait un code de lois civiles uniformes pour tout le royaume.

On put croire que la réalisation de cette promesse ne se ferait pas attendre en ce qui concernait au moins la matière qui nous occupe. En effet, dès l'an III, la Convention adoptait, presque sans discussion, une loi qui réglait tout à la fois le régime hypothécaire, les procédures d'ordre et d'expropriation et la conservation des hypothèques. Ce fut la loi du 9 messidor. Malheureusement, l'époque était peu favorable aux paisibles transformations de la législation civile. On portait jusque dans ces discussions, les passions qui troublaient le monde politique, et par suite d'une réaction furieuse contre les pratiques de l'ancien régime, on arrivait plus souvent à dépasser le but qu'à atteindre. On trouve dans la loi du 9 messidor an III un puissant témoignage, qui confirme cette vérité d'observation, et M. Grenier dit justement : « qu'elle vient à l'appui de l'histoire pour attester l'esprit des temps dont nous nous éloignons (1). » Toute-

(1) Tr. des Hypothèques, t. II, p. 481.

fois, et bien que la plupart des innovations aient paru impraticables, elle n'en constitue pas moins un curieux mouvement législatif, car elle est le point de départ du régime hypothécaire moderne.

Elle pose en principe la publicité des hypothèques. « Il n'y a d'hypothèques que celles résultant des actes authentiques inscrits dans des registres publics ouverts à tous les citoyens. » (Art. 3.)

Elle reconnait l'hypothèque conventionnelle attachée seulement aux actes authentiques ou aux actes sous seing privé reconnues au justice. (Art. 8 et 9.) Elle maintient l'hypothèque judiciaire. (Art. 10.) Toutefois, les jugements rendus dans les dix jours qui précèdent la faillite n'emportent point hypothèque ni pareillement les condamnations contre l'hérédité acceptée sous bénéfice d'inventaire, ou le curateur à la succession vacante (Art. 12). Mais la législation nouvelle prescrivait toute hypothèque tacite (Art. 17). En conséquence elle privait les femmes et les mineurs de la protection d'une garantie hypothécaire. Et comme d'autre part aucune garantie nouvelle ne venait suppléer à celle-là, cette suppression est un des principaux griefs qu'ait soulevé la loi nouvelle. Sans doute il est permis d'hésiter sur le point de savoir si les hypothèques légales des femmes et des mineurs peuvent légitimement demeurer occultes, ou doivent être soumises au régime commun de la publicité : la controverse sur ce point n'est close ni en doctrine, ni en législation. Mais, sans oublier que la suppression radicale des hypothèques légales compte d'illustres partisans (1), nous pensons que le législateur ne pourrait sans faillir à sa mission protectrice priver les incapables de cette garantie qui leur semble assurée par une longue tradition et par le consentement à peu près universel des législations anciennes et modernes. Toutefois, l'article 17 de la loi de messidor s'explique sans doute par le besoin de réagir à l'extrême contre les anciennes théories. A la clandestinité absolue du droit coutumier, le législateur de l'an III opposait la publicité la plus complète et semblait vouloir effacer jusqu'au nom de l'hypothèque tacite.

L'art. 19 pose en principe que l'hypothèque prend naissance indépendamment de toute inscription, pourvu bien entendu qu'elle soit constituée dans toutes les formes voulues par la loi. Toutefois, cette hypothèque ainsi acquise ne devient efficace, c'est-à-dire opposable aux tiers : « que par la formalité de l'inscription qui est faite dans le registre pour ce destiné, par le conservateur des hypothèques préposé à cet effet pour chaque arrondissement, et qui est tenu d'en donner récépissé. Après quoi il répond de la conservation de l'hypothèque. »

Les art. 20 et 21 règlent sommairement les formalités de l'inscription. Le créancier doit fournir au con-

(1) Voy., dans les documents hypothécaires publiés en 1843, les observations de la Faculté de droit de Paris (t. II, p. 445) et de la Cour de Lyon (t. II, p. 263), et dans les travaux de réforme de 1851, les discours de MM. Valette et Wolowski (*Moniteur*, séances des 9 janvier et 12 février 1851).

servateur, en double expédition sur papier timbré, le bordereau de sa créance. L'un des bordereaux est conservé au bureau, l'autre est rendu au créancier avec mention que l'inscription a été accomplie.

Comme on le voit, c'était le système actuel de publicité dont cette loi jetait les bases. Mais à côté de ce principe si sage, celui qui doit lui servir de complément, c'est-à-dire le principe de la spécialité, avait été singulièrement entendu et appliqué par la loi nouvelle. Tandis qu'elle supprimait d'une part l'hypothèque indéfinie et prescrivait à peine de nullité d'énoncer dans le titre le montant de la créance, ce qui était une application exacte de la spécialité quant à la créance garantie, d'autre part elle déclarait que l'hypothèque résultant d'un acte régulier porterait sur tous les biens présents et à venir des obligés et condamnés et sur ceux de leurs héritiers. Par cette dernière disposition, la loi exagérait le principe de la généralité des hypothèques reçu dans l'ancien droit. On admettait bien alors que l'hypothèque grevait les biens présents et à venir du débiteur, mais on se gardait d'en étendre l'effet aux biens des héritiers. Au contraire, la loi de messidor permettait de prendre inscription sur les héritiers pour faire porter sur leurs biens une hypothèque consentie par leur auteur. De plus elle autorisait le créancier à s'inscrire partout où il le jugerait convenable, même dans les arrondissements où le débiteur n'avait aucune propriété territoriale. (Art. 25-27.)

L'ordre des inscriptions fixe le rang des hypothèques. Toutefois la loi accorde un mois pour s'inscrire et la formalité accomplie dans ce délai rétroagit et fixe le rang de l'hypothèque à la date du contrat ou du jugement qui la créa. Après ce délai, l'hypothèque n'a rang que du jour de l'inscription. (Art. 22.) Dans le concours de deux hypothèques acquises le même jour, l'heure décide de l'antériorité. (Art. 23.)

Il reste dans cette loi une innovation curieuse dont nous devons dire un mot à cause de sa singularité même et bien qu'elle ne se rattache qu'incidemment à notre sujet. Nous voulons parler de l'hypothèque sur soi-même et des cédules hypothécaires. (Art. 36 à 84.)

Il était permis à tout propriétaire foncier de prendre hypothèque sur lui-même pour un temps qui ne pouvait excéder dix ans, et jusqu'à concurrence des trois quarts de la valeur de ses biens immeubles. A cet effet, il devait justifier au conservateur de la consistance de sa fortune immobilière. Cette justification se faisait au moyen d'une déclaration foncière : c'était un état par commune de tous les biens possédés par le requérant. Il y joignait ses titres de propriété, baux à loyer ou à ferme, à emphytéose, derniers procès-verbaux d'expertise, etc., bref, tous les documents pouvant servir à fixer l'étendue et la valeur de ses biens. Le conservateur pouvait d'autre part compléter ses renseignements en consultant les registres de l'enregistrement (art. 43 à 45); et il avait tout intérêt à s'éclairer le mieux possible, car il était garant de la valeur portée par la cédule. (Art. 36.) S'il se trouvait en désaccord avec le requérant pour fixer la valeur des biens, le conflit était vidé au moyen d'une expertise dont la loi règle minutieusement les formes. (Art. 48 à 78.)

Après cette justification faite, le requérant indique au conservateur en combien de parts il entend fractionner sa fortune immobilière, et le conservateur délivre une cédule pour chaque fraction, aux échéances déterminées par le requérant. Ces titres confèrent hypothèque à la date de la réquisition. Pour sauvegarder sa responsabilité, le conservateur tient registre des réquisitions et conserve une souche des cédules par lui délivrées. Ces cédules sont transmissibles par voie d'endossement absolument comme les effets de commerce.

Ce fut là un des griefs principaux élevés contre la loi du 9 messidor an III. Elle offrait, dit-on, des moyens faciles à la dissipation. Cependant l'innovation qu'elle consacre ne répugne pas à la raison. Le projet en fut repris dans l'enquête de 1841 : les cours d'Aix, Amiens, Bordeaux, Dijon, Montpellier, Pau, Riom, Rouen et Toulouse, les facultés de droit de Dijon, Grenoble et Poitiers, se prononcèrent pour son adoption (1). Les adversaires de la transmissibilité de titres hypothécaires par voie d'endossement reprochent

(1) Docum. hypothéc., t. Ier, introd., p. 91 et 500.

à cette idée d'entraîner une effrayante mobilisation du sol : à quoi la cour de Montpellier répond très-justement que : « c'est confondre l'immeuble qui est le gage de la créance, avec la créance qui n'est qu'une opération de crédit (1). » En théorie donc l'innovation de la loi de messidor peut être défendue; mais peut être aussi faut-il dire avec la cour de Nîmes que c'est là une de ces difficultés rares dont la solution législative n'est ni urgente ni suffisamment préparée (2). D'ailleurs, la solution se produisait en 1795, dans des circonstances exceptionnellement défavorables : les assignats étaient déjà dépréciés, et il est bien difficile de douter que dans la pensée secrète du législateur les cédules hypothécaires ne dussent former une nouvelle monnaie fiduciaire destinée à remplacer l'ancienne. Ces dispositions, du reste, ne furent jamais appliquées.

La loi de messidor n'était pas née viable. Successivement prorogée par les lois des 21 nivôse an IV, 19 prairial an IV et 17 vendémiaire an V, elle fut définitivement abrogée par la loi du 11 brumaire an VII.

Cette dernière loi peut être justement considérée comme le monument le plus parfait de notre législation hypothécaire. Ses auteurs eurent l'incontestable mérite de faire au progrès la plus large part, sans tomber dans l'exagération comme ceux de la loi du 9 messidor an III, et sans aboutir comme eux à des

(1) Loc. cit., p. 562.
(2) Loc. cit., p. 563.

impossibilités. Ils surent aussi reconnaître parmi les institutions anciennes celles qui méritaient de survivre, et les maintinrent en les améliorant. Ce fut enfin la première loi qui organisa la transcription et en fit le mode de transmission de la propriété à l'égard des tiers. A tous ces titres, elle mérite qu'on s'y arrête : car si plus tard le Code civil, dans un but qu'on ne saurait blâmer, voulut sacrifier davantage aux idées de conciliation, en rétablissant quelques pratiques que les législateurs du 11 brumaire avaient cru devoir proscrire et en effaçant quelques-unes de leurs innovations, l'expérience a montré que la meilleure législation n'était pas celle du Code et nous a conduits après une épreuve de cinquante années à une restauration à peu près complète de la loi de brumaire.

Le projet précédé d'un rapport fut déposé par Crassous (de l'Isère) le 27 pluviôse an VI et adopté par le conseil des Cinq-Cents le 16 germinal (5 avril 1798). Le 11 brumaire an VII (1er novembre 1798), il fut converti en loi par le conseil des Anciens.

Conformément à la loi de l'an III, la loi nouvelle posait en principe la publicité ; « L'hypothèque ne prend rang et les priviléges sur les immeubles n'ont d'effet que par leur inscription dans les registres publics à ce destinés (art. 2), et ce principe était appliqué aussi rigoureusement que possible ainsi la loi qui maintenait les hypothèques conventionnelles et les hypothèques judiciaires, qui rétablissait les hypothèques légales les soumettait toutes indistinctement au rigime de l'inscription (art. 3). « Les créances hypothécaires de tout genre, de toutes personnes, disait Crassous, doivent être soumise à l'inscription. Les droit de la nation, ceux des mineurs, des épouses, des absents, doivent y être assujettis. Le règlement de la publicité doit être absolu et général, ou il est inutile. Que l'on mette une exception, la certitude du gage est détruite, le principe moral de la publicité ne donne plus de résultat. Dispenser les femmes et les mineurs de l'inscription ce serait violer la maxime constitutionnelle que la loi est égale pour tous. »

De plus on avait compris que la publicité ne pouvait être complète que si on lui donnait pour corollaire le principe de la spécialité et on avait écarté de la sorte les antinomies de la loi de messidor : « Toute stipulation volontaire d'hypothèque, portait l'article 4, doit indiquer la nature et la situation des immeubles hypothéqués : elle ne peut comprendre que des biens appartenant au débiteur lors de la stipulation. Toutefois, l'hypothèque judiciaire atteint tous les biens présents. Il en est de même pour les hypothèques légales; mais dans ce cas le créancier peut encore par des inscriptions ultérieures, sans préjudice de celles antérieures à la sienne, faire porter son hypothèque sur les biens qui écherraient à son débiteur ou qu'il acquerrait par la suite. »

La loi ne dispense de l'inscription que certains privilèges qui rappellent assez exactement les privilèges de l'article 2101 de notre Code, et qui d'ailleurs ne s'exercent sur les immeubles que subsidiairement et en cas d'insuffisance du mobilier (Art. 11).

Quelle étaient les formes de la publicité? La législation nouvelle abandonnait la transcription du contrat constitutif de l'hypothèque prescrite par la loi de 1790. Le rapporteur prend soin de nous expliquer pourquoi. « Dans un acte qui règle souvent plusieurs conventions diverses, beaucoup de clauses sont indifférentes pour déterminer la quotité du passif du débiteur : La longueur de la rédaction qu'elle comporte fatigue le citoyen qui n'a d'autrebut que de connaître le résultat. D'ailleurs la transcription integrale de ces actes forme en peu de temps un volume assez considérable pour qu'il devienne difficile de trouver la copie de celui qui intéresse. » A la transcription on substitua la formalité plus brève de l'inscription. En conséquence on prescrivit la représentation au conservateur d'un bordereau contenant succinctement toutes les énonciations nécessaires, mais rien autre chose. Les inscriptions durent être prises à la conservation des hypothèques de la situation des biens grevés. Nous croyons inutile d'énumérer ici par le menu les formalités diverses de l'inscription et les énonciations qu'elle doit contenir (Art. 17, 18-21). En ce point notre Code est une exacte reproduction de la loi de brumaire, et l'étude détaillée que nous ferons de celui-là fera suffisamment connaître celle-ci, (Comp. C. civ, art. 2148 à 2153). L'élection de domicile que doit contenir l'inscription est attributive de compétence pour les actions auxquelles l'inscription peut donner lieu (Art. 20). L'inscription garantit de plein droit au même rang que l'hypothèque du capital deux années d'arrérages (Art. 19). Elle conserve l'hypothèque pendant dix ans à compter du jour de sa date : son effet cesse, si elle n'a pas été renouvelée dans ce délai (Art. 23). Les frais de l'inscription sont à la charge du débiteur, s'il n'y a eu stipulation contraire (Art. 24).

L'ordre des inscription détermine le rang de préférence des créanciers entre eux, et si plusieurs inscriptions ont été prises le même jour, il y a concours entre les différents titulaires (Art. 14-4°).

Enfin la loi de brumaire complétait le système de la publicité en disposant, dans son célèbre article 26: « Les actes translatifs de biens et droits susceptibles d'hypothèque doivent être transcrits sur les registres du bureau de la conservation des hypothèques dans l'arrondissement duquel les biens sont situés. Jusque-là ils ne peuvent être opposés aux tiers qui auraient contracté avec le vendeur, et qui se seraient conformés aux dispositions de la présente. » Suivant l'expresse déclaration du rapporteur Crassous, c'est aux pays de nantissement que cette disposition avait été empruntée. « C'est dans la Flandre et dans la Belgique, dit-il, que nous trouvons des usages mieux appropriés aux besoins. Là un acquéreur, pour connaître les charges de l'immeuble qui lui est transmis, n'a besoin de recourir à aucune forme étrangère au contrat; il prend, ainsi qu'on propose de le faire à l'avenir pour toute la France, du conservateur des hypothèques, le certificat des charges, et il en devient débiteur sur le bien qu'il acquiert. — L'acquéreur connait par la seule inspection du registre quelles sont les charges. Il n'a pas besoins d'interpeller par aucune publication les créanciers de se faire connaître. Dès le moment qu'ils ont requis l'inscription, ils doivent demeurer sans inquiétude pendant tout le temps de sa durée. C'est au fonctionnaire chargé de registres à ne point omettre d'en donner connaissance à ceux qui auront intérêt à s'en instruire. » Par suite, la loi, dans ses article 30 à 36, organise un système de purge, dans le détail duquel nous n'entrerons pas, pour ne pas nous éloigner de notre sujet.

Dans ses dispositions transitoires, la loi accorde trois mois à dater de sa publication pour inscrire les hypothèques acquises sous l'empire de la loi du 9 messidor an III et qui n'auraient pas été rendues publiques dans les formes qu'elle prescrivait.

Les articles 51 à 54 posent les règles touchant la publicité des registres et la responsabilité des conservateurs. Ces principes ont passé dans notre code, où nous les retrouverons.

Nous devons encore signaler, dans cette période intermédiaire, la loi du 21 ventôse an VII qui, en conséquence de la loi du 11 brumaire, organisait, sur des bases qui n'ont pas changé depuis, la conservation des hypothèques. Elle était remise à la régie de l'enregistrement qui devait la confier à un préposé dans chaque arrondissement judiciaire. Cette loi, qui nous régit encore, détermine exactement la compétence des agents, les cautionnements qu'ils doivent fournir, les mesures à prendre en cas de vacances des bureaux, les détails de manutention, les dispositions fiscales, et enfin le traitement des préposés. Nous ne croyons pouvoir, sans excéder les bornes de notre sujet, pénétrer dans l'examen de ces règles exclusivement pratiques.

En résumé, nous avons vu, pendant cette période, le principe de publicité s'affirmer définitivement, s'étendre à la France entière, se compléter par le principe de la spécialité, enfin s'incarner sous des formes simples et pratiques. Un système nouveau complet et homogène, s'est édifié en face du système coutumier et des hypothèques occultes. Le Code Napoléon sera l'arbitre du droit nouveau et prononcera entre l'un et l'autre principe.

III.

CODE CIVIL.

Généralités.

En suivant pas à pas le développement progressif du principe de la publicité des hypothèques, nous sommes arrivés à la promulgation du Code Napoléon. Ses rédacteurs, sur ce point comme sur bien d'autres, n'avaient pas eu à produire une œuvre nouvelle. L'étude du passé leur présentait deux systèmes diamétralement opposés, leur mission ne consistait guère qu'à faire un choix entre l'un et l'autre.

D'une part, les lois romaines, et à leur suite la presque unanimité des coutumes nationales formaient de graves autorités en faveur du principe de la clandestinité. Les coutumes de nantissement étaient trop peu nombreuses pour protester contre ce consentement à peu près universel; la stérilité des efforts tentés à diverses époques pour en généraliser les pratiques, prêtait une force nouvelle aux traditions anciennes. Que si d'ailleurs de grands génies comme Sully et Colbert, des jurisconsultes éminents comme

Loyseau, Basnage et d'Héricourt en avaient signalé les dangers, l'illustre chancelier d'Aguesseau ne leur avait-il pas prêté l'imposant appui de sa science et de son nom ? (1) — D'autre part, ce système de clandestinité semblait, à l'époque de la rédaction du Code, depuis longtemps abandonné. Deux lois importantes, et les remarquables travaux qui les avaient précédées, les besoins du crédit violemment ébranlé à la sortie d'une période de troubles, enfin la sympathie qui s'attache toujours à la dernière expression du progrès, telles étaient les raisons qui militaient en faveur du principe de publicité. Ainsi, retour à la législation du passé, réaction contre les théories nouvelles, ou au contraire abandon définitif du système romain et coutumier, consécration officielle et durable des innovations introduites par les lois de l'époque intermédiaire, entre ces deux termes devaient s'agiter les délibérations des rédacteurs du Code.

La commission chargée de préparer le Code avait pris résolûment parti pour le système ancien. Elle n'assurait en aucune manière la publicité des hypothèques, et revenait purement et simplement à l'édit de 1771, qu'elle améliorait en quelques points, et qu'elle maintenait sur tous les autres. Mais lorsque ce projet fut soumis à l'examen des cours et tribunaux, il souleva des protestations unanimes. Le tribunal de Cassation, notamment, repoussait une théorie

(1) V. l'opinion de d'Aguesseau, rapportée par Grenier. Tr. des Hyp. disc. prélim., p. XIII.

« qui ne faisait connaître les créanciers d'un homme qu'au moment de la discussion générale de ses biens, qui ne révélait son insolvabilité qu'au moment où toutes les actions éclatent, où il n'y a plus de remèdes, où ce qui reste va même être dévoré par des frais énormes. » Au projet de la commission ainsi écarté, le tribunal de cassation, s'inspirant de la loi du 11 brumaire an VII en opposait une autre qui déclarait formellement : « que les hypothèques ne prennent rang qu'autant qu'elles sont rendues publiques par l'inscription sur les registres du conservateur des hypothèques, de la manière déterminée par la loi, et à compter de la date de cette inscription sauf les seules modifications que la loi établit expressément (1). »

Tels furent les éléments du débat porté devant le conseil d'État, et l'une et l'autre solution trouva dans ses rangs des partisans résolus. Les défenseurs de l'ancien régime, et à leur tête Portalis, Bigot-Préameneu et Tronchet, reproduisaient les arguments qu'avait jadis invoqués d'Aguesseau. Il était contraire à l'intérêt des familles de trahir aux yeux de tous le secret des fortunes. En ruinant ainsi le crédit privé, on compromettait le crédit public, on nuisait à la circulation des biens ; on entravait la liberté des conventions, et cela sans grand avantage pour les créanciers que l'on ne pouvait mettre à l'abri de toutes les

(1) Art. 4 du contre-projet de la Cour de cassation. — Voy. Fenet, t. II, p. 608 et 630.

surprises, et dont on livrait les intérêts aux négligences, aux erreurs et peut-être aux prévarications des conservateurs. Enfin on ressuscitait ce grave reproche de fiscalité qui avait entraîné la chute de l'édit du contrôle, en 1588, et de l'édit de Colbert, en 1674. Dans l'intérêt du régime nouveau, Treilhard, l'auteur de l'exposé des motifs, et Réal, et après eux la partie du conseil d'État qui acceptait plus volontiers les idées de la Révolution, répondaient que si la publicité semblait nuire aux intérêts du débiteur, la clandestinité compromettait gravement les intérêts non moins respectables des créanciers et des acquéreurs ; qu'au surplus, la publicité ne nuirait au débiteur que dans le cas où, son crédit épuisé, il eût cherché à faire des dupes; à ces considérations se joignaient des raisons économiques d'un ordre élevé : il fallait soustraire une partie des capitaux aux appâts du commerce et de la spéculation, pour les faire dériver vers l'agriculture. Dans ce but il était indispensable d'assurer aux prêteurs, dont le secours est souvent nécessaire aux propriétaires fonciers, toute la sécurité possible. Enfin au reproche de fiscalité, on répondait que la question de l'impôt était accessoire, indépendante du droit civil et d'ailleurs impuissante à trancher une aussi grave question de principe. Cette argumentation appuyée de l'autorité du premier consul, triompha devant le conseil d'État, qui, dans sa séance du 9 février 1804, arrêta en principe que toute hypothèque serait publique.

Toutefois il n'était pas dans les habitudes du législateur de 1804 de procéder par voie de solutions absolues. Son œuvre consacra une sage transaction entre le droit ancien, dont bien des règles méritaient de survivre, et le droit nouveau, qu'on ne pouvait renier dans le nouvel état de l'organisation sociale.

Spécialement en ce qui nous occupe, les lois du 9 messidor an III et du 11 brumaire an VII réagissant à l'excès contre les principes coutumiers, avaient décrété une publicité absolue et soumis aux règles communes, même les hypothèques servant de garantie aux incapables. En ce point les lois intermédiaires méritaient peut être le reproche d'exagération, et sur les observations du premier consul, on en revint à un système moins logique peut-être, mais en harmonie plus parfaite avec le but de protection que l'on voulait atteindre. Toutefois on apporta au principe posé, comme nous aurons occasion de le montrer par la suite, des modifications bien plutôt que des exceptions. Le principe n'en resta pas moins fermement établi : Toutes des hypothèques, sous quelques réserves, durent être rendues publiques. Aussi est-ce avec juste raison que M. Grenier, posant au début de son traité quelques règles d'interprétation, a pu dire : « Quand il y aurait quelque doute sur la manière d'entendre la loi, dans ce doute même on devrait pencher pour la publicité, parce que cette publicité, est entièrement dans l'esprit de la loi, elle en est le système, elle en fait la base fondamentale (1). »

Puisque le résultat de cette remarquable discussion avait été le maintien de la loi du 11 brumaire an VII quant au principe de publicité, il était naturel qu'on empruntât à la même loi l'instrument qui lui avait servi à l'organiser, et dont il est fait pour la première fois mention dans la loi du 9 messidor an III. En conséquence, ce fut la formalité de l'inscription qui dût, sous l'empire du Code, procurer la publicité des hypothèques.

Il ne sera pas inutile, au début de la matière, d'indiquer les rapports réciproques de l'inscription et de l'hypothèque, deux termes qu'il faudrait se garder de confondre.

L'hypothèque est définie à l'article 2114. C'est un droit réel sur un immeuble affecté au payement d'une dette. Ce droit peut s'acquérir de diverses manières : il peut naître de la loi, ou des jugements, ou de la convention. Par le jugement obtenu, par la convention conclue, le créancier s'est ménagé une arme contre la mauvaise foi ou la mauvaise fortune de son débiteur : or, cette arme resterait inutile entre ses mains, si aux formes déjà suivies pour se l'assurer, il n'en ajoutait une autre qui est l'inscription. L'inscription est donc une formalité extrinsèque, complètement indépendante de la constitution de l'hypothèque. Elle suppose l'hypothèque valablement établie,

(1) Discours préliminaire, § 8.

dans toutes les règles déterminées par la loi : à ce moment le débiteur a régulièrement fourni les sûretés qu'on exigeait de lui; son rôle est terminé, celui du créancier commence : ce dernier est nanti de son droit, mais son droit est encore inerte, c'est une lettre-morte; sa principale utilité doit être de sauvegarder le créancier contre les dettes nouvelles que pourrait contracter son débiteur, contre les aliénations ultérieures qu'il pourrait consentir : or, sans l'accomplissement de cette dernière formalité, le créancier ne pourrait faire valoir son droit ni contre les créanciers subséquents, ni contre les acquéreurs des biens de son débiteur. L'hypothèque et l'inscription sont donc deux choses essentiellement distinctes : à ce point qu'une inscription absolument conforme aux exigences de la loi ne suffirait point à valider une hypothèque irrégulièrement consentie, et qu'une inscription nulle ne saurait ni conserver ni rendre publique une hypothèque valable.

Le but de l'inscription est donc de porter l'hypothèque à la connaissance des tiers et de la rendre opposable à ceux-ci, c'est-à-dire de lui faire produire le seul effet pour lequel elle a été créée. Ajoutons que c'est l'unique moyen autorisé par la loi pour rendre l'hypothèque publique, et qu'un créancier non-inscrit ne pourrait arguer de sa qualité de créancier hypothécaire contre un tiers, en prétendant et en prouvant que ce dernier a eu connaissance, par une autre voie de la charge qui grevait l'immeuble de son débiteur.

La jurisprudence est absolument fixée en ce sens, et l'on ne s'aurait trop approuver un système qui tarit de la sorte une source abondante de procès, en rendant impossible des allégations souvent arbitraires et toujours difficiles à prouver (1).

Il n'est pas douteux qu'à défaut d'inscription le créancier qui s'est fait donner une garantie hypothécaire ne puisse réclamer ni droit de suite, ni droit de préférence. Il serait primé dans l'ordre par tous les créanciers à hypothèque postérieure, mais utilement inscrite ; et les tiers acquéreurs n'auraient à redouter aucune poursuite de sa part. Une seule question a paru jadis faire doute. On s'est demandé si un créancier hypothécaire non inscrit pourrait primer au moins les créanciers chirographaires, ou si, complètement dépouillé de son droit de préférence, il ne pourrait que concourir avec eux ? Comme nous l'avons vu, la première opinion était vraie dans le système de l'édit de 1673 (Art. 41). On classait d'abord les créanciers dont l'opposition avait été enregistrée suivant la date des enregistrements, puis les créanciers hypothécaires qui n'avaient pas formé opposition, d'après les dates de leurs titres respectifs, et enfin les créanciers chirographaires. Ce système avait trouvé quelques partisans parmi les premiers commentateurs du Code. Ils représentaient que l'hypothèque existait indépendamment de l'inscription, que cette formalité

(1) Paris, 21 juillet 1807, Sirey, 7, 2, 179 ; Bruxelles, 6 juin 1800, Sirey, 14, 2, 62.

fixait le rang entre créanciers hypothécaires, et que dès lors il était juste que le créancier non inscrit subît l'antériorité des créanciers inscrits, mais que son droit de préférence n'en subsistait pas moins, et qu'à défaut d'efficacité plus active, il devait assurer son payement avant celui des créanciers chirographaires. Cette théorie est aujourd'hui universellement abandonnée : pour que l'hypothèque soit une cause légitime de préférence, il faut que toutes les formalités exigées à cet effet aient été accomplies, et notamment pour opposer aux tiers un droit d'hypothèque, il faut l'avoir rendu public : or, on ne saurait refuser aux créanciers chirographaires, qui repoussent un droit de préférence, la qualité de tiers, puisqu'ils ont à cette résistance un intérêt évident (1).

Bien entendu, d'ailleurs, ni le débiteur ni ses héritiers ne pourraient se prévaloir contre le créancier du défaut d'inscription. En effet, ce n'est pas dans leur intérêt que la publicité a été organisée et ils ne sauraient revendiquer à aucun titre cette qualification de tiers dont se sert la loi. Sans doute, si l'hypothèque par eux consentie était entachée d'un vice radical, si elle était nulle pour l'omission de quelques formalités constitutives, le débiteur pourrait invoquer cette nullité et rejeter son créancier dans la masse des simples chirographaires; mais si l'hypothèque a été valable-

(1) Req., 19 décembre 1809, Sirey, 10, 1, 101. Cassat., 11 juin 1817, Sirey, 18, 1, 41.

ment constituée vis-à-vis du débiteur, tout est consommé, et la publicité, nécessaire à l'égard des tiers, est superflue à son encontre. On trouve dans les arrêts diverses applications de cette vérité. Ainsi un débiteur qui aliène un bien hypothéqué et auquel l'acquéreur a consenti une hypothèque sur le même bien ne peut se prévaloir contre son propre créancier de ce que celui-ci ne s'est point inscrit, on n'a pas renouvelé son inscription en temps utile, pour revendiquer sur lui un droit de priorité (1). De même un débiteur ne pourrait attaquer une inscription vicieuse ou incomplète pour en demander la nullité (2).

Pour étudier d'une façon complète les matières qui se rattachent au principe de la publicité des hypothèques, nous aurons à rechercher successivement :

1° Où l'inscription doit être prise;

2° A quel moment elle peut l'être ;

3° Quelles personnes peuvent la requérir ;

4° Quelles en sont les formalités ;

5° Pendant combien de temps elle conserve l'hypothèque ;

6° Comment le principe de publicité est modifié en ce qui concerne certaines hypothèques légales.

(1) Requêtes, 21 juillet 1855, Dalloz, 55, 1, 396.
(2) Paris, 16 mai 1822, Sirey, 22, 2, 381.

7° Quels sont les effets de l'inscription;

8° Comment les registres qui la renferment sont rendus publics.

Enfin nous traiterons dans une dernière partie des innovations capitales apportées en cette matière par la loi du 23 mars 1855.

CHAPITRE PREMIER.

Quand l'inscription doit-elle être prise?

L'hypothèque frappe les immeubles et les affecte à l'exécution de la dette. L'inscription qui la rend publique a pour but de révéler l'état de ces immeubles, les charges qui les grèvent, et la mesure du crédit qu'ils peuvent encore légitimement autoriser. Par ce simple exposé, on comprend que la publicité ne pouvait être donnée qu'au lieu de la situation de l'immeuble. Il fallait rapprocher autant que possible du bien grevé le registre qui renferme le secret des obligations dont il répond. C'est une vérité qui a été admise dans toutes les périodes de notre législation. Dans les diverses lois qui ont successivement régi la matière, la compétence des préposés a toujours été territoriale. Elle s'étendait au ressort des bailliages ou sénéchaussées sous les édits de 1673 et de 1771, aux arrondissements ou districts sous l'empire des lois du 9 messidor an III et du 11 brumaire an VII. La même règle a passé dans le Code : « les inscriptions se font, dit l'article 2146, au bureau de conservation des hypothèques dans l'arrondissement duquel sont situés les biens soumis au privilège ou à l'hypothèque. »

La compétence territoriale des préposés offre un avantage évident en ce qu'elle fournit une base certaine aux recherches hypothécaires. La fixité de situation des immeubles fait disparaître à cet encontre toute difficulté pratique. Et cependant, bien qu'on doive s'inscrire au bureau de la situation des immeubles, par une bizarrerie qui s'explique sans doute par l'impossibilité de procéder autrement, ce n'est point sur l'immeuble que l'on s'inscrit, c'est contre la personne du débiteur propriétaire de l'immeuble. En sorte que lorsqu'une recherche devient nécessaire, on ne demande pas quelles hypothèques frappent tel immeuble, mais bien quelles hypothèques grèvent le propriétaire de l'immeuble ou celui qui en était précédemment propriétaire. Or il arrive fréquemment que les réquisitions contiennent ou des énonciations inexactes et insuffisantes pour déterminer la personnalité du propriétaire, ou une désignation incomplète de l'immeuble. En sorte que les recherches sont rendues plus difficiles, et que l'on s'expose à voir figurer dans l'état des inscriptions grèvant tout autre bien que celui que le requérant avait en vue.

Dès longtemps, on s'est préoccupé de ce grave inconvénient pour chercher à y remédier, et s'il subsiste encore aujourd'hui, peut-être faut-il reconnaître que c'est un mal nécessaire. Dans l'enquête sur le régime hypothécaire dirigée en 1841 par M. Martin du Nord, cette difficulté ne manqua pas d'attirer l'attention. La faculté de droit de Caen (1) proposait un moyen qui devait couper court à tout embarras. A cet effet, on utilisait le cadastre considéré comme « grand livre de la propriété foncière. » Toute propriété distincte d'une propriété voisine forme une parcelle désignée dans le cadastre par un numéro particulier ; cela étant, voici le mode d'inscription proposé : « les bordereaux d'inscription désigneront les immeubles grevés ou hypothéqués par la commune, la section et le numéro de l'atlas cadastral. Ils seront bien inscrits et portés à leur date sur un registre, mais sur un registre à part et qui ne sera que la table des autres. Un compte sera ouvert à chaque parcelle, on y indiquera par renvoi le numéro des inscriptions qui la concerneront ; il suffira donc pour obtenir un état exact de tous les droits réels qui affectent une parcelle, d'en indiquer le numéro au conservateur, et l'on n'aurait pas à se préoccuper des noms et prénoms des anciens propriétaires. » Le système, comme on le voit, est assez simple en apparence. Tandis, aujourd'hui, que les répertoires sont rédigés au nom de chaque débiteur propriétaire, en conséquence du principe que nous signalions tout à l'heure, ils seraient, dans le système de la faculté de

(1) Doc. rel. au régime hypothécaire, t. I, p. 404 et suiv.

Caen, rédigés directement sur les immeubles. Ce ne serait plus chaque débiteur, mais chaque immeuble grevé qui aurait un compte ouvert au répertoire. La combinaison est assurément séduisante, et semble exacte en théorie, puisque dans la dette hypothécaire c'est l'immeuble qui doit plus encore que son propriétaire. La faculté de Caen assurait que l'exécution ne rencontrerait aucun obstacle.

Tel n'était pas l'avis de la Cour de cassation et de l'administration de l'enregistrement qui critiquaient pour de graves motifs cette innovation curieuse. On objectait que « le cadastre serait une base inexacte et toujours incertaine pour la délimitation des propriétés. Il n'est point rédigé contradictoirement ; c'est une œuvre purement administrative, suffisante sans doute pour former les rôles de contributions, sauf réclamation des contribuables, mais qui ne saurait présenter des garanties juridiques suffisantes pour en faire la base du régime hypothécaire. — Les agents chargés de constituer le cadastre se bornent à constater la possession sans s'inquiéter de la propriété. Les mutations sont souvent inexactes. Pour utiliser le cadastre, il faudrait le refaire, procéder à un abornement général des propriétés, en un mot faire naître une infinité de procès et se jeter dans un travail interminable (1). » Devant d'aussi graves considérations le projet de la faculté de Caen ne pouvait triom-

(1) Doc. rel. au régime hypothécaire, t. II, p. 475 ; t. III, p. 531.

pher. D'ailleurs, ces travaux de réforme ne furent pas menés à bonne fin, et sur ce point nous sommes encore régis par la législation du Code.

Les inscriptions doivent donc être prises au bureau de l'arrondissement judiciaire de la situation de l'immeuble grevé. L'inscription ne peut porter que si l'immeuble qu'elle frappe est situé dans l'arrondissement. Si elle porte sur un corps de domaine situé dans divers arrondissements, elle doit être faite aux différents bureaux. — En appliquant ces principes aux actions immobilisées de la banque de France (décrets des 16 janvier 1808 et 10 mars 1810) on arrive à cette conclusion que les inscriptions, quel que soit d'ailleurs le domicile du propriétaire des actions, doivent être prises à Paris où se trouve l'immeuble fictif. Il n'y a pas à cet égard dans les décrets de dispositions formelles, mais la logique des principes permet de suppléer au silence des textes.

A la tête de chaque bureau d'hypothèque se trouve préposé un conservateur. L'origine de cette fonction remonte à l'édit de 1673, qui créait un greffier d'enregistrement dont les attributions étaient identiques à celles des conservateurs actuels. Le nom en usage aujourd'hui se trouve pour la première fois dans l'édit de 1771. La conservation des hypothèques est régie actuellement par la loi du 21 ventôse an VII. Nous aurons occasion, au cours de cette étude, d'indiquer les fonctions du conservateur en ce qui concerne la publicité des hypothèques. Ce n'est pas ici le lieu d'en parler longuement.

CHAPITRE II.

Quand les inscriptions peuvent-elles être prises.

Nous formulerons en deux principes les deux termes extrêmes entre lesquels peut se produire l'inscription : 1° Toute hypothèque peut être inscrite dès qu'elle est acquise au créancier; 2° elle ne peut plus être inscrite dès que les biens qu'elle grève sont sortis du patrimoine du débiteur. L'une et l'autre règle ne sauraient recevoir une portée absolue; il faut donc en reprendre successivement l'examen et en préciser l'étendue en signalant les exceptions qui les limitent.

1° Une hypothèque peut être rendue publique dès qu'elle est acquise, mais non auparavant. (1) Il importe donc de fixer le moment où l'hypothèque est assurée au créancier. Nous n'avons pas à nous occuper ici des hypothèques légales qui échappent à la nécessité de l'inscription; quant à celles qui y sont soumises, telles que celles du trésor et des établissements pu-

(1) Req. rejet., 12 juin 1807; Sirey, 7, 1, 345. — Id., 1er mars 1860; Sirey, 61, 1, 267.

blics sur les biens des comptables, des légataires sur les immeubles de la succession, le moment de leur acquisition sera facilement précisé. Ce sera pour les premières la date de l'entrée en fonctions des administrateurs comptables ; pour les secondes la date de l'ouverture de la succession. Aucune difficulté encore pour les hypothèques conventionnelles ; le titre qui les constitue doit être authentique et par conséquent fixe par lui-même la date précise de leur acquisition.

L'hypothèque judiciaire est acquise et dès lors peut être rendue publique à la date du jugement qui l'a créée. Il est inutile que le jugement ait encore été expédié ou signifié, car s'il est vrai de dire avec le Code de procédure que l'exécution du jugement ne peut être poursuivie avant la signification, il n'est pas moins certain que l'inscription constitue simplement un acte conservatoire qui ne touche en rien à l'exécution. Par le même motif, l'inscription sera possible même pendant le délai suspensif de l'exécution que pourraient accorder les juges.

On distinguait dans l'ancien droit entre les jugements contradictoires et les jugements rendus par défaut : les premiers emportaient hypothèque du jour où ils étaient prononcés, les seconds du jour seulement de la signification à procureur (1). Au lieu de cette distinction, nous n'avons plus aujourd'hui que la disposition uniforme de l'article 2123 : « L'hypo-

(1) Pothier, Tr. de l'Hypothèque, n° 24.

thèque judiciaire résulte des jugements soit contradictoires soit par défaut.... » Nous dirons donc que la circonstance de la comparution de la partie ou son défaut est indifférente pour l'acquisition de l'hypothèque.

Il en sera de même, que le jugement soit définitif ou provisoire, en dernier ou en premier ressort. Dans ce dernier cas il est vrai, on pourra l'attaquer en appel. L'inscription ne sera pas moins possible tout en restant soumise, quant à son effet définitif, à la décision de la cour. En cas de confirmation, elle produira son effet à sa date; si la cour infirme, l'inscription sera non avenue, et le conservateur devra la radier si l'arrêt le lui ordonne expressément.

Les hypothèques générales peuvent être inscrites dès leur acquisition, et cette seule inscription atteindra les biens à venir comme les biens présents.

Telles sont les règles, venons aux exceptions.

En principe, les hypothèques spéciales ne peuvent frapper les biens à venir. Exceptionnellement, et en cas d'insuffisance des biens présents, l'article 2130 permet d'engager les biens futurs. En cas pareil, la première inscription ne suffira pas pour les atteindre, il faudra s'inscrire sur les biens au fur et à mesure de leur entrée dans le patrimoine du débiteur.

Dans un second cas, l'hypothèque ne peut être inscrite aussitôt qu'elle est acquise; cette dérogation nouvelle est signalée dans la loi du 3 septembre 1807. On sait que non-seulement les jugements portant condamnation, mais même les reconnaissances ou vérifications d'écritures faites en justice emportent hypothèque (art. 2123). Or il se trouve qu'en consacrant cette disposition, la loi avait prêté les mains à une fraude fatale au débiteur. En effet, ces reconnaissances ou vérifications sont possibles même avant l'échéance ou l'exigibilité de la dette. Le créancier, muni d'un titre sous seing privé, pouvait donc, au lendemain de la convention et par une injuste surprise, assigner son débiteur en reconnaissance d'écritures, et obtenir ainsi une hypothèque générale sur tous ses biens, alors que celui-ci n'eût pas consenti peut-être à lui conférer même une hypothèque spéciale. Il suivait de là cette conséquence singulière que l'hypothèque s'attachait aux biens du débiteur avant que le créancier ait contre lui une véritable action judiciaire. La loi du 3 septembre 1807 a eu pour but de remédier à cette anomalie. « Lorsqu'il aura été rendu un jugement sur une demande en reconnaissance d'obligation sous seing privé formée avant l'échéance ou l'exigibilité de ladite obligation, il ne pourra être pris aucune inscription hypothécaire en vertu du jugement, qu'à défaut de payement de l'obligation après son échéance ou son exigibilité, à moins qu'il n'y ait eu stipulation contraire. » Cette loi, qui d'ailleurs n'a pas complètement fait disparaître l'inconséquence de la loi, a au moins atténué le danger, qu'elle pouvait présenter.

M. Merlin (1) signale une autre exception à notre premier principe : suivant lui, le créancier hypothécaire ne pourrait s'inscrire pendant les soixante jours accordés aux copartageants pour inscrire leur privilége, ni pendant les six mois concédés aux créanciers et légataires pour conserver par l'inscription le droit de préférence que leur assure la séparation des patrimoines. Il y a là une inexactitude. Les créanciers qui dans cet intervalle acquerront hypothèque sur les immeubles de la succession pourront, dès ce moment et conformément au principe, inscrire leur hypothèque; seulement si les copartageants, les créanciers ou légataires du défunt s'inscrivent en temps utile, ils primeront ces créanciers hypothécaires, à cause de l'effet rétroactif expressément attribué par la loi à leur inscription. C'est la combinaison régulière des priviléges et des hypothèques; ce n'est pas une dérogation à notre première règle.

2° Les hypothèques ne peuvent plus être inscrites dès que les biens qu'elles frappent sont sortis du patrimoine du débiteur. Mais il faut ici comme plus haut préciser le moment où l'on doit considérer le bien comme échappant à l'inscription. Il n'y aurait là aucune difficulté s'il s'agissait simplement des personnes qui sont parties au contrat de vente : Pour le vendeur et l'acquéreur, il est clair que le contrat est parfait dès qu'on est tombé d'accord sur la chose

(1) Rép. V° Inscript. hypoth., § 4, n° 4.

et sur le prix; mais les créanciers hypothécaires rentrent dans la classe des tiers, et la question de savoir à quel moment précis la propriété est transférée au regard des tiers est loin d'être aussi simple. Nous n'en voulons pour preuve que les phases nombreuses qu'a traversées la législation sur ce point.

Nous avons eu déjà occasion de signaler le système de la loi de brumaire. « Les actes translatifs des biens et droits susceptibles d'hypothèque, dit son article 26, doivent être transcrits dans les registres du bureau de la conservation des hypothèques dans l'arrondissement duquel les biens sont situés. Jusque là, ils ne peuvent être opposés aux tiers qui auraient contracté avec le vendeur et qui se seraient conformés aux dispositions de la présente. » Ainsi les transmissions de propriétés devaient être rendues publiques par la transcription. Jusqu'à l'accomplissement de cette formalité, de nouvelles ventes pouvaient être consenties, de nouvelles hypothèques constituées. A plus forte raison pouvait-on inscrire les hypothèques conférées antérieurement à l'aliénation. Donc la transcription seule, à cette époque, arrêtait le cours des inscriptions.

Le Code Napoléon devait-il maintenir l'application du système de la publicité aux mutations de propriété? grave question qui semble avoir embarrassé ses rédacteurs, s'il faut en juger par les ajournements que l'on fit subir à sa solution. Une première occasion se présentait pour la résoudre au titre des obligations, quand on réglait l'effet de l'obligation de donner. La question fût agitée en effet, et la transcription trouva dans le conseil d'État des partisans et des adversaires. Ces derniers gagnèrent partiellement leur cause, et l'article 1140 renvoya pour la solution de la difficulté au titre de la vente et des hypothèques.

Au titre de la vente, nous trouvons un article 1583 portant que la vente est parfaite *entre les parties* dès que l'on est convenu de la chose et du prix. Mais la restriction du texte laisse entière la question qui nous occupe. Enfin, ce serait en vain que l'on demanderait la clef de l'énigme au titre des hypothèques. Lors de la confection de cette partie du Code, la question cependant fût soulevée de nouveau. La transcription fut vivement attaquée, notamment par M. Tronchet, courageusement défendue par M. Treilhard; mais par un singulier concours de circonstances, la discussion, perdue dans des détails, ne fut vidée par aucun vote, et dans la rédaction définitive la transcription que le projet maintenait, qu'aucune résolution n'avait expressément proscrite, avait disparu. Il est difficile d'expliquer ce silence absolu de la loi. M. Pont l'attribue à un malentendu, M. Troplong prononce le mot d'escamotage (1). Quoi qu'il en soit, la question de savoir si la transcription demeurait nécessaire pour assurer la transmission de la propriété à l'égard des tiers, et si, dès lors les créan-

(1) Tr. des priv. et hyp., préface, p. XXXIX.

ciers du vendeur pouvaient s'inscrire jusqu'à ce que l'acquéreur eût fait transcrire, restait dans le domaine de la controverse. Quelques auteurs soutenaient que le silence de la loi impliquait le maintien pur et simple de la loi de brumaire en ce point particulier. Il faut reconnaître que cette opinion était difficilement admissible en présence de la loi de ventôse an XII, qui abrogeait expressément toutes les lois antérieures dont les dispositions pouvaient contrarier celles du Code. Aussi la jurisprudence n'hésitait point à juger que la formation du contrat de vente entraînait à l'égard de tous la transmission de la propriété à l'acquéreur, et que, dès ce moment, les inscriptions sur le précédent propriétaire ne pouvaient être utilement prises. Il n'y avait en ce point aucune distinction à faire entre les aliénations forcées et les ventes volontaires.

Cependant le ministre des finances, dans un but fiscal, prescrivait aux conservateurs de recevoir les inscriptions jusqu'à la transcription du contrat. Le ministre de la justice au contraire soutenait que la transcription était devenue inutile dans la législation nouvelle. Pour trancher ce conflit, une interprétation législative fut demandée au conseil d'État qui, par avis du 20 thermidor an XIII, légitima l'opinion du ministre de la justice.

Toutefois le principe nouveau du Code civil, si funeste aux créanciers ne tarda pas à disparaître devant l'innovation consacrée par les articles 834 et

835 du Code de procédure. D'après l'article 834, tout créancier hypothécaire qui n'était pas inscrit avant l'aliénation, pouvait encore conserver utilement son rang, pourvu qu'il ait requis son inscription dans l'intervalle de la vente à la transcription, et même dans la quinzaine qui suivait l'accomplissement de cette formalité. D'ailleurs, cette innovation n'altérait en rien le principe consacré par le Code civil de la transmission de propriété erga omnes par le seul effet du contrat. Ainsi le vendeur n'aurait pu avant la transcription revendre à un second acquéreur ou constituer une hypothèque sur le bien vendu. La transcription n'était qu'une sorte de mise en demeure adressée aux créanciers dont le titre était antérieur à l'aliénation, pour qu'ils eussent à rendre publique leur qualité. L'inscription prise dans ce délai produisait tous les effets d'une inscription ordinaire. Il faut remarquer seulement que les créanciers de l'acquéreur pouvaient à ce moment s'inscrire aussi bien que les créanciers du vendeur; et dans cette hypothèse, la préférence entre l'une et l'autre classe de créanciers se réglait uniquement par la date des inscriptions. D'ailleurs les créanciers inscrits antérieurement à la transcription étaient dans une situation meilleure que ceux qui s'inscrivaient après l'accomplissement de cette formalité, car aux premiers seulement l'acquéreur était tenu de faire les notifications à fin de purge prescrites par les articles 2183 et 2184 du Code civil.

La modification introduite par le Code de procédure s'appliquait seulement aux aliénations volontaires. Pour les aliénations forcées on restait sous l'empire du Code Napoléon.

La loi du 3 mai 1841 sur l'expropriation pour cause d'utilité publique, reproduisant d'ailleurs les dispositions d'une loi antérieure du 7 juillet 1833, a appliqué à ces sortes de ventes l'article 834 du Code de procédure. Toutefois la transcription est rendue dans ce cas particulier, obligatoire pour l'acquéreur.

Nous ne croyons pas devoir insister davantage sur ces dispositions législatives qui n'ont plus aujourd'hui, sauf la dernière, qu'un intérêt historique. Nous verrons, en effet, en étudiant les innovations de la loi du 23 mars 1855, que les principes de la loi de brumaire ont été restaurés et que la transcription est devenue de nouveau une condition essentielle de la transmission de la propriété à l'égard des tiers.

En résumé, depuis l'acquisition de l'hypothèque sous les réserves signalées jusqu'à la transcription de l'acte portant vente du bien grevé sous la loi de brumaire, jusqu'à la vente sous le Code, jusqu'à l'expiration de la quinzaine qui suit la transcription sous le Code de procédure, et, comme nous verrons, jusqu'à la transcription depuis la loi de 1855, le créancier peut utilement rendre publique son hypothèque au moyen de l'inscription. A cet effet, d'ailleurs, la loi ne lui fixe aucun délai; puisque son droit prendra rang à la date de l'inscription, il est le premier intéressé à faire diligence.

Toutefois, dans cet intervalle de l'acquisition de l'hypothèque à la transmission du bien grevé, certaines circonstances peuvent survenir qui rendront impossible la manifestation ultérieure du droit du créancier. L'article 2146 en signale deux : la faillite du débiteur, l'acceptation de sa succession sous bénéfice d'inventaire.

I. *Faillite.* — L'origine des dispositions de nos lois actuelles sur ce sujet remonte à une déclaration royale du 18 novembre 1702. Cette ordonnance, voulant empêcher qu'un négociant sur le point de tomber en faillite ne pût favoriser quelques créanciers aux dépens de la masse, ou diminuer la garantie de tous en aliénant ses biens, édictait « que toutes cessions et transports sur les biens des marchands qui font faillite seraient nuls s'ils sont faits dans les dix jours qui précèdent la faillite publiquement connue ; en second lieu, que les contrats ou obligations passés devant notaire, ou les sentences prononcées en justice, ne pourraient conférer aucun droit de préférence à un créancier, quel qu'il fût, s'ils intervenaient dans les dix jours précédant la cessation de payement. » L'ordonnance atteignait parfaitement, par cette double disposition, le but indiqué dans son préambule. Nous avons vu que la règle avait passé dans l'article 5 de la loi de brumaire avec cette aggravation que l'on ne pouvait, même dans les dix jours qui précédaient la faillite, inscrire une hypothèque antérieurement et valablement acquise. L'article 2146 du Code civil porte de même : « Les inscriptions ne produiront aucun effet si elles sont prises dans le délai pendant lequel les actes faits avant l'ouverture des faillites sont déclarés nuls. » Comme on le voit, ce texte n'a point pour but de prohiber les constitutions d'hypothèque pendant la période suspecte qui précède toute faillite ; il rend seulement impossible la conservation des hypothèques antérieurement acquises. Et, par là, il encourt tout à la fois le reproche d'insuffisance et celui d'exagération. Tandis, en effet, qu'il y a juste raison de prohiber à ce moment toute constitution d'hypothèque qui peut servir à favoriser tel créancier au préjudice de la masse, quel motif alléguer pour empêcher la conservation d'une hypothèque valable précédemment acquise ? On pouvait espérer que le Code de commerce promulgué en 1807 viendrait jeter quelque lumière sur cette situation ; mais il ne fit qu'en aggraver les difficultés. Son article 443 portait : « Nul ne peut acquérir privilége ni hypothèque sur les biens du failli dans les dix jours qui précèdent l'ouverture de la faillite. » Cette disposition comblait, il est vrai, la lacune signalée dans l'article 2146, mais pour tomber dans une exagération nouvelle ; le texte vise, en effet, les priviléges et les hypothèques sans distinction. Or, on comprend que le failli puisse favoriser quelqu'un de ses créanciers en lui conférant par contrat une hypothèque conventionnelle, même en lui faisant obtenir par une collusion frauduleuse une hypothèque judiciaire; mais ni les priviléges ni les hypothèques légales ne font redouter un semblable danger. Puisque ces avantages naissent directement et seulement de la loi, il n'est pas au pouvoir du failli de les créer à sa volonté. En rendant impossible la naissance des priviléges et des hypothèques légales, et la conservation des hypothèques précédemment acquises, la loi blessait l'intérêt de certains créanciers, et la protection due à la masse était impuissante à légitimer un tel oubli des principes. Bien des auteurs s'étaient efforcés d'introduire dans la doctrine des distinctions facilement justifiées en théorie. Mais si l'on pouvait admettre que de telles distinctions fussent dans l'esprit de la loi, son texte les proscrivait trop énergiquement pour que la jurisprudence pût les accueillir.

Aujourd'hui ces dificultés n'existent plus qu'à l'état de souvenir. Elles ont été effacées par la loi sur les faillites du 28 mai 1838, qui a remplacé l'ancien titre I du livre III du Code de commerce. C'est avec les textes nouveaux de cette loi qu'il faut expliquer aujourd'hui l'article 2146 du Code civil. Elle distingue entre les acquisitions d'hypothèques et la conservation d'hypothèques antérieures. Des acquisitions d'hypothèques, nous avons peu de chose à dire, sinon que les prohibitions de la loi ne s'appliquent plus qu'aux hypothèques conventionnelles ou judiciaires, et aux constitutions d'hypothèques qui garantissent des dettes antérieurement contractées (Code de commerce, nouvel article 446). C'est surtout le droit de requérir inscription qui doit nous occuper. Il est régi par le nouvel article 448 du Code de commerce. La loi nouvelle reconnait qu'il est juste de permettre à tout créancier hypothécaire de consacrer par l'inscription un droit qu'il a légitimement acquis. « Les droits d'hypothèque et de privilége valablement acquis pourront être inscrits jusqu'au jour du jugement déclaratif de la faillite. » Toutefois, comme la fraude est toujours possible et que les mêmes dangers sont à craindre, la loi, pour y parer, permet aux juges d'annuler les inscriptions prises après l'époque de la cessation de payement ou dans les dix jours qui précèdent, s'il s'est écoulé plus de quinze jours entre la date de l'acte constitutif d'hypothèque ou du privilége, et celle de l'inscription Ce délai est d'ailleurs susceptible d'augmentation à raison des distances. Les tribunaux jouissent en ce point d'un pouvoir discrétionnaire, et il n'est pas douteux qu'ils pourraient annuler une inscription prise par un créancier même de bonne foi, si sa longue négligence à s'inscrire avait causé quelque préjudice à des tiers en les trompant sur la situation vraie du débiteur.

Donc, en règle, et sous réserve du droit d'appréciation attribué à la justice dans les limites que nous venons de signaler, on peut aujourd'hui s'inscrire jusqu'au jour du jugement déclaratif, mais seulement jusque là. Ainsi, l'inscription prise le jour même du jugement serait tardive. Mais il importe de préciser la portée de cette règle nouvelle : elle donne lieu à certaines difficultés en ce qui concerne les privilèges soumis à l'inscription ; mais, pour ne point excéder les limites que nous avons tracées à ce travail, nous ne parlerons que des hypothèques.

Nous appliquerons sans difficulté le principe de l'article 448 du Code de commerce aux hypothèques conventionnelles et judiciaires, de même aux hypothèques légales qui sont assujetties à la formalité de l'inscription. Quant aux hypothèques légales des femmes et des mineurs, il est clair « que l'article 448 n'a pu avoir pour effet de changer les conditions qui lui ont été faites par la loi civile, et de les faire tomber pour n'avoir pas été inscrites avant le jugement qui déclare la faillite du débiteur, alors que la loi civile les a expressément dispensées d'inscription (1). » De même il ne faut appliquer l'article 448 qu'à l'inscription d'une créance en capital et non à l'inscription des intérêts d'une créance inscrite en temps utile.

D'ailleurs, il ne faudrait pas entendre d'une façon trop absolue la formule de l'article 448, et admettre, dans tous les cas, que le jugement déclaratif formera la limite extrême du temps utile pour s'inscrire. Si, par exemple, avant cette époque, le failli avait aliéné l'immeuble grevé et que l'acquéreur eût fait transcrire (depuis la loi du 23 mars 1855), il est clair que les inscriptions ne seraient plus possibles. De même les

(1) M. Pont, Priv. et Hyp., n° 890.

femmes et les mineurs peuvent s'inscrire utilement, même après le jugement déclaratif, si une année ne s'est pas encore écoulée, à ce moment, depuis la cessation du mariage ou de la tutelle, comme nous le verrons en étudiant l'article 8 de la loi de 1855.

Sous ces exceptions, le principe de l'article 448 ne reste pas moins la règle et il y a lieu de se demander quelle sanction s'y attache? L'inscription prise après le jugement déclaratif est nulle, mais la nullité qui l'entache est simplement relative; elle n'existe qu'à l'égard de la masse, qui seule inspire la protection de la loi. Si donc le failli était remis à la tête de ses affaires, au moyen d'un concordat, et contractait par la suite de nouvelles dettes, ni lui-même, ni ses créanciers postérieurs ne pourraient attaquer l'inscription prise après le jugement déclaratif, par un créancier qui n'aurait pas été partie au concordat.

Enfin, l'esprit et les motifs de la loi conduisent à admettre que les inscriptions sont toujours possibles, sur un immeuble dont le failli est tiers détenteur pour sûreté d'une dette grevant le précédent propriétaire, et sur un immeuble qui a appartenu au failli, mais qui a été aliéné par lui et se trouve au moment du jugement déclaratif entre les mains d'un tiers. Dans ces deux hypothèses, l'intérêt de la masse n'est point en jeu, et la prétention de l'inscrivant ne tend pas à rompre l'égalité que la faillite établit entre les créanciers du failli.

Telle est l'influence de faillite sur l'inscription de la

créances hypothécaires. Il y a lieu de rechercher en terminant si certaines situations ne peuvent être assimilées à celle-là. Les auteurs examinent cette question au point de vue de la déconfiture et de la cession de biens.

La déconfiture est l'état d'un particulier non commerçant dont l'actif ne suffit pas à désintéresser ses créanciers apparents. Nulle part la loi n'a défini ni organisé la déconfiture. Comme le montre la définition que nous en avons donnée d'après l'article 180 de la coutume de Paris, aucun signe certain ne révèle aux tiers la déconfiture du débiteur, et cet état est toujours plus ou moins problématique. Dans certains cas, la loi assimile la déconfiture à la faillite, mais elle prend soin alors de s'en expliquer expressément; or, dans la question qui nous occupe, elle ne parle que de faillite. Ce silence est déjà une présomption en faveur de la solution négative; cette présomption se change en certitude si l'on considère que les monuments de la législation antérieure (déclaration de 1702; loi du 7 messidor an III, art. 11; loi de brumaire, art. 5), ne s'expliquait aussi que sur la faillite. Or, comme le remarque M. Grenier : « Il y a une grande différence entre un négociant ou marchand et un particulier qui ne l'est pas. Le négociant a un caractère d'homme public, le crédit est l'âme de son commerce, l'exercice de son état est l'objet d'une surveillance particulière de la loi sous plusieurs rapports. Le maintien ou l'affaiblissement de ce crédit sont épiés et peuvent être reconnus sous plusieurs signes qui sont étrangers à tout particulier qui n'est ni marchand, ni négociant (1). » Enfin, ce qui nous touche plus encore que ces diverses considérations, c'est que l'application, au cas de déconfiture de notre article 448 entraînerait des nullités d'inscription. Or, ces nullités ne sont point écrites dans la loi, et c'est un principe élémentaire que l'on ne peut créer, par voie d'interprétation, des causes nouvelles de caducité des actes. Aussi, la doctrine des auteurs et la jurisprudence des arrêts sont unanimes pour ne pas confondre en ce point la faillite et la déconfiture.

Les opinions sont plus divisées en ce qui touche la cession des biens. Quelques auteurs pensent qu'il faut assimiler la cession de biens à la faillite, avec cette restriction, toutefois, que la date de la cession de biens et non le délai de dix jours qui la précède arrêteront le cours des inscriptions (2). Cette solution ne compte plus guère de partisans aujourd'hui. Les nullités, dit-on, sont de droit étroit et ne peuvent être étendues à un cas que la loi n'a pas prévu. Il n'est pas vrai de dire d'ailleurs que les biens cédés sont vacants : le débiteur en est propriétaire jusqu'à la distribution aux créanciers. Il ne faut pas argumenter non plus de ce que le débiteur est dessaisi comme en

(1) Tr. des hyp., t. I, n° 123.

(2) Ces auteurs écrivaient antérieurement à la loi de 1838. — Tarrible, Rép., V° Inscrip. hyp., § 4, n° 6. — Grenier, t. I, n° 124. — Voyez aussi Dalloz : Priv. et hyp., p. 231, n° 11.

cas de faillite. Ce dessaisissement rend impossible une constitution ultérieure d'hypothèque, mais non pas la conservation d'une hypothèque antérieurement acquise (1).

II. *Succession bénéficiaire.* — Il n'est pas douteux qu'on puisse inscrire une créance hypothécaire même après le décès du débiteur (article 2149 Code civil). Cependant l'article 2146 déclare que l'inscription sera nulle entre les créanciers si elle n'a été faite que depuis l'ouverture de la succession dans le cas où elle n'a été acceptée que sous bénéfice d'inventaire. On a allégué divers motifs pour justifier cette disposition de la loi. Par le fait de son décès, a-t-on dit, le débiteur se trouve dessaisi de tous ses biens, son héritier bénéficiaire n'est qu'un administrateur qui gère, en quelque sorte, les intérêts des créanciers. La précaution qu'a prise cet héritier de n'accepter que sous bénéfice d'inventaire fait présumer que la succession est peu solvable. Il y a là une situation assez analogue à une faillite. Il faut donc que les droits des créanciers soient fixés au moment du décès, sans qu'aucun d'eux puisse acquérir par la suite un droit de préférence sur les autres. Ces raisons, qui justifieraient bien l'impossibilité de constituer une hypothèque après l'ouverture de la succession, ne sauraient légitimer la prohibition exagérée de la loi. Il ne s'agit pas, en effet, pour le créancier qui s'inscrit, d'acquérir un droit de

(1) Troplong, III, n° 662. — Pont, n° 877. — Aubry et Rau, t. III, § 272, n° 3, lettre A.

préférence sur ses cocréanciers, il s'agit de conserver les prérogatives que lui assure une hypothèque antérieurement et valablement acquise. Et s'il est juste qu'aucun créancier ne puisse rendre sa condition meilleure que celle des autres créanciers, il n'est pas moins inique qu'un fait auquel il ne peut rien, puisse rendre sa condition plus mauvaise. Aussi, dans tous les projet de réforme (1) avait-on demandé la suppression de l'article 2146-2°. Cette suppression était même décidée en principe lors de la réforme de 1849-51, mais comme il n'est sorti de ces travaux aucune loi définitive, nous restons soumis au Code sans qu'aucune loi soit venue, comme en matière de faillite, en atténuer l'imperfection.

Puisque l'article 2146, 2° parait peu justifiable, il importe d'en restreindre l'application aux cas qui ne peuvent échapper à son texte. Nous dirons donc qu'il s'applique aux successions acceptées par un majeur sous bénéfice d'inventaire, et cela quel que soit le temps écoulé depuis l'ouverture de la succession jusqu'à l'acceptation. En effet, l'acceptation rétroagit au jour de l'ouverture, et cette rétroactivité fait tomber les inscriptions prises dans cet intervalle. Il faut aussi, quoi qu'on en aie, étendre l'article 2146, 2° au cas où la succession n'a été acceptée bénéficiairement qu'en vertu d'une disposition expresse de la loi, par exemple parce qu'elle

(1) Docum. hypoth., t. III, p. 365 et suiv.

est échue à un mineur. M. Grenier (1) a soutenu le contraire en remarquant que cette circonstance fait tomber ou au moins affaiblit la présomption d'insolvabilité, principal motif de la loi. Sans doute cette opinion est fondée en raison, mais elle heurte trop énergiquement le texte absolu de l'article 2146 pour être accueillie. Aussi ce système a-t-il été repoussé par tous les auteurs.

Quid si la succession a été acceptée purement et simplement par quelques héritiers, sous bénéfice d'inventaire par les autres? Les auteurs sont divisés sur la solution de cette question. Suivant les uns l'acceptation bénéficiaire d'un seul cohéritier entraînerait l'application de l'article 2146-2° (2). Mais nous ne pensons pas que ce sentiment doive être suivi, nous préférons l'opinion qui laisse en suspens jusqu'au partage le sort des inscriptions. Si à ce moment les immeubles sont vendus en commun par les héritiers, ou sur la poursuite des créanciers, les inscriptions seront de nul effet à l'égard des créanciers ; si au contraire on partage en nature, les inscriptions grévant les immeubles tombés au lot des héritiers purs et simples seront maintenues (3). Ce second système offre l'avantage de ne point étendre l'application de l'article 2146-2° ; il est conséquent avec notre principe

(1) T. I, p. 122.
(2) Pont, n° 919.
(3) Aubry et Rau, t. III, § 272, texte et note 36.

d'interpréter restrictivement une disposition législative mal justifiée.

Par le même motif, nous n'admettrons pas, avec M. Pont (1), qu'il faille arrêter le cours des inscriptions en cas d'acceptation pure et simple d'une succession notoirement mauvaise par un héritier insolvable. Quid si au contraire l'héritier bénéficiaire se fait par la suite condamner comme héritier pur et simple (article 800)? Nous n'hésitons pas à admettre que les inscriptions prises depuis l'ouverture de la succession devront sortir leur plein et entier effet.

Quant à la question de savoir quelles hypothèques se trouvent atteintes par la prohibition de l'article 2146-2°, elle se résout sans grandes difficultés. Ainsi on ne pourra inscrire ni les hypothèques conventionnelles, ni les hypothèques judiciaires, ni les hypothèques légales qui ne complètent leur existence qu'au moyen de l'inscription. Quant aux hypothèques des femmes et des mineurs, il est bien clair que l'acceptation de la succession ne les fera pas disparaître et qu'elles pourront être rendues publiques conformément à l'article 8 de la loi du 23 mars pendant toute l'année qui suivra la dissolution du mariage ou la cessation de la tutelle, alors même que pendant cette année le tuteur ou mari serait décédé, et que sa succession n'aurait été acceptée que bénéficiairement.

Conformément à des solutions déjà indiquées, à

(1) Voy. n° 915.

propos de la faillite, nous dirons que l'on pourrait s'inscrire du chef du précédent propriétaire sur un immeuble dont la succession serait seulement tiers détentrice, et aussi sur un immeuble qui aurait appartenu au défunt, mais qui aurait été aliéné par lui.

Les auteurs sont généralement d'accord pour assimiler à la succession bénéficiaire et par identité de motifs, le cas d'une succession vacante. Cette extension est confirmée par la jurisprudence. Toutefois, les partisans de ce système remarquent que les inscriptions prises depuis l'ouverture d'une succession vacante serait valable si la succession venait par la suite à être acceptée. Nous ne croyons pas devoir admettre cette extension. Sans doute l'analogie peut y conduire, mais nous ne pouvons nous résoudre à interpréter et à étendre par des motifs d'analogie la décision, injuste suivant nous de l'article 2146, 2° (1).

(1) En ce sens, Mourlon, Tr. de la transcription, n° 660.

CHAPITRE III.

Quelles personnes ont le droit de requérir l'inscription.

L'inscription est essentiellement destinée à sauvegarder les droits du créancier. Dès lors le bon sens suffit à indiquer que le créancier, avant toute autre personne, peut et doit requérir l'inscription protectrice des avantages que lui assure son hypothèque. L'article 2148 n'attribue même pas expressément ce droit au créancier, elle le suppose établi à priori tant il est naturel. Le caractère exclusivement conservatoire de l'inscription suffit aussi à expliquer pourquoi la loi ne requiert de la part de l'inscrivant aucune capacité spéciale. Il n'est pas même nécessaire qu'il ait pleinement l'exercice de ses droits civils. C'est ainsi que les femmes sans l'autorisation de leurs maris, les mineurs, les interdits sans l'intervention de leurs tuteurs peuvent faire inscrire toutes hypothèques leur appartenant. L'article 2139 s'en explique formellement pour les hypothèques légales, et il ne faut point hésiter à généraliser sa disposition. Il y a même un argument a fortiori à tirer de ce texte : Si en effet la loi autorise la femme ou le mineur à rendre publique une hypothèque dont la clandestinité ne saurait leur nuire, pourquoi leur refuserait-elle le droit de conserver par l'inscription une hypothèque qui serait stérile si elle demeurait occulte?

Il n'est pas nécessaire que l'inscription soit requise par le créancier en personne; il peut charger de ce soin un mandataire. « Le créancier, dit l'article 2148, représente au conservateur, soit par lui-même, soit par un tiers, l'original en brevet, etc. » La loi ne prescrit aucune forme spéciale pour ce mandat, et l'on a conclu avec juste raison de son silence et de l'expression très-générale qu'elle emploie à l'exemple de la loi de brumaire (art. 17), que le conservateur n'avait à exiger du requérant aucune justification de pouvoirs reçus. La procuration à lui donnée peut être écrite ou simplement verbale, la preuve de ses pouvoirs résulte suffisamment du fait d'avoir en mains et de remettre au conservateur les titres et bordereaux nécessaires pour opérer la formalité.

A l'exemple des mandataires conventionnels, les mandataires légaux, chargés d'administrer la fortune d'autrui, doivent veiller aux inscriptions qui intéressent le patrimoine confié à leurs soins. Nous citerons comme exemple les maris, tuteurs, curateurs, les héritiers bénéficiaires, les curateurs à une succession vacante, les syndics d'une faillite.

Toutefois, on ne saurait faire rentrer dans la classe

des mandataires légaux le notaire qui a reçu l'acte de constitution d'hypothèque. A moins d'en avoir été expressément chargé, il n'est pas responsable pour n'avoir pas fait inscrire l'hypothèque dont il a constaté la convention. Ni le Code, ni les lois spéciales ne lui imposent ce devoir, et de nombreux arrêts ont repoussé les plaintes dirigées à ce sujet contre les notaires. Au contraire les mandataires conventionnels ou légaux sont tenus d'exécuter le mandat à eux confié, à peine de tous dommages et intérêts, si leur négligence compromettait en quoi que ce soit les prérogatives du créancier (V. Code civil. art. 2136, 2138).

Doit-on reconnaître le droit à un tiers non fondé de procuration de requérir de son propre mouvement l'inscription de l'hypothèque qui appartient au créancier? Il semble que la question ne puisse faire difficulté; il y aura gestion d'affaires, et l'inscription ainsi prise sera utile au créancier, si d'ailleurs elle réunit toutes les conditions requises pour sa validité. Telle est en effet aujourd'hui la solution universellement acceptée. Cependant un auteur (1) avait élevé quelques doutes sur la légitimité de cette pratique. Cet acte ne lui paraissait pas rentrer dans la classe de ceux que la loi a spécialement visé en organisant la gestion d'affaires, et d'ailleurs quelques textes de notre titre semblaient autoriser une certaine hésitation. Ainsi l'article 2139 permet aux amis du mineur

(1) Tarrible. Répert., v° Ins. hypoth., § 5, n° 8.

de requérir une inscription à son profit. Ne peut-on point conclure de cette disposition, qui semble exceptionnelle, que les amis des créanciers n'ont point qualité pour inscrire leurs hypothèques? Ce qui corrobore cet argument *a contrario*, c'est le refus autorisé, tant par le texte de l'article 2139 que par des considérations de moralité publique d'étendre aux amis de la femme le droit de faire inscrire son hypothèque légale. De même, si le premier venu peut faire inscrire l'hypothèque d'un créancier, l'article 775 du Code de procédure, qui permet aux créanciers d'inscrire les hypothèques appartenant à leur débiteur, devient inutile, n'étant plus qu'une application particulière d'une règle très-générale. Quelque idée que l'on puisse se faire en stricte théorie sur la valeur de ces arguments, ils n'ont point été de nature à faire impression sur les praticiens. Comment d'ailleurs établir l'identité du requérant, alors que les réquisitions sont très-souvent verbales, et que son nom ne figure pas dans les énonciations des bordereaux? Il vaut donc mieux se ranger à l'opinion commune que de diriger contre une pratique constante une critique vaine et impuissante.

L'article 775 du Code de procédure, qui n'est d'ailleurs qu'une application à notre matière du principe très-général consacré par l'article 1166 du Code civil, porte que : « tout créancier peut prendre des inscriptions pour conserver les droits de son débiteur. » Les termes très-compréhensifs de cet article ne permettent d'établir aucune distinction touchant le titre et la nature de la créance. Tous créanciers, quels qu'ils soient, peuvent assurer leur payement en sauvegardant par une inscription les créances actives de leur débiteur. Nous pensons toutefois avec M. Pont (1) que l'inscription doit être prise au nom du débiteur et non à celui de l'inscrivant. C'est en effet le droit du débiteur qu'il s'agit d'abord de conserver, et le gage ainsi assuré ne sera pas l'apanage exclusif du créancier inscrivant, il sera réparti entre tous les créanciers (art. 775 *in fine*.)

Dans les différentes hypothèses que nous venons de parcourir, c'est toujours le créancier qui agit par lui-même ou par l'intermédiaire d'un mandataire conventionnel ou légal. Il peut arriver au contraire que le créancier primitif disparaisse pour faire place à une personnalité nouvelle qui se substitue à la sienne dans le rapport d'obligation. C'est ce qui arrive notamment lorsqu'il meurt ou lorsqu'il cède sa créance. Quelles sont, en ce qui nous occupe, les conséquences de ces divers événements?

Si le créancier vient à mourir, il n'est pas douteux que ses héritiers ou successeurs ne puissent faire inscrire l'hypothèque garantissant une créance qui est désormais leur bien. Jusqu'au partage même ils peuvent faire inscrire l'hypothèque au nom de la suc-

(1) Hyp., t. II, nos 932. — Conforme Inst. de la régie du 3 pluviôse an XIII.

cession indivise, sans qu'il soit besoin d'y désigner nommément tous les héritiers.

Si le créancier cède sa créance, il y a lieu de distinguer. Si l'hypothèque qui la garantissait avait été rendue publique avant la cession, pas ne serait besoin d'une inscription nouvelle : le cessionnaire profiterait de celle qui existe. Toutefois, il lui serait utile de prendre une inscription en son propre nom, crainte que le cédant de mauvaise foi ne lui fasse perdre son rang en concédant frauduleusement une mainlevée au débiteur. Que si au contraire l'hypothèque, lors de la cession, était encore occulte, le cessionnaire a pleinement qualité pour la faire inscrire soit au nom du cédant, soit en son nom personnel. On avait paru douter, dans les premières années de la législation nouvelle, que l'inscription au nom du cessionnaire fût possible avant la signification au cédé (art. 1690). La cour de Paris avait même consacré la négative (1). Mais la même juridiction revint bientôt à une interprétation plus exacte (2), aujourd'hui admise par tous les auteurs. En effet, la signification et l'inscription sont deux actes essentiellement distincts : la première est nécessaire dans le but d'empêcher que le cédé ne se libère entre les mains du cédant ; toute autre est l'utilité de l'inscription, qui n'a d'autre caractère que celui d'un acte conservatoire. Peu importe d'ailleurs que le transport ait été fait sous forme authentique

(1) Cour de Paris, 10 ventôse, an XII. Sirey, 4, 2, 701.
(2) Cour de Paris, 13 ventôse, an XIII. Sirey, 5, 2, 566.

ou sous seing privé; s'il est vrai en effet qu'on ne puisse requérir inscription qu'en vertu d'un titre authentique, il n'est pas moins certain que le titre en vertu duquel l'inscription est requise par le cessionnaire n'est pas l'acte qui constate la cession, mais bien celui qui consacre le droit du créancier originaire.

Mais il ne faudrait pas assimiler à la cession la simple délégation. Que l'on suppose un créancier hypothécaire de Primus débiteur lui-même de Secundus : Il délègue son débiteur Primus à son créancier Secundus; tant que celui-ci n'a pas accepté cette délégation, il ne peut faire inscrire en son nom personnel l'hypothèque qui garantit la dette de Primus, parce que, suivant les motifs d'un arrêt de la Cour de cassation rendu en ce sens le 22 février 1810, « l'indication d'une personne pour recevoir payement ne forme pas un titre de créance au profit de cette personne, tant qu'elle n'a pas été acceptée par elle (1). » L'inscription ne pourrait même servir d'acceptation, parce que, « faite pour conserver le titre, elle ne peut ni le précéder, ni le suppléer, ni le former (2). » Mais après une acceptation expresse ou tacite l'indication de payement devient une véritable cession et l'inscription est possible au nom même du délégataire. L'inscription prise par ce dernier avant l'acceptation devrait

(1) V. Dalloz, v° Hypothèque, p. 229.
(2) Troplong, Hyp., I, n° 368.

être considérée comme non avenue et ne profiter ni au déléguant ni à l'inscrivant.

Il nous reste enfin à indiquer quel doit être le rôle du conservateur des hypothèques en ce qui concerne l'inscription, et s'il convient de lui attribuer en cette matière un droit quelconque d'initiative. La Cour de cassation, a jugé expressément qu'un conservateur peut prendre, dans l'intérêt d'un créancier et sans réquisition une inscription d'hypothèque conventionnelle (1). Mais il faut bien entendre cet arrêt : il signifie que le conservateur, abstraction faite de sa qualité, peut à titre de mandataire ou de gérant d'affaires, inscrire l'hypothèque appartenant par exemple à un ami; en cela il est assimilé aux tiers; mais il ne faudrait pas croire qu'il trouve dans son caractère de fonctionnaire public le pouvoir de faire d'office des inscriptions au profit de tel ou tel créancier. Sans doute l'article 2108 lui prescrit de prendre au profit du vendeur une inscription d'office, mais il ne faut voir là qu'une mesure d'ordre, et non pas un acte conservatoire du privilége du vendeur. Dans tous les cas, c'est un devoir exceptionnel qui est imposé par cet article au conservateur, et on ne saurait sans témérité en étendre les termes. Notamment il ne peut inscrire d'office les hypothèques légales des femmes et des mineurs, et il a été jugé qu'il n'avait pas qualité pour inscrire les hypothèques conventionnelles stipulées

(1) Rejet, 13 juillet 1841. — Dalloz, 41, 1, 295.

dans une donation d'immeubles présentées à la formalité de la transcription (1). Que si, au mépris de ces principes, le conservateur avait pris quelque inscription sans en être régulièrement requis, on pourrait lui refuser tout salaire et faire ordonner la radiation de l'inscription à ses frais. Toutefois MM. Aubry et Rau pensent que cette inscription ne serait pas nulle et que le créancier pourrait se l'approprier (2).

(1) Nîmes, 29 nov. 1854. — Sirey, 55, 2, 512.
(2) Voy. Cours de droit civil, t. III, p. 322, texte et note 21.

CHAPITRE IV.

Des formalités de l'inscription.

La loi, en accordant aux créanciers inscrits un droit de préférence, pouvait mettre à la concession de ce bénéfice telles conditions qu'elle le jugeait bon. D'où suit que pour conserver l'hypothèque, une inscription ne suffit qu'à la condition d'être faite dans les formes déterminées par la loi. Nous pensons pouvoir diviser en deux catégories ces formalités diverses : les unes, que nous appellerons formalités extrinsèques, ont pour objet la représentation au conservateur des titres et bordereaux, et la transcription matérielle des bordereaux sur le registre ; les autres, que nous désignerons sous le nom de formalités intrinsèques, sont relatives aux énonciations que doivent contenir les bordereaux. Nous traiterons des unes et des autres dans deux paragraphes distincts, puis nous aurons à rechercher la sanction de ces prescriptions diverses, les moyens de rectifier les inscriptions irrégulières, enfin les personnes qui doivent supporter les frais de l'inscription.

§ I. — *Formalités extrinsèques.*

Ces formalités sont les suivantes, que nous parcourrons dans leur ordre naturel :

1° Représentation au conservateur de l'original en brevet ou d'une expédition authentique du jugement ou de l'acte qui donne naissance à l'hypothèque. Cette formalité, applicable aux hypothèques conventionnelles, judiciaires, et à l'hypothèque légale accordée aux légataires par l'article 1017 du Code civil, est surtout prescrite dans l'intérêt du conservateur. On conçoit donc qu'il soit en droit de refuser de prendre inscription, si on ne lui représente le titre ; mais on comprendrait tout aussi bien en théorie qu'il pût ne pas exiger cette formalité, et que, s'il consentait à passer outre, il n'y eût pas de nullité ; ce qui le prouve, c'est que le tiers n'a aucun intérêt à cette communication, et que la loi n'indique aucun moyen pour conserver la preuve de son accomplissement (1). Toutefois cette négligence n'est plus permise depuis qu'une instruction de la régie du 13 avril 1865 a prescrit aux conservateurs d'exiger la représentation du titre, et de mentionner, comme preuve de l'accomplissement de cette formalité, le nombre de rôles formant le titre, sur le registre de dépôts.

Les termes dont se sert le législateur dans l'ar-

(1) V. Baudot, Des form. hypothéc., I, p. 91.

ticle 2148 suffisent à donner la mesure de ses exigences. Ainsi en principe c'est le titre même qui doit être représenté; mais il est inutile que l'acte constitutif d'hypothèque soit passé en minute; il suffit d'un original en brevet. C'est une solution généralement admise, bien qu'elle semble contrariée par l'article 20 de la loi de ventôse (1). Quant aux mots « expédition authentique », les auteurs sont aussi généralement d'accord pour ne pas les entendre à la rigueur et admettre par exemple que le conservateur serait tenu de se contenter de la minute d'un jugement ou de la production d'un acte sous seing privé déposé chez un notaire.

2° Représentation de deux bordereaux écrits sur papier timbré, dont l'un peut être porté sur l'expédition du titre. — Cette formalité, uniformément requise pour toutes sortes d'hypothèques, se justifie sans peine. Le conservateur engagerait trop sa responsabilité s'il était tenu d'extraire lui-même de l'acte constitutif toutes les énonciations requises pour l'inscription. C'est pourquoi ce soin est laissé au requérant lui-même. Le rôle du conservateur doit être complétement passif, et il lui est même défendu de rédiger par lui-même aucun bordereau. D'ailleurs la représentation de ces pièces est requise tout à la fois dans l'intérêt du conservateur et du créancier. C'est dans ce but que la loi exige un double bordereau, l'un qui

(1) Aubry et Rau, t. III, p. 273, note 46. — Pont, nos 665 et 942.

doit être remis au créancier avec la mention de la date et du numéro de l'inscription, l'autre qui doit rester aux mains du conservateur pour lui permettre de prouver, en cas de contestations sur la validité de l'inscription, qu'il a fidèlement reproduit sur son registre les énonciations à lui fournies. Il n'est pas nécessaire que les bordereaux soient signés du requérant. (Avis du conseil d'État, 6 octobre 1821.)

Il faut ajouter que les bordereaux ne sont d'aucune conséquence à l'égard des tiers, et sans influence sur la validité de l'inscription. Aussi est-on d'accord pour admettre que cette formalité n'est pas substantielle et que le conservateur pourrait passer outre sans engager sa responsabilité vis-à-vis des tiers.

3° Mention des titres remis sur le registre d'ordre (article 2200) et remise du bulletin. — Comme il serait souvent impossible d'opérer les inscriptions au fur et à mesure de la présentation des titres, et qu'il pourrait se produire quelque confusion entre les divers bordereaux remis au conservateur, la loi a prescrit la tenue d'un registre d'ordre dans lequel on inscrit jour par jour et par ordre numérique toutes les remises de titre, et les conservateurs ne peuvent inscrire les bordereaux sur les registres à ce destinés qu'à la date et dans l'ordre des remises qui leur en ont été faites. En sorte que le registre de dépôts doit être toujours comme une table des matières fort exacte du registre d'inscription. De plus, et en attendant qu'il puisse opérer la formalité requise, le conservateur remet aux requérants une reconnaissance sur papier timbré du dépôt par eux effectué. La question de savoir si le requérant pouvait être contraint à recevoir cette reconnaissance et à payer le timbre a soulevé quelques doutes. En pratique on décide qu'il peut y être obligé, à moins que le conservateur ne puisse accomplir la formalité immédiatement et sous ses yeux. Mais il n'est besoin d'ailleurs que d'une seule reconnaissance, quel que soit le nombre des pièces déposées (1).

4° Copie du bordereau sur le registre des inscriptions. — Article 2150. « Le conservateur fait mention sur son registre du contenu aux bordereaux. » Il doit procéder sans retard à cette formalité parce que c'est la date de l'inscription qui donne son rang à l'hypothèque (art. 2199). D'ailleurs, il n'est pas juge de la validité des titres qu'on lui présente, et ne pourrait refuser l'accomplissement de la formalité sous prétexte qu'elle est inutile, ou que les bordereaux à lui présentés sont incomplets, inexacts, en un mot entachés de quelque nullité. Tout au plus échapperait-il à une peine disciplinaire et aux dommages-intérêts, si dans le procès qu'on dirigerait contre lui, en suite d'un semblable refus, il était reconnu que le droit hypothécaire que l'on voulait faire inscrire était évidemment mal fondé (2).

(1) Décis. minist. des 14 et 28 ventôse an XIII, 8 août 1821. — V. Baudot, I, p. 157; Troplong, n° 1009; Trib. de Poitiers du 19 août 1829.

(2) V. Agen, 6 août 1852. — Req. rejet., 3 janvier 1853. — Aubry et Rau, t. III, p. 291, texte et note 12.

Le conservateur doit donc, sur une réquisition régulière, transcrire le bordereau sur son registre. Doit-il le copier littéralement? Une décision ministérielle du 11 février 1865 le lui prescrit, mais le texte précité de l'article 2150 nous paraît résister à cette interprétation, et nous pensons qu'on peut lui permettre de retrancher, sous sa responsabilité, les énonciations qui lui paraissaient manifestement inutiles. D'ailleurs, vis-à-vis des tiers, s'il existait quelque dissemblance entre les bordereaux et le registre, c'est au registre qu'il faudrait avoir foi. Quid si les bordereaux présentaient quelque différence entre eux, et que le registre fût conforme à l'un d'eux seulement?

La solution de cette question, d'ailleurs étrangère aux tiers, ne se pose que pour déterminer la responsabilité du conservateur vis-à-vis du requérant. En ces termes, elle est débattue; nous pensons que le conservateur serait à couvert, si le registre était conforme au bordereau qui est resté entre ses mains. La jurisprudence est elle-même divisée sur ce point. Pratiquement d'ailleurs, on ne saurait trop recommander la copie littérale du bordereau sur le registre : là est vraiment la sauvegarde du conservateur. Car s'il est de principe qu'il n'est pas garant des nullités d'inscription qui proviennent d'un vice de forme existant dans le bordereau, il n'est pas moins certain qu'il encourt la même responsabilité pour erreur ou omission dans la reproduction du bordereau que pour le défaut même d'accomplissement de la formalité qu'on lui demandait (art. 2197) (1).

La transcription du bordereau accomplie, le conservateur remet au requérant tant le titre ou l'expédition du titre que l'un des bordereaux au pied duquel il certifie avoir fait l'inscription (art. 2150). Il indique dans la relation la date et le numéro du registre sous lequel l'inscription est portée.

Dès lors le droit du créancier est sauvegardé, et son hypothèque prend rang à la date de la formalité.

Tel est le mécanisme extérieur de l'inscription; mais il nous faut maintenant examiner ce que doivent contenir les bordereaux.

§ II. — *Formalités intrinsèques.*

Les énonciations que doivent contenir le bordereau et l'inscription sont énoncées en détail dans l'article 2148. Ce texte nous indique l'ordre matériel de nos développements.

L'inscription doit faire connaître :

1° « Les nom, prénoms, domicile du créancier, sa profession, s'il en a une, et l'élection de domicile pour lui dans un lieu quelconque de l'arrondissement du bureau. » Nous avons à rechercher le but de cette formalité, et les exigences précises de la loi pour son accomplissement.

(1) V. Aubry et Rau, p. 293, note 22, les arrêts y cités.

Tout d'abord, il est facile de comprendre que la connaissance exacte du créancier importe peu aux tiers qui cherchent à se renseigner sur la situation hypothécaire du débiteur. S'ils ont un intérêt capital à connaître avec précision la personnalité du débiteur, le montant de sa dette, la consistance du gage qu'il a fourni, que leur importe le nom du créancier? Que les créances qui précéderont la leur dans l'ordre appartiennent à Primus ou à Secundus, leur rang de collocation n'en sera pas changé. Cette énonciation n'est pas utile non plus au débiteur. Reste seulement le créancier, et c'est en effet dans son intérêt à peu près exclusif que la loi la demande. Elle est nécessaire pour adresser au créancier inscrit les notifications à fin de purge (art. 2183), les assignations pour arriver à radier les inscriptions (art. 2156), les sommations de prendre connaissance du cahier des charges en cas d'expropriation forcée (Code de procédure, art. 692), et les sommations de produire à l'ordre (art. 753 du Code de procédure).

Dans ce but, l'individualité du créancier doit être indiquée aussi exactement que possible pour que ces diverses notifications ne puissent faire fausse route. Le bordereau indiquera donc le nom, les prénoms, la profession du créancier s'il en a une. La mention du domicile réel n'a d'autre but aussi que de compléter la désignation du créancier; cependant elle a dans un cas particulier son utilité propre. Lors, en effet, qu'un jugement a prononcé une mainlevée d'hypothèque, la radiation ne peut être effectuée que sur un certificat de l'avoué contenant la date de la signification du jugement faite au domicile réel du créancier (Art. 548, Code de procédure).

Quant à l'élection de domicile, elle présente un intérêt tout spécial dans le groupe des énonciations requises. C'est au domicile élu, en effet, que doivent se faire toutes les notifications dont nous parlions plus haut. Toutefois, l'élection de domicile ne s'appliquerait pas aux offres réelles faites par un créancier postérieur pour se faire subroger dans le rang du créancier qui le prime (1). Comme les termes de la loi sont absolus, nous déciderons que l'indication d'un domicile élu est nécessaire, même dans le cas où le créancier a son domicile général dans l'arrondissement du bureau. D'ailleurs, ni le créancier, ni ses héritiers ou ayants cause ne sont liés par une première élection. L'article 2152 du Code civil leur permet d'en changer, sous quelques précautions dictées toujours par l'intérêt du créancier. C'est ainsi que si le changement est requis par le créancier lui-même ou ses héritiers, ils doivent en même temps faire une élection nouvelle, sans quoi le bordereau serait incomplet, comme s'il n'avait été fait à l'origine aucune élection de domicile. Si le changement est requis par un cessionnaire, il doit pour l'obtenir, être muni d'une cession authentique, pour qu'il soit bien certain que

(1) Cass., 5 décembre 1854. — Sirey, 54, 1, 282.

la cession n'est point fausse et simulée, et que le créancier consent, en effet, à ce changement. Nous pensons toutefois qu'en cas de cession sous seing privé, le conservateur pourrait mentionner le changement avec le concours du créancier. Le changement est indiqué par une mention en marge qui doit être signée du requérant. S'il ne sait ou peut signer, il doit être dressé un acte notarié qui est transcrit en marge de l'inscription. Ces détails sont organisés par une décision ministérielle du 28 pluviôse an IX pour sauvegarder la responsabilité du conservateur.

Quant à l'exactitude précise de ces énonciations diverses, nous pensons qu'en dehors de l'élection de domicile, il ne serait pas indispensable de s'astreindre servilement au texte de la loi; on aurait pleinement satisfait à son esprit si l'individualité du créancier était suffisamment précisée.

2° « Les nom, prénoms, domicile du débiteur, sa profession s'il en a une connue, ou une désignation individuelle et spéciale, telle que le conservateur puisse reconnaître et distinguer dans tous les cas l'individu grevé d'hypothèque. » — C'est ici, on le comprend, une des énonciations les plus importantes du bordereau; c'est une de celles qui intéressent les tiers au plus haut degré. Néanmoins la loi semble moins sévère pour la désignation du débiteur que pour celle du créancier, puisqu'elle autorise expressément l'emploi des équipollents, non-seulement, à notre avis, pour suppléer à la profession, mais pour toutes les énonciations, comme le prouve l'article 2153. D'ailleurs, cette différence est sans grande importance, puisqu'on n'hésite plus aujourd'hui à généraliser la théorie des équipollents.

C'est toujours le débiteur originaire qui doit être indiqué. Si l'immeuble avait changé de mains depuis la constitution d'hypothèque, il ne serait pas nécessaire de désigner le détenteur actuel; l'inscription serait même nulle si elle était prise au nom de ce dernier seulement (1). Cet état de choses pourra présenter quelques inconvénients et tromper les tiers qui chercheraient à connaître la situation hypothécaire du détenteur de l'immeuble, mais quelques recherches sur l'origine de la propriété suffiront à les mettre à l'abri de toute déception.

Si le débiteur était décédé, le créancier ne serait pas tenu d'indiquer individuellement tous ses héritiers, et pourrait encore s'en tenir aux prescriptions de l'article 2148. 2° La loi ne pouvait subordonner l'exercice du droit du créancier à une condition qu'il lui serait souvent impossible de remplir. D'ailleurs, c'est seulement une faculté qui est accordée au créancier par l'article 2149; il peut, s'il le préfère, désigner individuellement les héritiers du débiteur. Mais cette faculté subsiste dans tous les cas, alors même que les héritiers auraient personnellement reconnu la dette et fourni titre nouvel (2).

(1) Cassation, 27 mai 1816. — Sirey, 16, 1, 265.
(2) Contra Persil, art. 2149, n° 3.

Il est bien entendu toutefois que si l'hypothèque garantissant la dette avait été fournie par un tiers, c'est ce tiers propriétaire de l'immeuble grevé que l'inscription devrait faire connaître, et non le débiteur personnel. (Argument tiré de l'article 2148, 2° *in fine.*)

3° « La date et la nature du titre. » Cette formalité n'est sans doute pas des plus nécessaires; elle est néanmoins utile pour faire connaître aux tiers qui consultent le registre la nature du droit appartenant au créancier qui les prime. Ils apprennent ainsi s'ils ont affaire à un créancier privilégié, ou bien à hypothèque conventionnelle, judiciaire ou légale, ce qui peut les éclairer sur l'étendue même du droit et sur les immeubles qui en sont atteints. Quant à la date, elle complète cette indication et permet en outre d'apprécier si le titre en vertu duquel on a requis l'inscription était ou non prescrit.

Le titre auquel il est fait allusion dans l'article 2148-3° est celui qui constate la constitution de l'hypothèque. Ainsi le créancier qui a réuni entre ses mains les diverses parties d'une créance provenant de plusieurs individus, et qui a obtenu pour cette créance une hypothèque unique, doit seulement mentionner le titre qui lui a conféré son droit hypothécaire. Un cessionnaire n'a pas à indiquer l'acte de transport cession, mais seulement le titre originaire. Lorsque le créancier a obtenu de son débiteur un acte récognitif ou titre nouvel, l'énonciation de ce titre n'est pas nécessaire. Que si le titre constitutif était entaché de quelque vice, et qu'il ait eu besoin plus tard d'être confirmé par un acte de ratification, les deux actes devraient figurer au bordereau.

L'énonciation requise par l'article 2148-2° se compose de deux éléments : la date de l'acte qui a créé l'hypothèque et la nature de cet acte. Par ces derniers mots il faut entendre une désignation suffisamment précise pour faire connaître la cause génératrice de l'hypothèque. Ainsi l'on dira que l'inscription est requise en vertu d'un jugement ou en vertu d'un acte de vente ou d'une obligation, etc...

4° « Le montant du capital des créances exprimées dans le titre, ou évaluées par l'inscrivant pour les rentes et prestations ou pour les droits éventuels, conditionnels ou indéterminés dans les cas où cette évaluation est ordonnée comme aussi le montant des accessoires de ces capitaux, et l'époque de l'exigibilité. » — Cette formalité nouvelle est, dans sa première partie au moins, une des plus essentielles de l'inscription. En effet, par le chiffre plus ou moins élevé des dettes qui grèvent le débiteur, les tiers peuvent connaître la mesure du crédit qu'on peut encore lui accorder sans manquer à la prudence. Pour plus de clarté, nous traiterons successivement de l'énonciation : 1° du montant de la créance en principal ; 2° des accessoires ; 3° de l'exigibilité.

Lorsque le montant de la créance est liquide, fixé par un chiffre, rien n'est plus simple que d'énoncer ce chiffre. Mais dans le cas même où le montant du capital n'est point exprimé dans le titre parce que la créance est conditionnelle ou indéterminée, il faut une évaluation. L'article 2132 l'exige expressément pour les créances conditionelles, et notre acticle 2148 y ajoute les créances éventuelles et indéterminées. Il faut remarquer seulement que les créances conditionnelles ou éventuelles peuvent avoir d'ores et déjà un objet fixe et précis; dans ce cas, il suffira de mentionner leur chiffre en indiquant toutefois la condition ou l'éventualité qui les grève. Une évaluation sera nécessaire encore quand il s'agira d'une obligation de faire ou de ne pas faire, d'une créance de prestation en nature. Dans ce dernier cas l'évaluation sera faite d'après les mercuriales au moment où l'inscription est prise. Que s'il s'agit d'une rente perpétuelle ou viagère en argent, il y a dissentiment entre les auteurs. Les uns se contentent d'exiger l'énonciation des arrérages et du taux de la rente; ces indications donnent tous les éléments nécessaires pour calculer le capital. D'autres, avec plus de raison, selon nous, veulent que, dans ces cas mêmes, le calcul soit fait dans l'inscription. Si en effet, disent-ils, le premier système est suffisant pour établir le capital d'une rente perpétuelle, il en est autrement d'une rente viagère à cause de l'alea qui s'y attache. Dans cette hypothèse, le créancier devra estimer le capital nécessaire pour assurer le service de la rente pendant toute la vie du crédit-rentier (1). De plus, on reproche

(1) Dans le premier sens, MM. Persil, art. 2148, § 4, n° 4; Pont, n° 990. — Dans le second, Aubry et Rau, t. III, p. 338, note 3.

aux partisans du premier système d'introduire dans la loi une distinction qu'elle n'autorise pas.

Toutefois il faut remarquer que notre article ne prescrit cette évaluation du montant de la créance en capital que dans les cas où cette évaluation est ordonnée. Ces derniers mots ont donné lieu à une difficulté. La loi, en effet, ordonne l'évaluation pour l'inscription des hypothèques conventionnelles (art. 2132). Elle en dispense formellement les hypothèques légales (article 2153-3°). Elle garde le silence sur les hypothèques judiciaires. Faut-il soumettre ces dernières à la règle de l'article 2148-3°? Faut-il étendre jusqu'à elles le bénéfice de l'exception? La question est controversée. D'une part une jurisprudence constante et des auteurs d'un grand poids refusent d'appliquer l'article 2148-3° aux hypothèques judiciaires. L'évaluation, disent-ils, est nécessaire dans les cas où la loi l'ordonne; elle n'a rien dit des hypothèques judiciaires; donc cette classe d'hypothèques échappe à cette exigence particulière.

Cette opinion est assurément spécieuse et semble une conclusion déduite logiquement des textes de la loi (1). Néanmoins la majorité des auteurs refusent d'y voir l'expression fidèle de la pensée du législateur. En effet, on ne saurait méconnaître que l'énonciation dans l'inscription du montant précis de la dette, est un des éléments les plus importants de la publicité

(1) En ce sens, Troplong, III, 684. — Mourlon, Rep. écrites, t. III, p. 496.

des hypothèques. Il semble donc naturel qu'il soit prescrit d'une façon aussi générale que la publicité même qu'il est destiné à assurer. Cette considération ne peut que se fortifier par un examen attentif des textes : l'évaluation est ordonnée par l'article 2148, dont la portée est très-générale, et règle les formes communes aux inscriptions de toutes les hypothèques. Quand le législateur a voulu apporter quelques exceptions à ces formes communes, il s'en est expliqué formellement. C'est ce qui est arrivé pour les hypothèques légales (article 2153-3°) à raison de la faveur particulière qui leur est due. Mais à coup sûr les hypothèques judiciaires ne sont pas plus favorables que les hypothèques conventionnelles, et il n'y a aucun motif pour effacer de la loi en ce qui les concerne une énonciation aussi essentielle aux tiers que l'évaluation du capital. Le premier système ne fournit pas une explication satisfaisante des textes. Il réduit à la valeur d'une simple exception la règle qui semble posée d'une manière générale dans l'article 2148, et surtout il rend complétement inutile l'exception formulée à l'article 2153. C'est prêter trop aisément une double inadvertance au législateur. Quant à l'argument tiré des mots : « dans le cas où cette évaluation est ordonnée, » on le repousse en remarquant que le législateur eût dû employer le singulier et non pas le pluriel, pour faire allusion au seul cas de l'article 2132 (1). Enfin s'il est permis de faire intervenir

(1) Pont, II, n° 989. — Aubry et Rau, t. III, p. 339, note 7.

la loi fiscale dans une question de principe, nous ferons remarquer que le droit proportionnel d'inscription est dû pour les hypothèques judiciaires au moment même où la formalité s'accomplit; or une évaluation est nécessaire pour servir de base au calcul de ce droit.

La loi demande en second lieu dans notre article 2148-3° que l'inscription énonce le montant des accessoires. Les accessoires comprennent les intérêts et les frais, mais il ne faut pas se méprendre sur la portée exacte de ces termes. Par intérêts il faut entendre les intérêts échus, les intérêts à écheoir faisant l'objet d'une disposition spéciale (article 2151), comme nous le verrons en étudiant les effets de l'inscription. Quant aux frais, ce ne sont pas non plus les frais à faire pour arriver à la réalisation du gage, car ceux-là se conservent par privilége et sans inscription (article 2101-1°). Ce sont, par exemple, les frais faits par le créancier pour l'obtention ou l'enregistrement de son titre, les frais même de l'inscription dont il doit faire l'avance (article 2155). Cette énonciation est utile aux tiers, de même que celle du capital, puisque les accessoires augmentent le montant total de la créance garantie, et par conséquent la charge qui grève l'immeuble hypothéqué.

Enfin, on doit mentionner dans le bordereau l'époque d'exigibilité de la créance. Il est difficile de justifier autrement que par une tradition historique mal appliquée l'exigence de cette formalité. Il faut se souvenir que notre article 2148 a été exactement calqué sur l'article 17 de la loi du 11 brumaire. Cet article demandait aussi que l'exigibilité de la dette fût indiquée; mais, par un motif que l'on comprendra facilement si l'on remarque que l'article 15 de la même loi déclarait : « l'acquéreur et l'adjudicataire jouiront des mêmes termes et délais qu'avaient les précédents propriétaires de l'immeuble pour acquitter les charges et dettes hypothécaires inscrites. » Les acquéreurs avaient alors grand intérêt à trouver dans les inscriptions les diverses époques d'exigibilité des différentes dettes, mais il n'en saurait être de même aujourd'hui, puisque l'acquéreur qui veut purger doit se déclarer prêt à acquitter sur-le-champ les dettes et charges hypothécaires sans distinction entre celles qui sont exigibles et celles qui ne le sont pas (article 2184). Pas plus que les acquéreurs, ceux qui se proposent de prêter n'ont besoin de connaître l'époque de l'exigibilité. Cette énonciation n'est pas cependant tout à fait superflue : elle est utile au débiteur pour donner une mesure plus exacte du crédit qu'il mérite, en vertu du principe : minus solvit qui tardius solvit. Il semblerait par cette minime utilité, que cette indication ne soit que secondaire; nous verrons néanmoins, en étudiant la sanction de ces formalités diverses, que la difficulté s'est compliquée ici par l'intervention même du législateur (loi du 4 septembre 1807). Toutefois il faudrait se garder d'outrepasser les exigences de la loi. Ainsi nous pensons qu'il serait suffisant d'indiquer que la dette est exigible sans préciser depuis quelle époque. Nous pensons de même qu'il est inutile d'énoncer l'époque de l'exigibilité des intérêts et arrérages. La date du titre suffit à en procurer la connaissance.

5° « L'indication de l'espèce et de la situation des biens sur lesquels il (le créancier) entend conserver son privilége ou son hypothèque. » On jugera de la nécessité de cette énonciation si l'on considère que la spécialité est avec la publicité la base de notre système hypothécaire, et que c'est ici le moyen pris par la loi pour assurer la spécialité. Toutefois la nature même de cette énonciation en restreint l'application aux hypothèques spéciales, c'est-à-dire aux hypothèques conventionnelles, à celles des légataires sur les biens de la succession (article 1017). Les hypothèques légales qui ont été spécialisées conformément aux articles 2140 à 2145, les hypothèques judiciaires réduites conformément aux articles 2161-2165 tombent aussi sous l'application de notre article 2148-5°. Quant à celles qui ont conservé le caractère de généralité qui leur est attribué par la loi, elles en sont formellement exceptées à raison de leur caractère même. Pour ces hypothèques une seule inscription frappe tous les immeubles situés dans l'arrondissement du bureau. La question de savoir si l'inscription générale frappe les immeubles à venir comme les immeubles présents, n'est plus discutée aujourd'hui.

Un seul auteur a soutenu la négative (1); mais cette opinion n'a trouvé d'écho ni dans la doctrine, ni dans la jurisprudence.

La loi demande que les biens soient indiqués par leur espèce et leur situation. Pour se conformer à cette double exigence, il faudrait indiquer d'une part la superficie et l'assolement, d'autre part l'arrondissement, le canton, la commune, et autant que possible les tenants ou aboutissants. Mais on conçoit que dans cet ordre d'idées, tout ce qui est utile n'est pas nécessaire, que d'ailleurs le degré de précision varie nécessairement suivant qu'il y a lieu d'indiquer une parcelle ou au contraire un corps de domaine. Il est bien difficile de donner une formule exacte des prescriptions de la loi; nous pensons qu'on rentrerait pleinement dans son esprit en fournissant des indications, quelles qu'elles soient d'ailleurs, assez précises pour individualiser l'immeuble grevé et prévenir ainsi toute confusion dans l'esprit des tiers.

§ III. — *Sanction de ces diverses formalités.*

La loi serait vaine et incomplète si toutes les formalités qui précèdent se trouvaient dépourvues de sanction. Le législateur encourrait le grave reproche d'inconséquence et de puérilité si, après un détail de formes aussi minutieux, il laissait aux parties la

(1) Tarrible, Inscrip. hyp., § 5, n° 12.

liberté d'obéir à ses prescriptions ou de les mépriser. Cependant c'est en vain qu'on demande à l'article 2148 et aux textes de la matière le secret de cette sanction. Partout sur ce point la loi est absolument muette et ce regrettable silence a fait naître d'innombrables difficultés dont la plupart restent encore dans le domaine de la controverse. Il semble que dans le silence de la loi on puisse demander conseil à la jurisprudence, mais si l'on fait appel à ses lumières, on est bientôt effrayé des incohérences et des contradictions que présente à chaque pas la suite de ses arrêts. La doctrine, au milieu de ces incertitudes, cherche à édifier un système certain : mais la difficulté est grande et nul ne peut encore se flatter de l'avoir vaincue.

On peut, selon nous, distinguer trois phases dans l'histoire de ces variations.

Au lendemain de la promulgation du Code, la jurisprudence, persistant dans la voie qu'elle s'était tracée sous la loi de brumaire, qui soulevait les mêmes embarras, se montra d'une excessive sévérité. On pensa, suivant l'expression très-juste de M. Grenier, que « l'esprit de la loi était dans sa lettre. » A l'objection que les nullités ne se suppléent pas, on répondait que dans l'espèce la loi accorde un bénéfice, qu'elle est libre de soumettre sa concession à l'observation de certaines formes, qu'il est juste de subir ses exigences si l'on veut profiter de la faveur qu'elle a mise à ce prix. Ainsi l'on jugeait que l'inscription était nulle si elle n'indiquait pas les nom, prénoms, profession et domicile de l'inscrivant (1), si même elle omettait la profession du créancier (2), si elle omettait la date et la nature du titre, si elle ne mentionnait pas l'exigibilité, etc. (3). En un mot on exigeait non-seulement toutes les énonciations prescrites par l'article 2148, mais encore les éléments nombreux qui doivent les composer. Toutefois, cette sévérité fut si funeste, elle entraînait des conséquences si graves, que des protestations universelles s'élevèrent pour les combattre.

A plusieurs reprises devant la Cour de cassation, les magistrats du ministère public avaient combattu cette excessive exigence qui ne distinguait aucunement par la sanction les formes de l'article 2148 si distinctes pourtant par leur utilité respective. M. Merlin notamment, dans un réquisitoire de 1809, posa en principe qu'il fallait reconnaître d'une part dans l'article 2148 des formalités substantielles dont l'omission entraînerait la nullité, et d'autre part des formalités secondaires qui ne méritaient pas une sanction aussi sévère (4). Ce second système, qui distinguait parmi les formalités celles qui sont requises à peine de nullité et celles qui ne le sont pas, fut, comme le re-

(1) Cassation, 8 septembre 1807. — Dalloz, Hyp., p. 442.
(2) Bruxelles, 16 avril 1808. — Dalloz, p. 260.
(3) Cassation, 22 avril 1807. — Dalloz, p. 270.
(4) V. arrêt de rejet du 15 mai 1809. Req. de Merlin. — Rép., v° Inscr., hypoth., § 5, n° 8, à la note.

marque M. Pont, « une heureuse invasion de l'équité naturelle sur la rigueur des textes. » Mais le principe, simple dans sa formule, devait présenter dans ses applications de graves difficultés. Comment distinguer dans l'énumération uniforme du législateur les formalités substantielles des formalités secondaires? Cependant les auteurs ne se sont point arrêtés à cet obstacle. Ils ont recherché en théorie quelles étaient les énonciations dont la connaissance était indispensable aux tiers : celles-là sont sanctionnées par la nullité, sans que le juge puisse se dispenser de la prononcer, alors même qu'il ne serait résulté de leur inobservation aucun préjudice pour les tiers. Au contraire, les énonciations secondaires dont les tiers peuvent se passer n'entraînent jamais la nullité. Appliquons ces principes aux formalités de l'article 2148, et nous verrons que, sous une apparence de logique, ils cachent un dédale de solutions arbitraires.

L'indication du créancier ne paraît pas à la majorité des auteurs une indication substantielle. Elle n'est requise, nous l'avons vu, que dans l'intérêt du créancier pour les notifications qui doivent lui être faites. La seule sanction qu'on puisse raisonnablement y chercher est de dispenser les tiers de toute notification au créancier non désigné ou imparfaitement connu, ou sans domicile élu. Ces données générales sont acceptées par la jurisprudene (1). Néanmoins, la

(1) V. MM. Aubry et Rau, t. III, p. 350, les autorités et arrêts qu'ils citent.

Cour de cassation, quelques auteurs et quelques Cours d'appel persistent à annuler l'inscription quand elle n'indique pas le domicile élu (1). Mais tantôt la Cour de cassation admet que l'indication du domicile réel peut suppléer au domicile élu, tantôt elle repousse cette équipollence.

De l'avis de tous, l'indication du débiteur est une formalité substantielle. Mais nous rappelons qu'ici la loi autorise expressément l'usage des équipollents. On comprend sans peine que l'inscription manquerait totalement son but si elle ne faisait point connaître d'une manière rigoureuse et précise la personnne du débiteur.

Il y a plus de difficulté sur le classement de la troisième énonciation requise par l'article 2148, « la date et la nature du titre » D'abord en cas d'omission absolue de la date et de la nature du titre, une jurisprudence à peu près constante se prononce pour la nullité. Néanmoins, quelques arrêts résistent à cette solution, et sur ce point particulier on peut dire que la doctrine se divise en deux camps à peu près égaux. Quelques auteurs, mais en petit nombre, vont jusqu'à attacher la nullité à l'omission, soit de la date, soit de la nature du titre, et de nombreux arrêts autorisent cette sévérité.

Le montant de la créance est aussi rigoureusement exigé, et il n'y a point de doute qu'une inscription où

(1) Aubry et Rau, loc. cit., p. 331.

cette mention serait tout à fait omise devrait être annulée. Mais on n'ira pas jusqu'à attacher la peine de la nullité à une simple inexactitude. Si le capital mentionné est plus fort que le montant de la créance, les créanciers ne pourront qu'en réclamer la réduction. Si la mention est au-dessous de la vérité, l'inscription ne conservera que le capital mentionné. De même le défaut d'indication des accessoires ferait déchoir le créancier du droit de les réclamer au même rang que le capital.

La mention de l'exigibilité est une de celles qui soulèvent le plus d'incertitude et de doute ; à ne consulter que son utilité minime pour les tiers, il ne faudrait point hésiter à la rejeter parmi les formalités secondaires; mais une circonstance particulière est venue compliquer la difficulté. Conséquente avec son système de rigoureuse exigence, la Cour de cassation annulait impitoyablement les inscriptions ne portant pas mention de la date d'exigibilité. Il paraît que cette omission d'une formalité que la pratique n'estimait pas très-importante était fréquente, et que ces nullités portaient une véritable perturbation dans le fonctionnement du crédit hypothécaire. Ce fut au point qu'une intervention législative fut jugée nécessaire, et une loi du 4 septembre 1807 donna six mois pour rectifier les inscriptions ainsi viciées. Sous cette condition de ratification l'inscription, disait l'article 2 de la loi, serait considérée « comme complète et valable. » Toutefois, à cause du principe de non rétroactivité, la loi se déclarait impuissante à valider les inscriptions annulées par jugements passés en force de chose jugée (article 3). Il est bien difficile de ne pas voir là une adhésion formelle donnée par le législateur à la sévérité de la jurisprudence, et c'est ce qui a déterminé la presque unanimité des auteurs à classer l'exigibilité parmi les formalités substantielles, bien qu'elle n'en présente aucun des caractères. Néanmoins M. Troplong (1) résiste à cette violation législative, si l'on peut ainsi parler des principes reçus, et il s'efforce d'écarter l'autorité de cette loi transitoire suscitée par les réclamations publiques pour tempérer les rigueurs d'une jurisprudence trop sévère, mais sans intention de rien disposer pour l'avenir. C'est, croyons-nous, faire trop bon marché d'un texte législatif devant lequel on ne peut que s'incliner. Il faut bien remarquer d'ailleurs que cette loi de 1807 ne contrarie aucune loi préexistante. Elle s'accorde difficilement, il est vrai, avec la distinction des formalités substantielles et secondaires, mais cette division n'est après tout qu'une œuvre de doctrine qui ne saurait prévaloir contre un texte. D'ailleurs l'inexactitude dans l'indication de l'exigibilité ne serait point une cause de nullité, et si elle avait nui aux tiers, par exemple, parce que l'époque a été reculée, les créanciers seuls qui en ont souffert pourraient se plaindre.

(1) Priv. et hyp., III, n° 685.

Enfin on est d'accord dans ce système pour concéder le caractère de formalité substantielle à l'indication précise des immeubles grevés dans le cas où cette mention est nécessaire. Il est clair, en effet, que les tiers ont essentiellement besoin de connaître la consistance du gage hypothécaire pour mesurer le crédit qu'ils peuvent encore accorder au débiteur, ou l'étendue des charges qui grèveraient leur acquisition.

D'ailleurs ce système n'exige pas, comme la Cour de cassation aux premiers jours de la législation actuelle, que les formalités qu'il tient pour substantielles soient accomplies par l'inscrivant dans leur forme spécifique, et il généralise le système des équipollents, spécialement autorisé par la loi en ce qui concerce la désignation du débiteur.

Les partisans de ce système qui posent « *a priori* » la distinction des formalités substantielles ou secondaires, admettent naturellement que la question de savoir si telle ou telle formalité substantielle a été accomplie, constitue une question de droit sur laquelle la Cour de cassation a pleine autorité, et cette Cour qui. à diverses reprises l'avait jugée ainsi, a néanmoins décidé que la question de savoir si la désignation des immeubles est suffisante pour satisfaire aux exigences de la loi, n'est qu'une question de fait qui échappe à sa juridiction (V. 15 février 1836; — Sirey, 36,1, 81).

Nous nous sommes attachés à donner une idée générale de cette théorie qui semble dominer dans la jurisprudence, et qui compte dans la doctrine de nombreux partisans. Ce rapide exposé a suffi pour montrer qu'il y avait bien des divergences entre les auteurs sur les applications de détail. On en trouverait davantage encore si l'on pénétrait dans toutes les hypothèses de faits réglées par les arrêts. Nous croyons en avoir dit assez pour justifier le reproche que nous adressions à cette théorie : celui de livrer à l'arbitraire le sort des inscriptions et les droits des créanciers (1).

Quelques auteurs, touchés des contradictions et des incertitudes fatales en pratique que suscite le système précédent, persuadés que ni la jurisprudence ni la doctrine n'arriveront jamais à fournir une liste définitive et concordante des formalités essentielles, proposent une théorie nouvelle. Le but de l'inscription, tout le monde en est d'accord, est de livrer aux tiers qui veulent prêter ou acheter tous les renseignements qui leur sont nécessaires pour sauvegarder leurs intérêts.

En conséquence, la loi énumère diverses indications qu'elle croit et qui sont en effet les plus propres à fournir ces renseignements. Mais elle se garde d'y attacher une sanction formelle. Pourquoi ? Parce qu'il faut envisager le but plutôt que les moyens de l'atteindre. Sans doute on y arrivera d'une manière sûre si

(1) En ce sens, M. Merlin, v° Insc. hypoth., § 5. — Grenier, t. I, n°s 70 et suiv. — Aubry et Rau, t. III, p. 276, 2°, et notes 13 à 33.

l'on suit la voie que le législateur a pris soin de tracer; mais le point le plus important est d'y arriver; et qu'importe la voie suivie si le but est atteint? Donc toutes les fois qu'une inscription sera attaquée, les juges auront à rechercher en fait si des vices qu'on lui reproche il est résulté quelque préjudice pour les tiers : en cas d'affirmative ils annuleront; sinon, ils répondront aux demandeurs qu'il n'y a point de nullité sans griefs. Il faut réfléchir en effet que c'est chose de conséquence qu'une nullité d'inscription Si l'inscrivant s'est mis dans le cas d'induire les tiers en erreur, qu'il soit puni par la perte de son droit : rien de plus juste; il a failli à la mission précise que lui imposait la loi, il ne mérite pas l'indulgence de la justice. Mais si de son inexactitude à se conformer à un texte minutieux personne n'a souffert, pourquoi en souffrirait-il lui-même? Tel nous paraît être en effet le système de la loi, et peut-être trouverait-on dans la jurisprudence de nombreux arrêts qui lui prêteraient un appui en quelque sorte inconscient. C'est ce système qui se cache au fond de la théorie des équipollents admise par les auteurs que nous combattons. C'était aussi celui qui lors de l'enquête comptait parmi les cours d'appel les plus nombreux suffrages, et M. Pont, qui le défend, en trouve l'exacte formule dans les observations de la cour d'Orléans : « La validité ou la nullité de l'inscription doit dépendre, disaient les magistrats de cette cour, de la question de savoir si l'omission reprochée a ou non lésé un intérêt que la publicité devrait éclairer » (1). En fait, cette théorie aura bien des points de contact avec la précédente : il est clair que l'omission des formalités considérées dans le système précédent comme substantielles, préjudiciera presque toujours aux tiers; mais il pourra arriver ou qu'une formalité jugée substantielle ait été omise sans porter tort à personne, ou qu'une formalité ordinairement secondaire ait pris dans un cas particulier une importance telle que son omission ait entraîné préjudice et mérité une nullité. L'avantage de notre théorie est de permettre aux juges une sollicitude plus exacte pour les intérêts des tiers, qu'il faut avoir surtout en vue de protéger. On reproche à ce système d'effacer du Code les articles 2148 et 2153. Nous pensons qu'il y a là une exagération de controverse. C'est bien en effet à l'observation de ces articles qu'il en faudra revenir pour se mettre à l'abri de toute nullité. Que si en les oubliant en quelque point on n'a nui à personne, nous ne pouvons comprendre pourquoi, dans un intérêt théorique, pour satisfaire le principe des nullités substantielles, on anéantirait un droit légitime après tout. On prétend que la forme de l'article 2148 et l'énumération qu'il contient « indiquent nettement que le législateur a jugé nécessaire de déterminer lui-même, et en dehors de toute appréciation judiciaire des faits de la cause, les éléments que l'inscription doit contenir. » C'est précisé-

(1) Docum. hyp., t. III, p. 523.

ment ce qui est en question, et l'exactitude ou la fausseté de cette thèse fait justement le fond de ce laborieux débat. Que si maintenant on reprochait à cette théorie de livrer le sort de l'inscription à l'appréciation arbitraire du juge, nous répondrions qu'il mérite ce reproche bien moins que le système adverse. Un préjudice est un fait matériel dont le *quantum* peut être délicat à fixer, mais dont l'existence peut toujours être nettement établie. Il y a là ce me semble un critérium plus certain que cette prétendue distinction si confuse, si controversée des formalités substantielles ou secondaires. Nous ajouterons enfin comme dernière considération que ce système a trouvé sa consécration dans l'article 85 de la loi belge du 16 décembre 1851. C'est là un témoignage qu'il peut être intéressant de constater (1).

§ IV. — *De la rectification des inscriptions irrégulières.*

L'irrégularité des inscriptions peut procéder de deux causes : 1° de l'irrégularité des bordereaux présentés au conservateur ; 2° de la transcription inexacte sur le registre de bordereaux d'ailleurs réguliers.

Au premier cas, la rectification ne saurait être faite d'office par le conservateur qui n'est pas juge de la

(1) Troplong, III. nos 665 et suiv. — Pont, nos 939 et suiv. — Doc. hyp., p. 476 et suiv.

validité des bordereaux qu'on lui présente. Il doit attendre qu'une nouvelle réquisition lui soit adressée par le créancier avec nouveaux bordereaux à l'appui. Cette nouvelle inscription ne prendra rang qu'à sa date.

Si l'irrégularité provient du fait du conservateur qui a omis sur le registre une énonciation nécessaire contenue au bordereau, l'inscription n'en sera pas moins nulle au regard des tiers, puisque pour eux c'est le registre et non le bordereau qui fait foi. Mais le conservateur pourra d'office rectifier l'inscription, en faire une autre sur le registre courant, en mentionnant la première tant en marge de la seconde que dans les extraits qu'il délivre.

D'ailleurs, dans aucun cas il n'est nécessaire d'observer un jugement pour autoriser cette rectification (1).

§ V. — *Des frais de linscription.*

Les frais de l'inscription comprennent 1° les frais de rédaction des bordereaux ; 2° le prix du timbre des bordereaux, bulletin, dépôt, registre des inscriptions ; 3° les salaires du conservateur ; 4° un droit proportionnel de 1 franc par mille, plus les décimes à payer au Trésor.

Ces frais doivent être supportés par le débiteur, car c'est lui qui a rendu nécessaire la formalité de l'inscription. Comme il n'eût pas été juste d'imposer au

(1) Avis du Conseil d'État des 11-26 décembre 1810.

conservateur, complètement désintéressé dans l'inscription, l'obligation de faire l'avance, cette avance est mise par la loi à la charge de l'inscrivant (article 2155). Il y a exception à ce principe en ce qui concerne les hypothèques légales. Le plus souvent ceux qui requièrent l'inscription de ces hypothèques ne sont pas directement intéressés à leur conservation, ils agissent soit dans l'intérêt des incapables, soit même dans l'intérêt de la loi et du principe de publicité. Pour ne pas les détourner de cette intervention aussi utile que désintéressée, la loi les dispense de faire l'avance des frais, et, dans ce cas, cette charge incombe au conservateur.

Toutefois nous pensons qu'il ne faudrait pas étendre cette exception au cas où l'inscription est requise par les maris ou tuteurs. Ce sont là des débiteurs, et l'on doit rentrer dans la règle en leur imposant la charge définitive des frais. En ce qui concerne le tuteur, il se présente une difficulté particulière : la loi de brumaire, dans son article 21, autorisait les tuteurs et curateurs à faire figurer dans leur compte de dépense les frais de l'inscription prise sur eux-mêmes au profit de leurs pupilles. Quelques auteurs tiennent que cette disposition, à cause de son utilité, doit survivre à l'abrogation de la loi de brumaire (1). Nous ne pensons pas qu'on puisse le maintenir dans le silence de la loi (2).

(1) MM. Persil, sur l'art. 2153, n° 4. — Martou, III, 1178. — Aubry et Rau, t. III, § 275,9. note

(2) MM. Troplong, III, 730 bis; Pont, n° 1063.

Enfin, l'article 2155 met à la charge de l'acquéreur les frais de transcription. Il y a là tout à la fois une application de la règle générale posée par cet article, et du principe de l'article 1593, qui fait supporter les frais de vente par l'acheteur.

CHAPITRE V.

De la durée des inscriptions et de leur renouvellement.

On lit dans l'article 2154 du Code civil : « Les inscriptions conservent l'hypothèque et le privilége pendant dix années à compter du jour de leur date ; leur effet cesse si les inscriptions ont été renouvelées avant ce délai. »

Il résulte de ce texte que l'inscription primitive n'assure à l'hypothèque qu'une publicité éphémère, et que les droits du créancier inscrit ne seraient pas moins compromis par son inaction après une période de dix années que si dès l'origine il avait négligé de porter son hypothèque à la connaissance des tiers. En ce qui touche le renouvellement décennal des inscriptions, nous avons à rechercher le motif de cette exigence de la loi, quelles inscriptions y sont soumises, comment doit être calculé le délai de dix ans, les formes du renouvellement, ses effets, enfin les circonstances qui le rendent inutile.

§ I. *Motifs de l'art.* 2154. — La nécessité de renouveler l'inscription d'une hypothèque se comprend peu en théorie. Puisque cette seule manifestation suffit aux yeux du législateur pour assurer la publicité d'une hypothèque pendant dix ans, on s'explique difficilement qu'elle soit impuissante pour un plus long délai et même pour toute la durée de l'obligation personnelle. Aussi, tous ceux qui se sont placés à ce point de vue exclusivement théorique pour apprécier l'article 2154 n'ont-ils pas hésité à en demander la suppression radicale. Cet avis avait même trouvé quelques partisans dans l'enquête de 1841. Les cours de Metz et de Riom y concluaient formellement : la Cour de Rouen et la Faculté de droit de Rennes, présentaient cette réforme connue des plus utiles (1). Mais si l'on veut tenir compte des nécessités de la pratique, on ne tarde pas à se convaincre des avantages réels qui résultent de ces prescriptions de la loi. On fait remarquer que tout dans l'organisation du régime hypothécaire doit converger vers un même but, qui est la publicité. Or, cet intérêt de premier ordre serait gravement compromis si l'inscription devait égaler en durée l'obligation personnelle. Celle-ci, grâce aux actes conservatoires, ou par suite des causes qui suspendent la prescription, peut subsister pendant de longues années. Comment les recherches seraient-elles possibles, s'il fallait remonter à une date aussi éloignée et compulser un nombre aussi considérable de registres ? La sécurité du conservateur serait

(1) Doc. Hyp., t. II, p. 613, 645, 648 et 667.

amoindrie et les intéressés ne pourraient obtenir que des renseignements bien moins prompts. On ajoute que l'intérêt même des débiteurs et du crédit en général y est engagé, car la prescription décennale fournit un mode de purge simple et gratuit pour les hypothèques qui ne doivent plus être conservées. En laissant périmer une inscription devenue inutile, on coupe court aux difficultés et aux formalités souvent coûteuses des radiations. En fait d'ailleurs, les inscriptions renouvelées sont peu nombreuses, eu égard au nombre de celles que la péremption fait disparaître. En considérations avaient prévalu dans l'enquête de 1841. On les fit de nouveau valoir en 1849 lors des travaux de réforme. Toutefois dans l'enquête de 1841 quelques cours voulaient que le délai de péremption fut étendu et porté soit à quinze ans, soit à vingt ans, soit même à trente ans. Il n'y a là en définitive qu'une question de mesure, qui ne peut être tranchée que par un texte de loi positive.

§ II. *Quelles inscriptions sont soumises à la nécessité du renouvellement.* — La généralité des termes des motifs de l'article 2154 permet d'affirmer que toutes les inscriptions, quelles qu'elles soient, sont soumises à la nécessité du renouvellement. Il n'y a pas de doute en ce qui concerne les hypothèques conventionnelles ou judiciaires. Pour les hypothèques légales il y a lieu de faire des distinctions.

Puisque les hypothèques attribuées par la loi aux

femmes et aux mineurs se conservent sans inscription, il ne paraît pas douteux que si elles ont été inscrites conformément aux articles 2136 et suivants, le défaut de renouvellement ne puisse aucunement préjudicier aux incapables. Toutefois, il a été formellement décidé par un avis du conseil d'État du 22 janvier 1808, que les tuteurs et maris sont tenus de procéder au renouvellement sous les peines portées en l'article 2136.

Les hypothèques légales du Trésor sont soumises à la règle commune. Comme le remarque l'avis précité du conseil d'État, elles n'ont pas été dispensées de l'inscription, on ne comprendrait pas qu'elles fussent affranchies du renouvellement. D'ailleurs : « les inconvénients qui ont empêché de donner aux inscriptions une durée indéfinie se trouveraient tous dans une disposition qui affranchirait les hypothèques légales du Trésor de la nécessité du renouvellement. » Il faut évidemment étendre les termes de cet avis aux hypothèques légales des communes et des établissements publics.

Enfin, il est à remarquer que l'article 2154 a dérogé à l'article 7 de la loi du 21 ventôse an VII, touchant les inscriptions que les conservateurs eux-mêmes sont tenus de prendre sur les biens qui font la matière de leur cautionnement. Cet article disposait que l'inscription ainsi prise subsisterait pendant toute la durée de leur responsabilité sans avoir besoin d'être renouvelée; mais cette disposition se trouvant inconciliable avec les termes du Code, on décide aujourd'hui que les conservateurs sont tenus de renouveler eux-mêmes les inscriptions qui les grèvent, dans le délai de dix ans. Cette observation, du reste, sera peu importante si l'on admet que l'inscription dans ce cas est inutile pour assurer aux tiers un droit de préférence et un droit de suite sur les immeubles appartenant aux conservateurs (1).

§ III. *Du calcul du délai.* — Le délai fixé par la loi pour la péremption de l'inscription a été emprunté à la loi du 11 brumaire an VII (art. 23). Comme nous l'avons dit, la fixation de ce délai à dix ans a soulevé quelques critiques. On l'a notamment trouvé trop court : on peut faire valoir pour le justifier un long usage et aussi divers arguments d'analogie. Lors, par exemple, qu'une période de dix ans a paru suffisante pour la prescription des actions de tutelle, des actions en nullité ou en rescision, même pour assurer la propriété aux mains d'un acquéreur qui a juste titre et bonne foi, comment le même laps de temps serait-il trop bref pour permettre de renouveler utilement une inscription d'hypothèque?

Mais il s'est élevé une controverse sur le mode de supputation de ce délai. Dans une première opinion on y comprend tout à la fois le dies a quo et le dies ad quem. Ainsi, une inscription prise le 1er octobre 1863 devrait, sous peine de d'échéance; être renou-

(1) En ce sens, MM. Aubry et Rau, § 268; Flandin, Rev. crit., 1866, p. 42.

velée le 30 septembre 1873. C'est l'opinion la moins favorable au créancier (1). Dans un second système, on ne compte dans les dix ans, ni le dies a quo, ni le dies ad quem. Ainsi une inscription prise le 1er octobre 1863 pourrait être utilement renouvelée le 2 octobre 1873 (2). Enfin, dans une troisième doctrine, on applique au calcul de ce délai la règle commune : « Dies termini non computatur in termino, » c'est-à-dire qu'on n'y comprend pas le dies a quo, mais que l'on y compte le dies ad quem (3). Outre que ce dernier avis a l'avantage de consacrer une application pure et simple du principe général, il nous paraît le plus conforme au texte même de l'article 2154. En effet, ce texte ne dit pas que l'inscription doit être renouvelée dans les dix ans de sa date, ce qui favoriserait la première opinion, il n'accorde pas non plus un délai franc comme le prétend la seconde, il dit : « l'inscription conserve l'hypothèque pendant dix années à compter de sa date. » Ces termes paraissent assez formels pour autoriser la troisième opinion.

Que si d'ailleurs le dies ad quem se trouvait un jour férié, nous pensons qu'il faudrait appliquer par analogie non pas l'article 1033 du Code de procédure, mais l'article 134 du Code de commerce : on ne sau-

(1) Merlin, Rép., v° Insc. hypoth., § 8 bis, n° 1. — Duranton, XX, 160. — Toulouse, 2 janv. 1841. Sirey, 41, 2, 465.

(2) Delvincourt, t. III, p. 353. — Persil, sur l'art. 2154 n° 8, Paris, 21 mai 1814. — Sirey, 15, 2, 228.

(3) Grenier, t. I, n° 107. — Troplong, n° 714. — Pont, n° 1039. — Aubry et Rau, § 280-3°.

rait en effet où s'arrêter, si l'on admettait avec quelques auteurs qu'en cas pareil le délai doit être prorogé au lendemain. Pourquoi alors, comme le remarque M. Troplong, ne pas retrancher du délai tous les jours fériés qu'il renferme?

Ajoutons que les événements divers qui empêchent de prendre une première inscription ne s'opposent pas au renouvellement d'une inscription ancienne.

§ IV. *Des formes du renouvellement.* — Le renouvellement de l'inscription peut être requis par tous ceux qui avaient qualité pour prendre l'inscription originaire. Il nous suffit donc de nous référer en ce point aux explications que nous avons fournies dans notre chapitre troisième.

Le conservateur, qui pourrait refuser de faire l'inscription primitive si le titre constitutif de l'hypothèque ne lui était pas représenté, ne serait point en droit d'élever la même prétention quand il s'agit d'un simple renouvellement. En effet, il n'a plus à s'assurer de la légitimité du droit du requérant, puisque ce droit est préétabli et déjà constaté sur ses registres. L'administration qui, au début (Instruction du 11 septembre 1806), avait exigé pour le renouvellement toutes les solennités de l'inscription première et notamment la représentation du titre, s'est départie par la suite de ses prétentions rigoureuses. (Instruction des 2 avril 1834 et 13 avril 1865.)

Il suffira donc de représenter deux bordereaux dont

l'un pourra être porté sur l'expédition du titre, alors même qu'un des bordereaux primitifs y figurerait déjà.

Que doivent contenir ces nouveaux bordereaux? Tous les auteurs ne sont pas d'accord sur ce point. Les uns pensent que l'inscription nouvelle doit, à peine de nullité, contenir toutes les énonciations requises soit par l'article 2148 s'il s'agit d'une hypothèque conventionnelle ou judiciaire, soit par l'article 2153 s'il s'agit d'une hypothèque légale. Ces auteurs apportent ici une sévérité égale à celle qui dictait leur décision sur les formalités de l'inscription originaire, et la Cour de cassation (arrêt du 14 janvier 1818; — Sirey 18-1-300) semble leur avoir donné raison en annulant un renouvellement qui n'énonçait pas la nature du titre constitutif (1). D'autres distinguent : l'inscription nouvelle se réfère-t-elle expressément à l'ancienne, point n'est besoin que ces énonciations soient fidèlement conformes aux articles 2148 et 2153. Les deux inscriptions se complètent l'une par l'autre : les tiers, en les consultant toutes deux, seront nantis de tous les renseignements qui leur sont utiles, et le vœu de la loi sera rempli. Si au contraire l'inscription nouvelle ne fait point allusion à l'ancienne, elle doit se suffire à elle-même et dès lors contenir au moins toutes les énonciations communément jugées substantielles des articles 2148 et 2153 (2). Cette distinction nous semble

(1) MM. Merlin, Insc. hyp., § 8 bis, nº 12; Grenier, I, 117.
(2) MM. Troplong, III, 715; Pont, nº 1052; Aubry et Rau, § 280, texte et note 34.

juste en théorie, et nous ne pensons pas qu'on puisse annuler une inscription prise en renouvellement, parce qu'elle serait incomplète alors qu'il est possible de la compléter au moyen de la référence qu'elle indique. Mais comme en pratique on ne se reporte pas à l'inscription primitive, il sera prudent de répéter dans les nouveaux bordereaux toutes les indications nécessaires.

On ne saurait d'ailleurs trop conseiller de rappeler expressément dans les bordereaux l'inscription préexistante. C'est à ce prix seulement que le renouvellement sortira son plein et entier effet. Car si l'inscription nouvelle ne rappelait pas l'ancienne, l'hypothèque ne prendrait rang qu'à la seconde date : c'est l'opinion de la grande majorité des auteurs, opinion corroborée par une jurisprudence constante de la Cour de cassation. Il serait en effet contraire au principe de la publicité, comme le remarquent MM. Aubry et Rau « qu'une inscription pût conférer à l'hypothèque qui en fait l'objet un rang antérieur à sa date, alors que rien n'annonçait aux tiers, qu'elle n'est que la continuation ou la reproduction d'une inscription précédente. »

D'ailleurs, l'inscription nouvelle pourra contenir des énonciations qui n'existaient pas dans la première. S'il y a eu quelques changements, par exemple une cession ou une subrogation, il faudra faire connaître le cessionnaire ou le subrogé, tout en indiquant clairement la créance ancienne. On peut aussi y faire figurer les intérêts produits depuis la première inscription; mais il est bien clair que ces accessoires ne prendront rang qu'à la date de l'inscription nouvelle.

§ V. *Des effets du renouvellement. — De la péremption.* — Le renouvellement de l'inscription, opéré en temps utile, maintient le créancier dans l'intégrité de son droit hypothécaire pour une nouvelle période de dix années, c'est-à-dire que son droit de préférence est sauvegardé, il conserve le rang que lui avait assigné sa première inscription : de même son droit de suite est maintenu dans sa plénitude. Quand cette période nouvelle sera écoulée, il rendra à son droit sa vitalité par un second renouvellement Il faut seulement remarquer que s'il avait renouvelé sa première inscription avant le délai de dix ans, la seconde période commencerait à courir non pas à dater de l'expiration de la première, mais à dater du premier renouvellement (1).

Que si, au contraire, l'inscription n'est pas renouvelée avant l'expiration complète de la dixième année, toutes les prérogatives qu'elle avait assurées au créancier sont anéanties : il se trouve dans une situation aussi mauvaise que s'il n'avait jamais rendu son droit public. Toutefois, gardons-nous

(1) Bourges, 30 avril 1853, Dalloz, 54, 2, 52.

d'exagérer la déchéance qu'il a encourue. Il a perdu son rang hypothécaire, mais il a conservé dans son intégrité le fonds de son droit. En vertu de ce droit subsistant, il sera reçu à prendre une inscription nouvelle, mais son rang ne sera fixé que par la date de cette inscription et tous créanciers qu'il primait le primeront à leur tour. Il y a plus, certaines circonstances pourront se produire qui, outre cette déchéance de rang, entraîneront la perte du droit de suite en rendant impossible une manifestation nouvelle du droit du créancier. Il suffit de supposer, depuis la péremption, une aliénation de l'immeuble grevé suivie de transcription (L. du 23 mars 1855), ou encore la faillite du débiteur, ou son décès et l'acceptation de sa succession sous bénéfice d'inventaire.

Toutefois, ceci n'est absolument vrai que des hypothèques conventionnelles ou judiciaires et de certaines hypothèques légales. Parmi ces dernières, celles qui se conservent, abstraction faite de toute condition de publicité, ne seront pas compromises si les maris ou tuteurs qui s'étaient une première fois conformés aux articles 2136 et suivants n'ont pas persévéré dans cette diligence et ont laissé prescrire la première inscription. Encore faut-il réserver ici l'innovation introduite par l'article 8 de la loi du 23 mars 1855, que nous étudierons en son lieu.

On admet même que si une inscription a été prise dans l'intérêt des incapables ensuite des formalités de l'article 2194, dans les deux mois de la publication du contrat de vente consenti par le mari ou tuteur, l'expiration de la dixième année à dater de cette inscription ne fait pas perdre aux femmes et aux mineurs les droits qui leur avaient été ainsi conservés.

§ VI. *Des cas où le renouvellement cesse d'être utile.* — La Cour de cassation a donné, dans un arrêt du 25 avril 1808, la formule théorique de la règle à suivre : L'inscription doit être renouvelée si, à l'expiration du délai de dix ans, elle n'a pas encore produit son effet légal, quels que soient d'ailleurs les changements survenus dans la situation respective des débiteurs et des créanciers, et dans la condition de l'immeuble hypothéqué. Ainsi peu importe que le débiteur soit tombé en faillite ou décédé et que sa succession n'ait été acceptée que sous bénéfice d'inventaire, car ces événements ne fixent en aucune façon les droits individuels des créanciers, ce qui est l'effet capital de l'inscription. Peu importe encore et pour le même motif que l'immeuble ait été saisi sur le débiteur.

Mais il y a entre les auteurs de graves dissentiments sur le point de savoir à quel moment précis l'inscription a produit son effet légal. Il est clair tout d'abord qu'il ne peut en être ainsi tant que les créanciers n'ont pas été désintéressés, et que l'immeuble hypothéqué est resté anx mains du débiteur. Mais la question se complique et les difficultés commencent quand l'immeuble vient à sortir du patrimoine du débiteur.

Il y a lieu de distinguer ici; pour plus de méthode : 1° le cas d'expropriation forcée ; 2° celui d'expropriation pour cause d'utilité publique ; 3° enfin l'hypothèse d'une vente volontaire.

1° Expropriation forcée. — Il serait bien long d'énumérer tous les systèmes qui, dans ce cas particulier, ont trouvé des partisans, à toutes les phases de la saisie immobilière correspond une théorie spéciale. M. Persil (1) pense que l'inscription a produit son effet légal après la dénonciation au saisi et la transcription de la saisie (art. 677 et 678 du C. de proc.). On ne voit pas cependant que cette publicité donnée à la saisie puisse tenir lieu de renouvellement d'inscription. Il a été jugé encore que l'inscription avait produit tout son effet après la notification aux créanciers inscrits (art. 692 C. proc.). D'autres auteurs ont fixé pour dernier terme d'utilité de l'inscription, l'adjudication ou le procès-verbal d'ouverture d'ordre ou la clôture de l'ordre et la délivrance des bordereaux de collocation, ou même le payement effectué. Cette infinie division des auteurs sur un point important s'explique par la difficulté de la matière et par le silence absolu de la loi. Aussi l'enquête de 1841

(1) Sur l'art. 2154, n° 6.
(2) Bruxelles, 20 février 1811, dallez. Hyp n° 1676 1°.

concluait-elle, sur cette question, à l'opportunité d'une décision législative.

Pour que l'inscription ait produit son effet légal, il faut que le droit de préférence d'une part, le droit de suite de l'autre aient donné tous les résultats qu'on en devait attendre, c'est-à-dire que le droit individuel de chaque créancier ait été déterminé et transporté en un rang désormais fixe de la chose sur le prix, sans qu'il y ait lieu de rien réclamer dans l'avenir aux détenteurs de l'immeuble. Or, cet effet nous paraît produit dans l'expropriation forcée par le jugement d'adjudication. Les opérations préparatoires, telles que la transcription de la saisie, sa dénonciation, la notification aux créanciers inscrits ne déterminent en aucune façon le droit des créanciers. L'adjudication, au contraire, constitue, comme on l'a très-justement remarqué, « entre l'adjudicataire et les créanciers un contrat judiciaire, se résumant en une indication virtuelle de payement en leur faveur, et en un engagement tacite de la part de l'adjudicataire de les payer à leur rang jusqu'à concurrence de son prix » (1). Le droit de préférence a donc produit à ce moment son entier effet ; quant au droit de suite il cesse de même d'être utile, puisque l'adjudication, sur expropriation forcée emporte purge de toutes les hypothèques (C. de proc., art. 717). Le droit des créanciers a définitivement abandonné la chose pour se transporter sur le prix dans le rang que lui assigne l'ordre des inscrip-

(1) M. Pont, n° 1056.

tions. A partir de ce moment donc le renouvellement est devenu superflu tant à l'égard des créanciers entre eux qu'à l'égard de l'adjudicataire. Les opérations qui suivront le jugement d'adjudication telles que l'ordre, la délivrance des bordereaux de collocation enfin le payement ne sont que des voies d'exécution pour donner satisfaction entière aux droits que l'adjudication a définitivement fixés.

Mais encore faut-il que l'adjudication soit définitive elle-même et régulière pour produire un aussi important effet. Or, certains auteurs pensent qu'elle ne serait pas définitive, si dans la huitaine elle venait à être couverte par une surenchère du sixième (C. de proc., art. 708). Il faudrait dans ce cas procéder à une adjudication nouvelle : la première disparaîtrait, et l'effet que nous lui avons attribué ne serait produit que par la seconde. Ce serait donc jusqu'à ce moment que les inscriptions devraient être entretenues. Ce système ne nous paraît pas fondé : nous pensons que l'on ne peut en principe considérer la surenchère comme impliquant une résolution complète de l'adjudication. Cette circonstance ne modifie en rien la situation des créanciers vis-à-vis de l'acquéreur. C'est toujours le premier jugement d'adjudication qui forme entre eux et lui le contrat judiciaire dont nous avons parlé, quel que soit d'ailleurs l'adjudicataire. En cas de surenchère deux éventualités sont possibles : ou bien le premier acquéreur se rend adjudicataire définitif, et dans ce cas notre système paraît facilement admissible ; ou il est évincé, mais cette seconde hypothèse ne semble pas d'une grande importance pour les créanciers. Le contrat f rmé avec eux subsiste seulement le second adjudicataire est substitué au premier pour l'exécuter.

Il en serait de même, suivant nous si le premier adjudicataire, manquant à ses obligations, il y avait lieu de procéder à une revente sur folle enchère. Cette circonstance n'enlèverait pas à la première adjudication son caractère définitif, et nous ne comprendrions pas que l'imprudence de l'adjudicataire pût préjudicier aux créanciers et porter atteinte à des droits qu'ils pouvaient considérer comme acquis. Ici encore celui qui achète à la revente sur folle enchère, est substitué au fol enchérisseur pour l'accomplissement des obligations contractées avec les créanciers.

L'adjudication pourrait être irrégulière et infirmée sur appel ; dans ce cas, évidemment elle serait rétroactivement effacée et les inscriptions devraient être maintenues jusqu'à une adjudication nouvelle. Que si, au contraire, le cour confirmait le jugement d'adjudication, il continuerait à produire ses effets à sa date et les créanciers auraient pu sans préjudice ne pas renouveler depuis ce moment l'inscription de leurs hypothèques.

2° *Expropriation pour cause d'utilité publique.* — Dans ce cas le renouvellement est nécessaire jusqu'à l'expiration de la quinzaine qui suit la transcription du jugement d'expropriation. En effet, dans cette hypothèse les créanciers ne sont pas parties à la procédure d'expropriation, et par conséquent le jugement ne peut être invoqué ni pour eux, ni contre eux. L'article 17 de la loi du 3 mai 1841 déclare que le jugement d'expropriation emporte purge de toutes les hypothèques, et l'acquéreur est valablement libéré en payant son prix entre les mains des créanciers dans l'ordre où les fait connaître l'état des inscriptions existantes depuis dix ans jusqu'au jour de la transcription du jugement.

3° *Ventes volontaires.* — On est bien d'accord dans ce dernier cas pour admettre que ni la vente, ni la transcription ne suffisent à consommer l'effet de l'inscription. Ni le contrat lui-même, ni la formalité qui sert à le rendre public et à préparer la purge ne fixent les droits des créanciers. Et il en est ainsi alors même que l'immeuble aurait été acquis par l'un des créanciers hypothécaires. Cet acquéreur est tenu, comme tout autre créancier, d'entretenir son inscription, sous peine de perdre son rang.

La transcription une fois accomplie nous trouvons dans l'ordre des formalités de la purge les notifications aux créanciers prescrites par l'article 2183. Par ces notifications l'acquéreur se déclare prêt à payer, sur-le-champ, toutes les dettes exigibles ou non qui grèvent l'immeuble (art. 2184). A ce point de la procédure, la jurisprudence et la majorité des auteurs tiennent que l'inscription a produit tout son effet, et que son renouvellement est désormais inutile. Il y a là, dit-on, la base de ce contrat entre acquéreur et créanciers hypothécaires qui constitue le premier débiteur personnel des seconds, et qui se formait dans l'expropriation forcée par le jugement d'adjudication. Cependant certains auteurs résistent à cette solution : le contrat, disent-ils, n'est point encore complètement formé. Les notifications manifestent la volonté unilatérale de l'acquéreur, elles constituent une offre. Cette offre sera-t-elle acceptée par les créanciers (car cette acceptation seule peut assurer à la convention le caractère synallagmatique qui doit lui donner la vie)? Pour le savoir, il faut attendre que le délai de quarante jours accordé par la loi aux créanciers pour surenchérir soit écoulé. A l'expiration de ce délai, s'il ne s'est produit aucune réquisition de surenchère, les créanciers auront accepté l'offre de l'acquéreur : le contrat sera formé, mais à cette date seulement, et dès lors les inscriptions auront dû subsister jusque là. Au contraire si quelque créancier a mis sur le prix de vente une surenchère du dixième (art. 2185), les propositions de l'acquéreur seront comme non avenues et les inscriptions devront être maintenues jusqu'à l'adjudication sur surenchère, qui cette fois purgera l'immeuble et constituera l'adjudicataire définitif débiteur personnel des créanciers jusqu'à concurrence de son prix (1). Comme on le voit, il y a dans ce système une conclusion logique du principe

(1) MM. Troplong, III, 723; Mourlon, Rép. écrites, t. III, n° 1591; Pont, nos 1060 et 1061.

qui attribue à la surenchère du dixième un effet résolutoire. Mais cette prémisse elle-même est loin d'être universellement acceptée, et nous la repoussons pour notre part. Nous pensons qu'en matière de vente volontaire comme en matière de vente forcée, la surenchère n'a d'autre effet que de substituer rétroactivement l'adjudicataire définitif au premier acquéreur, et que dès lors il faut considérer le contrat comme formé dès le moment où l'acquéreur s'est constitué lui-même débiteur personnel des créanciers hypothécaires par les notifications qu'il leur a faites. Que si l'on accepte cette seconde doctrine, il faut, pour être conséquent, ne pas retarder l'effet définitif des inscriptions jusqu'à l'expiration du délai de quarante jours. En effet, peu nous importe que l'offre du créancier ait été ou non acceptée, puisque nous faisons toujours remonter l'effet de cette offre acceptée ou du contrat qui le remplace au jour des notifications (1).

(1) MM. Grenier, I, 119; Duranton, XX, 167; Aubry et Rau, t. III, § 280, note 23.

CHAPITRE VI.

Des exceptions à la publicité des hypothèques.

« L'hypothèque existe indépendamment de toute inscription : 1° au profit des mineurs et des interdits sur les immeubles appartenant à leur tuteur, à raison de sa gestion, du jour de l'acceptation de la tutelle; 2° au profit des femmes pour raison de leur dot et conventions matrimoniales, sur les immeubles de leur mari et à compter du jour du mariage... » (art. 2135). C'est en ces termes que le Code annonce une double dérogation aux principes généraux sur la publicité des hypothèques. Comme nous avons eu occasion déjà de le faire pressentir, la légitimité de cette dérogation est une ample matière à controverse. La législation a présenté aux diverses époques les solutions les plus contraires, et toutes peuvent se soutenir en théorie. La loi de brumaire, déduisant logiquement et jusqu'au bout les conséquences de son principe, avait soumis les hypothèques légales des incapables à la règle commune de l'inscription.

Le Code civil se préoccupa moins de la logique et davantage des nécessités pratiques. Car quelque parti que l'on prenne en théorie sur le maintien ou la suppression des hypothèques légales clandestines, il est bien difficile d'approuver le système de la loi de brumaire. Concéder d'une part une garantie hypothécaire aux incapables, et en soumettre d'autre part l'exercice à la formalité d'une inscription que souvent les incapables ne pourront pas prendre, c'est retenir d'une main ce que l'on donne de l'autre, c'est une contradiction qui ne méritait pas d'être maintenue dans nos lois.

Quoi qu'il en soit, et si la loi de brumaire souffrait bien des difficultés, la théorie du Code civil fut loin de rallier tous les suffrages. En vain les premiers commentateurs s'efforcèrent-ils de montrer que les modifications établies par le Code n'en détruisaient pas le système général, que les tiers pourraient au prix de quelques précautions se garantir des dangers dont on les menaçait (1); les adversaires de la législation nouvelle n'en persistaient pas moins à dénoncer dans cet élément de clandestinité la ruine du crédit et l'abandon des progrès réalisés en matière hypothécaire. Dans l'enquête de 1841, la majorité des cours et les facultés de droit de Caen, Dijon, Strasbourg se rangèrent au système du Code (2). Les cours de Bastia, Dijon, Nîmes, Riom, plusieurs membres de la cour

(1) Grenier, Disc. prélim., § 2.
(2) Doc. hypothéc., t. Ier, introd., p. CXXIII.

de Poitiers, la moitié des professeurs de la Faculté de droit de Grenoble et la majorité des membres de celle de Rennes demandèrent le retour à la loi de brumaire (1). Enfin la cour de Lyon et la Faculté de Paris voulaient la suppression radicale de l'hypothèque des incapables (2). Les mêmes opinions furent défendues avec éclat dans l'Assemblée législative de 1851, et le système du Code ne triompha qu'à une faible majorité (344 voix contre 325). La loi de 1855 en a de même maintenu le principe, en prenant soin seulement d'en corriger les exagérations. La théorie de l'article 2135, vivement critiquée mais toujours subsistante, est donc celle qui nous régit encore. Pour la comprendre il y a lieu d'étudier : 1° la portée de l'exception qu'elle consacre ; 2° comment le législateur, qui n'exige pas la publicité de l'hypothèque légale des incapables, la désire néanmoins, et quelles personnes sont chargées de la procurer (art. 2136 à 2139) ; 3° enfin quelles règles spéciales régissent l'inscription de l'hypothèque légale des incapables prise en conformité du vœu du législateur.

§ 1. « L'hypothèque existe indépendamment de toute inscription... » dit la loi. Ces expressions sont remarquables en ce qu'elles servent à donner la mesure des modifications apportées par la loi au principe de la publicité. Il ne s'agit pas ici d'une spense absolue d'inscription. Pour établir une telle dispense

(1) Doc. hyp., introd., p. CXVIII.
(2) Ibid., p. CXVI.

la loi s'exprime autrement, par exemple dans l'article 2107 : « Sont exceptées de la formalité de l'inscription les créances énoncées en l'article 2101. » D'ailleurs, comment expliquerait-on, si les hypothèques légales des femmes et des mineurs étaient complétement affranchies de l'inscription, les dispositions des articles 2136 à 2139, qui ordonnent à certaines personnes, sous certaines peines, de rendre publiques ces hypothèques, qui permettent à certaines autres d'accomplir cette formalité, qui enfin prescrivent au ministère public la mission de les requérir d'office? Comment justifier encore les articles 2193 et suivants qui soumettent expressément à la condition de la publicité la conservation des hypothèques légales des femmes et des mineurs, en cas d'aliénation des biens des tuteurs et maris, quand l'acquéreur veut purger? Interpréter l'article 2135 dans le sens d'une dispense absolue d'inscription, ce serait prêter au législateur un chaos de dispositions contradictoires qu'on ne peut raisonnablement admettre. Au contraire en fixant exactement le sens de l'exception on arrive à coordonner ces dispositions diverses et à en former un ensemble très-homogène.

« La justice civile, disait le premier consul, s'oppose à ce qu'on reporte sur le mineur et sur la femme les suites d'une négligence qu'il n'est pas en leur pouvoir d'empêcher. Pour eux l'inscription des hypothèques légales ne doit être qu'une simple formalité, non une condition nécessaire pour en assurer l'effet. »

L'effet ordinaire des hypothèques est de conférer un droit de préférence et un droit de suite. Pour les hypothèques conventionnelles, judiciaires, et pour les hypothèques légales qui ne figurent pas dans l'article 2135, l'efficacité de ces deux droits est subordonnée à la formalité de l'inscription. En ce qui concerne les hypothèques légales des femmes et des mineurs, l'inscription est inutile tant pour l'un que pour l'autre effet. Ce n'est pas elle qui fixe le rang de préférence : il est déterminé par la loi (art. 2135), comme nous le verrons en étudiant les effets de l'inscription. Cela résulte d'ailleurs très-clairement de l'article 2194 qui fait rétroagir les inscriptions prises en cas de purge aux dates fixées par l'article 2135. — Le droit de suite est de même indépendant de la publicité. A la vérité, les articles 2134 et 2135 sont placés en un chapitre où il est traité seulement du droit de préférence; mais, comme le remarque Tarrible : « le droit de suite consiste non-seulement dans le droit de suivre l'immeuble hypothéqué en toutes les mains, mais encore dans l'assurance que l'hypothèque existante ne pourra être purgée sans que le créancier hypothécaire soit appelé pour le mettre à portée de veiller à ce que le prix de l'immeuble soit porté à sa vraie valeur. » Or, tandis que l'article 2183 ne prescrit les notifications à fin de purge qu'aux créanciers inscrits, les articles 2193 et suivants organisent un système de purge spécial pour que les

(1) Rép., v° Insc. hypothéc., § 3, n° 1.

créanciers à hypothèques non inscrites, qui sont les femmes et les mineurs, puissent être avertis. Cela prouve jusqu'à l'évidence que le droit de suite est conservé indépendamment de toute inscription. En conséquence il ne faut pas hésiter à permettre aux incapables de surenchérir en cas de purge sur aliénation volontaire, ou de poursuivre hypothécairement les tiers détenteurs.

On discutait, sous l'empire du Code Napoléon, la question de savoir si cet avantage de l'hypothèque légale de produire ses effets *ergo omnes* sans inscription, subsistait après le mariage dissous ou la tutelle terminée. La majorité des auteurs et des arrêts se prononçait dans le sens de l'affirmative, et cette opinion se trouvait corroborée par divers avis du conseil d'État (1). Toutefois cette solution prêtait au législateur une exagération en faveur des incapables. Si, en effet, on peut justifier, suivant nous, la protection qu'il leur accorde durant leur incapacité, au moins ne faudrait-il pas que cette protection survécût à sa cause puisqu'elle peut, dans certaines circonstances, être nuisible aux tiers. Nous n'insistons pas toutefois en ce moment sur cette conséquence exagérée du principe, conséquence autorisée par le silence du législateur, parce qu'elle a été corrigée par l'article 8 de la loi du 23 mars 1855.

(1) Avis du Conseil d'État des 5-8 mai 1812. — Dans le même sens, Turin, 15 janvier 1812; Nîmes, 5 mai 1812; Sirey, 1812, 2, 448.

§ 2. Si le Code n'a point exigé sous peine de déchéance que l'hypothèque des femmes et des mineurs fût rendue publique, au moins a-t-il conseillé et parfois ordonné sous une sanction d'assurer cette publicité. On peut dire que si la publicité n'est pas formellement prescrite, le législateur désire néanmoins qu'elle existe. En un mot, il soumet les hypothèques légales des femmes et des mineurs à l'inscription sans pour cela permettre que les incapables puissent souffrir de l'omission de cette formalité.

Cette tendance de la loi à procurer la publicité des hypothèques légales nous sera clairement révélée par l'étude des articles 2136 à 2139. Dans ces textes on impose à certaines personnes l'obligation de requérir l'inscription et on accorde à d'autres la faculté de le faire.

L'obligation de rendre publiques les hypothèques des incapables est imposée tout d'abord aux maris et aux tuteurs : « A cet effet, dit l'article 2136, ils devront requérir eux-mêmes, sans aucun délai, inscription aux bureaux à ce établis sur les immeubles à eux appartenant et sur ceux qui pourront leur appartenir par la suite. » Pour se conformer à cette prescription, les maris et tuteurs devraient accomplir la formalité de l'inscription dès la célébration du mariage ou dès l'acceptation de la tutelle. D'ailleurs, la loi prend soin d'édicter une sanction pour le cas où ceux-ci négligeraient d'obéir à l'article 2136. « Les maris et les tuteurs qui, ayant manqué de requérir et de faire faire les inscriptions ordonnées par le présent article, auraient consenti ou laissé prendre des hypothèques ou des priviléges sur leurs immeubles sans déclarer expressément que lesdits immeubles étaient affectés à l'hypothèque légale des femmes et des mineurs sont réputés stellionataires et comme tels contraignables par corps. »

Cet article édictant une pénalité, doit être entendu restrictivement et il importe d'en fixer avec précision le sens et la portée. Tout d'abord, il nous offre quelques expressions qui paraissent inexactes et choquantes, par exemple celles-ci : « Les maris ou tuteurs qui auraient consenti ou laissé prendre des priviléges ou des hypothèques. » Comment, dit-on, pourraient-ils consentir un privilége alors que cette cause de préférence ne dérive que de la loi et ne rentre pas dans le domaine de la convention? Pourquoi d'ailleurs déclarer les maris ou tuteurs responsables quand ils ont laissé se produire un privilége sans déclarer les charges qui les grèvent? Est-ce que le créancier privilégié en conséquence de la qualité de sa créance ne primera pas toutes hypothèques, légales ou autres, et dès lors, puisque le silence du mari ne lui cause aucun préjudice, à quel titre viendrait-il réclamer des dommages et intérêts? De même, ajoute-t-on, est-il possible d'exiger du mari ou du tuteur qui vient à être grevé d'une seconde hypothèque légale, par exemple parce qu'il est investi d'une fonction qui lui attribuera le maniement des deniers publics, ou qui subit une hypothèque judiciaire, qu'il déclare à l'État dans le premier cas, à son adversaire dans le second que ses immeubles sont déjà chargés d'une hypothèque légale? Ce serait, à coup sûr, une singulière exigence, et la meilleure preuve qu'elle n'est pas dans l'esprit du législateur, c'est qu'il ne détermine nulle part le temps, le lieu, les formes d'une pareille déclaration. En conséquence on conclut que les termes de l'article 2136 sont trop compréhensifs et doivent être restreints à la seule application qu'ils comportent pratiquement, savoir, la constitution par le mari ou le tuteur d'une hypothèque conventionnelle au profit d'un créancier qui n'est pas averti par eux de la préexistence d'une hypothèque légale (1). Cependant quelques auteurs ne se résolvent point à admettre cette limitation de l'article 2136 et l'appliquent tant aux hypothèques légales ou judiciaires qu'aux hypothèques conventionnelles. M. Duranton, notamment, répute stellionataire le mari qui accepte sans déclaration de l'hypothèque légale de sa femme une tutelle à lui déférée par un conseil de famille (2). Nous pensons que la vérité se trouve entre ces deux termes. Il faut dire que l'article 2136 atteint évidemment l'hypothèque conventionnelle, et que s'il ne peut s'appliquer, en thèse générale, aux priviléges et aux hypothèques judiciaires ou légales, il se peut qu'in-

(1) Tarrible, Rép., v° Insc. hyp., § 3, n° 14. — Persil, art. 2136, n° 3. — Dalloz, Rép., v° Priviléges, p. 223, note 5. — Troplong, n° 663 bis.

(2) T. XX, n°s 48 et 49.

directement les maris et tuteurs encourent la peine du stellionat en laissant prendre des priviléges ou des hypothèques. C'est ce qui peut arriver par suite d'une subrogation. Supposez par exemple qu'un mari ou un tuteur aliène un de ses immeubles, et que le prix lui en soit payé par un tiers qu'il subroge dans son privilége de vendeur : le fait de n'avoir pas révélé à ce tiers l'hypothèque légale qui grève le subrogeant, fait encourir à celui-ci la peine du stellionat. Il en serait de même au cas où le mari emprunterait des deniers à un tiers pour payer un créancier à hypothèque judiciaire, et subrogerait ce tiers aux droits et actions du créancier désintéressé, sans lui déclarer l'existence de l'hypothèque légale qui primait la garantie de ce créancier. Dans ces hypothèses le mari a consenti ou laissé prendre des priviléges et des hypothèques, et l'on fournit ainsi des cas d'application qui justifient les termes de l'article 2136 (1).

Pour que la peine du stellionat soit encourue il faut : 1° que les hypothèques légales des femmes et des mineurs n'aient point été rendues publiques ; 2° que le mari ou tuteur aient consenti ou laissé prendre des hypothèques sans déclaration des charges qui les grèvent. Ces deux conditions doivent concourir ; car si les hypothèques légales sont inscrites point n'est besoin de les déclarer au créancier ultérieur : il a pu les connaître en consultant les registres de la

(1) M. Pont, n° 850. — MM. Aubry et Rau, t. III, § 269, texte et note 37.

conservation des hypothèques ; s'il les ignore, lui seul peut s'imputer à faute son ignorance, les maris ou tuteurs ont accompli leur devoir ; que si, d'autre part, les hypothèques n'ont point été inscrites mais que la déclaration soit faite, aucune responsabilité n'est encore engagée, car le danger qui pouvait résulter de la clandestinité se trouve écarté. Mais, pour être suffisante, cette déclaration doit être expresse, et il ne suffirait pas que le mari ou tuteur se bornât à faire connaître sa qualité au créancier avec lequel il traite. En effet, la seule énonciation de cette qualité ne signifie pas que l'immeuble sur lequel le créancier va acquérir une hypothèque est nécessairement grevé d'une hypothèque légale : il pourrait en avoir été affranchi par suite d'une réduction conventionnelle ou judiciaire ; il se pourrait d'ailleurs que le mari ou le tuteur n'aient point de restitution à faire à la femme ou au pupille.

En principe les tuteurs ou maris qui n'auraient pas fait la déclaration prescrite par notre article ne pourront échapper à la peine du stellionat en alléguant leur bonne foi et en prétextant l'ignorance des dispositions de la loi. Toutefois, on admet généralement que s'ils ont eu des raisons plausibles de croire à l'extinction ou à la réduction de l'hypothèque légale, l'inexactitude de leur déclaration ne peut entraîner contre eux aucune peine.

Au contraire, la question de savoir si les tiers qui avaient connaissance de l'hypothèque légale de la femme ou du mineur peuvent se prévaloir contre le tuteur ou mari du défaut de déclaration, est controversée. L'opinion dominante en doctrine et en jurisprudence tient que la connaissance personnelle que les tiers pouvaient avoir de l'hypothèque légale ne peut suppléer à la déclaration requise par l'article 2136. Ce texte, dit-on, prononce la peine du stellionat quand ces deux conditions sont réunies : 1° non-inscription des hypothèques légales; 2° non-déclaration de leur existence. L'une et l'autre circonstance se retrouvent dans notre hypothèse, partant la peine est encourue. Permettre aux maris et tuteurs d'invoquer pour se défendre la connaissance personnelle qu'aurait eue le contractant de la charge qui le grève ce serait autoriser une foule de procès qui n'auraient d'autres bases que des allégations incertaines et difficiles à prouver (1). Cependant quelques auteurs résistent à la rigueur de cette solution. La mauvaise foi, disent-ils, est un des éléments du stellionat, et si dans l'hypothèse de l'article 2136 les maris et tuteurs sont réputés stellionataires, c'est que la loi présume leur mauvaise foi. Mais rien n'indique que cette présomption ne puisse être combattue et détruite par la preuve contraire. Et ils pourraient évidemment établir leur bonne foi en prouvant qu'ils n'ont gardé le silence que parce que les tiers qui traitaient avec eux connaissaient déjà l'existence de l'hy-

(1) M. Pont, n° 854. — Poitiers, 29 décembre 1830. — Sirey, 31, 2, 264.

pothèque légale et qu'ils ont jugé superflu de leur apprendre ce qu'ils n'ignoraient pas. Si, d'ailleurs, on consulte le but de l'article 2136 on se convaincra que la rigueur du premier système est peu fondée : il ne s'agit pas d'une formalité destinée à rendre opposable aux tiers une charge réelle ; s'il en était ainsi, il n'est pas douteux que la connaissance personnelle que les tiers en pourraient avoir ne suppléerait pas à la formalité prescrite par la loi. Il s'agit d'une déclaration devant simplement révéler aux tiers ce qu'ils ont intérêt à savoir : or, s'ils sont instruits par avance, pourquoi exiger une déclaration désormais destituée de toute utilité. Enfin on fait remarquer que la peine du stellionat se résume dans le droit pour le tiers induit en erreur de contraindre par corps le stellionataire au payement des dommages et intérêts qui lui sont dus ; or, il paraîtrait difficile d'accorder des dommages et intérêts à un tiers qui a traité en parfaite connaissance de cause. Dès lors, s'il n'est pas dû de dommages et intérêts, il ne peut être question de contrainte par corps et la peine du stellionat se trouve ainsi supprimée dans son principe (1). Tout en admettant avec les partisans de ce système, que les tribunaux devraient se montrer sévères dans l'application, nous pensons que leur opinion doit prévaloir.

Nous devons faire remarquer d'ailleurs que la suppression de contrainte par corps par la loi du

(1) MM. Aubry et Rau, t. III, § 269, note 44.

22 juillet 1867 a affranchi de toute peine le délit civil de stellionat : C'est une lacune regrettable qui devra tôt ou tard être comblée. D'ailleurs, sous l'empire du Code, la femme pouvait soustraire son mari à l'application de la peine, en offrant de subroger le créancier lésé dans son hypothèque légale, car cette subrogation faisait disparaître tous dommages à l'égard de celui-ci.

Comme il était à craindre que malgré la menace de la contrainte par corps, les maris et tuteurs ne négligeassent de se conformer à l'article 2136, la même obligation était subsidiairement imposée à d'autres personnes.

En ce qui concerne le pupille, le subrogé tuteur était naturellement indiqué pour surveiller la publication de son hypothèque légale. Aussi l'article 2137 dispose : « Les subrogés tuteurs seront tenus, sous leur responsabilité personnelle et sous peine de tous dommages et intérêts, de veiller à ce que les inscriptions soient prises sans délai sur les biens du tuteur pour raison de sa gestion, même de faire faire lesdites inscriptions. » Comme on le voit par ce texte, c'est encore une obligation qui est imposée au subrogé-tuteur, car la loi prend soin de la sanctionner ; mais la sanction est exclusivement pécuniaire, et le subrogé tuteur peut seulement être condamné à des dommages-intérêts. La loi ne dit pas envers qui ? Évidemment, envers ceux qui auraient souffert quelque préjudice par suite de sa négligence. En appliquant cette formule générale au pupille, nous dirons qu'en thèse générale, le subrogé tuteur n'est pas responsable envers lui, puisque le droit du pupille est indépendant de toute inscription. Mais dans certains cas il pourra en être autrement, par exemple si l'inscription est devenue nécessaire pour sauvegarder le droit de suite (art. 2193-2194) et que le subrogé tuteur eût négligé de la prendre. A l'égard des tiers, nous le déclarons évidemment responsable vis-à-vis des créanciers hypothécaires qui ont traité avec le tuteur, mais non à l'encontre des simples créanciers chirographaires, malgré les termes généraux de la loi, car il n'est pas prouvé que la déclaration de l'hypothèque légale les eût empêchés de traiter avec le tuteur; et surtout l'on ne peut se montrer plus sévère pour le subrogé tuteur que pour le tuteur lui-même.

Personne ne peut remplir auprès du mari le rôle du subrogé tuteur auprès du pupille.

Si certaines personnes sont tenues sous une sanction de rendre publiques les hypothèques légales des femmes et des mineurs, il en est d'autres auxquelles la loi accorde la faculté de la faire sans les soumettre d'ailleurs à aucune responsabilité.

Au premier rang figurent les magistrats du ministère public (art. 2138). Dans la vérité des faits, c'est moins une obligation qui leur est imposée qu'un pouvoir qui leur est confié; car la loi n'attache à l'observation de cette règle aucune sanction. D'ailleurs l'intervention du ministère public n'est pas requise dans l'intérêt des incapables, dont le droit se conserve indépendamment de toute inscription, mais seulement dans l'intérêt des tiers. Aussi cette intervention n'est-elle que subsidiaire, et le ministère public n'en doit user qu'avec discrétion (1).

Enfin l'article 2139 nous offre une énumération des personnes autorisées à requérir l'inscription des hypothèques des incapables. « Pourront les parents, soit du mari, soit de la femme et les parents du mineur, ou à défaut de parents, ses amis, requérir lesdites inscriptions. Elles pourront aussi être requises par la femme et par les mineurs. » La loi n'exige à cet effet aucune capacité spéciale ; aussi faut-il décider que l'inscription peut être requise par la femme sans l'autorisation de son mari ou de justice, par le mineur sans l'assistance de son tuteur.

En aucun cas le conservateur n'a qualité pour inscrire d'office les hypothèques des incapables (2).

Dans certains cas l'inscription de l'hypothèque légale de la femme ou du mineur peut devenir nécessaire pendant la durée du mariage ou de la tutelle, non pour conserver le droit de préférence, qui dans tous les cas subsiste sans condition de publicité, mais pour sauvegarder le droit de suite. En ce point il y a lieu de distinguer trois hypothèses : 1° vente volon-

(1) V. la circulaire du Grand-Juge, rapportée par M. Pont, t. II, p. 281.
(2) Circulaire du ministre de la Justice du 15 septembre 1808, citée par Persil, sur l'art. 2138, n° 2.

taire; 2° vente forcée; 3° expropriation pour cause d'utilité publique.

1° Tout acquéreur d'un immeuble appartenant au mari ou au tuteur peut purger les hypothèques légales qui grèvent cet immeuble. A cette fin, il dépose au greffe une expédition de son contrat d'acquisition et notifie ce dépôt à la femme ou au subrogé tuteur et au procureur de la république. Un extrait de l'acte est affiché pendant deux mois dans l'auditoire du tribunal, et durant ce délai les femmes, maris, tuteurs, subrogés tuteurs, mineurs interdits, parents ou amis, et le procureur de la république peuvent requérir l'inscription : à défaut de réquisition, les immeubles vendus sont affranchis de l'hypothèque légale.

2° Sous la législation du Code de procédure, avant la loi du 21 mai 1858, les créanciers à hypothèque occulte n'étaient pas associés à la poursuite en expropriation forcée. Aussi avait-on douté que le jugement d'adjudication eût pour effet de purger leurs hypothèques. La question d'ailleurs était controversée, et des auteurs d'une grave autorité pensaient que le Code était resté fidèle à l'ancienne maxime coutumière : « Décret nettoie toutes hypothèques. » La Cour de cassation, après avoir longtemps jugé dans ce dernier sens, s'était rangée à l'opinion contraire par un arrêt de rejet rendu en chambres réunies le 22 juin 1833 (Sirey, 33,1,449), et avait persisté depuis dans cette jurisprudence. La loi du 21 mai 1858 a tranché le débat en faveur de l'ancien droit et de la jurisprudence primitive de la Cour de cassation, comme nous le verrons en étudiant l'article 6 de la loi du 23 mars 1855.

3° En cas d'expropriation pour cause d'utilité publique, les hypothèques légales devront être inscrites dans la quinzaine qui suit la transcription du jugement d'expropriation. (Loi du 3 mai 1841, art. 17.)

§ 3. L'inscription de l'hypothèque légale des femmes et des mineurs est en général soumise aux formes communes prescrites par l'article 2148. Toutefois ces hypothèques doivent à leur nature et à leurs caractères spéciaux d'échapper à certaines exigences imposées par la loi pour l'inscription des hypothèques ordinaires. Une rapide comparaison entre les articles 2148 et 2153 nous permettra de signaler ces différences (1).

Il est inutile de représenter au conservateur le titre constitutif de l'hypothèque, puisqu'elle trouve dans la loi sa cause première. Il suffira donc de déposer deux bordereaux contenant seulement : 1° les noms, prénoms, profession et domicile réel du créancier, et le domicile par lui élu dans l'arrondissement; 2° les noms, prénoms, profession, domicile ou désignation précise du débiteur; — 3° la nature des droits à conserver et le montant de leur valeur quant

(1) Il faut remarquer d'ailleurs que l'art. 2153 s'applique à toutes les hypothèques légales énumérées en l'art. 2121, tant à celles qui sont soumises à l'inscription qu'à celles qui en sont dispensées.

aux objets déterminés, sans être tenu de le fixer, quant à ceux qui sont conditionnels, éventuels ou indéterminés. On voit que la loi n'exige ni la date, ni la nature du titre, parce qu'ici le titre n'est autre que la loi et que sa nature se confond avec celle des droits à conserver. Il serait de même impossible de fixer d'avance l'époque d'exigibilité de la créance. De même encore, si l'on considère que les hypothèques légales sont destinées à garantir des créances indéterminées on s'expliquera que l'évaluation de ces créances ne soit pas demandée. On devra cependant indiquer le montant des objets déterminés ; quant à ceux qui ne le sont pas, il suffira d'en faire connaître la nature. Il n'y a de difficulté en ce point qu'en ce qui concerne l'inscription de l'hypothèque légale de la femme pour la garantie de ses reprises. Suffit-il que l'inscription énonce les reprises, créances, droits matrimoniaux de la femme, sans en préciser ni la cause, ni le montant? Faut-il au contraire exiger que l'inscription énumère et articule les causes qui donneront lieu à certaines reprises de la femme et autant que possible le chiffre de ces reprises? Plusieurs raisons nous décident à accepter la première formule. Les travaux préparatoires l'autorisent, et la nécessité matérielle la commande. Il n'y aura donc lieu d'exiger une détermination exacte que dans le cas où elle aura été rendue possible par la dissolution de l'association conjugale ou une séparation de biens judiciaire. — Enfin puisque les hypothèques légales ont pour caractère distinctif :

la généralité, il est évident que l'inscription n'a pas à spécialiser les immeubles qui en sont atteints. Elle sera prise sur tous les biens présents et à venir du débiteur. En ce point les hypothèques judiciaires sont assimilées aux hypothèques légales, avec cette différence toutefois entre les unes et les autres, que le créancier à hypothèque judiciaire peut requérir à son choix l'inscription d'une hypothèque spéciale limitée à tel ou tel immeuble, ou celle d'une hypothèque générale, tandis que ceux qui font inscrire une hypothèque légale doivent, pour se conformer au vœu de la loi, faire porter l'inscription sur tous les biens présents et à venir du débiteur.

CHPAITRE VII.

Des effets de l'inscription.

L'hypothèque se manifeste par deux effets principaux : elle engendre un droit de préférence utile à l'encontre des autres créanciers, et un droit de suite efficace contre les tiers détenteurs de l'immeuble hypothéqué. Comme nous avons eu occasion de le remarquer déjà, l'un et l'autre droit ne sont susceptibles de produire quelques résultats pratiques que s'il ont été rendus publics par l'inscription. Il y a donc lieu de préciser les effets de cette formalité à ce double point de vue. L'utilité de l'inscription s'étend encore à la conservation des intérêts de la créance garantie pendant un certain temps (art. 2151). Nous avons donc à en étudier les conséquences : 1° entre les divers créanciers d'un même débiteur ; 2° à l'égard des tiers détenteurs de l'immeuble grevé ; 3° quant aux intérêts de la créance.

I. *Effets de l'inscription quant au droit de préférence.* — Entre les divers créanciers hypothécaires d'un même débiteur, le rang de préférence est fixé d'après l'adage : « prior tempore potior jure » Or l'époque qui doit servir à fixer le rang des créanciers est précisément déterminée par la date de l'inscription. Ce n'est donc ni à la nature ni à la qualité de la créance que l'on devra s'attacher, ni à la date des titres constitutifs des diverses hypothèques, mais bien à la suite des inscriptions sur le registre du conservateur pour colloquer les créanciers dans l'ordre. Partant, si l'on suppose deux créanciers hypothécaires non inscrits ni l'un ni l'autre, ils concourront entre eux comme s'ils étaient simplement chirographaires. Si l'un des deux seulement est inscrit, il primera son créancier, sa créance et son hypothèque fussent-elles d'ailleurs postérieures en date à celles de celui-ci ; que s'ils sont inscrits tous les deux, le premier inscrit, fût-il le dernier en titre, sera préféré au second : « Entre les créanciers, l'hypothèque, soit légale, soit judiciaire, soit conventionnelle, n'a de rang que du jour de l'inscription prise par le créancier sur les registres du conservateur dans la forme et la manière prescrite par la loi, sauf les exceptions portées en l'article suivant » (art. 2134).

Aux termes de cet article, l'effet capital que nous attribuons à l'inscription, est absolu et s'applique à toutes hypothèques, quelle qu'en soit la nature et l'origine. Néanmoins, le texte fait pressentir des exceptions qui d'ailleurs nous sont déjà connues. Parmi les hypothèques légales, celles des mineurs et des femmes mariées existent indépendamment de toute publicité. En cherchant à préciser la portée de cette exception, nous avons fait ressortir qu'elle signifiait précisément que le rang de ces hypothèques était fixé par la loi elle-même : Aussi peut-on dire exactement que cette exception confirme la règle. La loi, qui ne reconnait qu'à l'inscription l'effet de déterminer le rang de l'hypothèque, prend soin de le préciser elle-même quand elle cesse d'exiger l'inscription.

L'étude des dispositions de la loi sur ce point particulier ne rentre pas absolument dans le cadre de ce travail. Cependant puisque la loi ne fait ici que suppléer aux effets de l'inscription nous indiquerons succinctement les dispositions de l'article 2135.

L'hypothèque légale attribuée aux mineurs sur les biens de leur tuteur a pour point de départ unique le moment où commence la responsabilité du tuteur. Cette formule, qui nous semble exprimer fidèlement la pensée de la loi, a le mérite de concilier les expressions des articles 2135 § 1er et 2194, qui, pour n'être pas identiques, ne sont pas néanmoins contradictoires, et ne révèlent au fond qu'une même idée. S'il s'agit d'une tutelle dative, ce sera le moment où le tuteur aura connu la délibération du conseil de famille qui l'investit de sa mission ; s'il s'agit d'une tutelle légale, l'hypothèque naîtra avec l'événement qui donne ouverture à la tutelle ; dans l'hypothèse enfin d'une tutelle testamentaire, le point de départ de la garantie hypothécaire sera l'ouverture du testament ou la notification au tuteur de la charge qui lui est confiée. Ainsi l'hypothèque aura une date unique à quelque époque que se produisent effectivement les créances du pupille contre le tuteur : on ne considère pas ces créances individuellement, elles s'accumulent et se massent de manière à ne plus former qu'une seule dette du tuteur au pupille, le reliquat du compte tutélaire.

Le législateur avait pensé d'abord attribuer de même une origine unique à l'hypothèque légale des femmes mariées, et à garantir dès le jour du mariage toutes les créances éventuelles que la femme pourrait avoir contre son mari. Mais le tribunat, lors de la communication officieuse qui lui fut faite du projet, fit ressortir combien cette règle de droit serait injuste dans ses conséquences, dangereuse pour les tiers et funeste pour le crédit du mari. Aussi proposait-il de distinguer suivant la nature et l'origine des créances de la femme pour fixer la date initiale de la garantie hypothécaire, en faisant reposer les dispositions diverses qu'il émettait sur ce principe, que l'hypothèque ne devait naître qu'au moment où commençait l'administration du mari. L'idée fut accueillie par le conseil d'État et l'article 2135 § 2 nous en offre diverses applications :

« L'hypothèque existe au profit des femmes pour raison de leur dot, et de leurs conventions matrimoniales sur les immeubles de leur mari à compter du jour du mariage. » Il en est ainsi alors même que la dot ne serait payée ou ne déviendrait exigible que longtemps après la célébration du mariage (1). Cette date est d'ailleurs la seule vraie, et il ne faut pas prendre à la lettre l'article 2194 qui fait remonter l'inscription de l'hypothèque légale au jour du contrat de mariage. Cet article ne contredit pas l'article 2135; les mots « contrat de mariage, » étant quelquefois pris dans le sens du mariage lui-même; et admit-on d'ailleurs, avec quelques auteurs cette contradiction, l'article 2135 ne devrait pas moins prévaloir, car il pose une règle générale dont l'article 2194 ne présente qu'une application toute particulière (2).

En second lieu, et toujours par suite de la même idée « la femme n'a hypothèque pour les sommes dotales qui proviennent de successions à elle échues ou de donations à elle faites pendant le mariage qu'à compter de l'ouverture des successions ou du jour que les donations ont eu leur effet. » Peu importe d'ailleurs l'époque à laquelle lesdites sommes ont été payées ou remises. Il n'y a aucune difficulté possible sur la fixation de la date d'ouverture des successions échues à la femme. Quant aux donations, nous dirons qu'elles ont produit leur effet du jour de l'acceptation s'il s'agit d'une donation pure et simple, du jour de l'événement de la condition, si la donation était affectée d'une semblable modalité.

(1) Bordeaux, 10 août 1853, Sirey, 54, 2, 98.

(2) Pont, n° 753. — Aubry et Rau, t. III, § 264 ter, note 64. — Contra Tarrible, Rép., v° Insc. hypothéc., § 3, n° 8. — Troplong, t. II, § 578.

L'article 2135 § 2 poursuit · « Elle n'a hypothèque pour l'indemnité des dettes qu'elle a contractées avec son mari, et pour le remploi de ses propres aliénés, qu'à compter du jour de l'obligation ou de la vente. » Cette hypothèque, que la pratique seule avait introduite dans notre ancien droit, remontait alors au jour du contrat de mariage, ou à défaut à celui de la célébration. C'était l'origine de tant de fraudes, que déjà on avait signalé l'exagération et l'injustice de cette mesure, et le tribunat, en 1804, n'était que l'écho de réclamations bien anciennes. Si d'ailleurs l'obligation ou la vente n'étaient constatées que par acte sous seing privé, l'hypothèque ne pourrait naître qu'à compter du jour où cet acte aurait acquis date certaine conformément à l'article 1328.

La dernière hypothèse prévue par ce § 3 du n° 2 de l'article 2135 soulève un assez grave difficulté sur le point de savoir si la décision qui y est consacrée est applicable au régime dotal. Il n'est pas douteux qu'elle soit vraie sous le régime en comunauté ; les termes qui la formulent sont particuliers à ce régime. Pendant longtemps l'unanimité des auteurs a pensé, l'unanimité des arrêts a jugé que cette disposition ne pouvait atteindre la femme dotale. Dans le sens de cette opinion, on fait remarquer que la première hypothèse prévue par le texte précité est très-certainement propre au régime de communauté. C'est une allusion transparente aux articles 1431, 1487 et 1494, qui n'ont pas d'analogue dans le régime dotal. Il est bien probable que la proposition juxtaposée à celle-ci, le cas de l'aliénation des propres est particulière au même régime. Cette induction se fortifie d'ailleurs si on examine en quels termes est conçue cette seconde proposition « le remploi de ses propres aliénés. » Ce sont là, à coup sûr, des mots fort usités en matière de communauté, des expressions au moins inexactes, si on les applique au régime dotal. A cette considération de texte s'ajoute un argument de principe. La dot, dit-on, est une charge qui grève le mari dès l'instant du mariage. L'aliénation des immeubles dotaux, quand elle a été permise, n'est qu'une transformation de la dot et s'analyse simplement en un acte de gestion de la part du mari. D'où suit que l'hypothèque ne doit avoir pour point de départ que l'entrée en gestion du mari, c'est-à-dire le jour du mariage. Ce système peut encore appeler à son aide les travaux législatifs de 1851 (1).

Cependant un arrêt de la cour de Caen du 7 juillet 1851 (2), en décidant que l'hypothèque légale de la femme pour le remploi de ses biens dotaux aliénés, ne remonte qu'au jour de la vente, est venu remettre en question une donnée qui paraissait définitivement acquise à la science juridique. La cour d'Agen a adopté la même solution par arrêt du 10 juin 1859;

(1) Séance du 13 fév. 1851, citée par M. Pont, Rev. crit., t. II, p. 386, Priv. et hyp., n° 767.— Troplong, Priv. et hyp., 5e édition, t. II, p. 379, à la note.

(2) Sirey, 52, 2, 92.

et dans la doctrine, MM. Aubry et Rau ont prêté à cette opinion dissidente l'appui de leur grande autorité (1). Ils repoussent comme peu probant, l'argument de texte invoqué dans la première opinion : « En admettant, ce qui serait contestable, que le terme *propre* fût absolument inapplicable à des immeubles dotaux proprement dits, tout ce que la logique permettrait d'en conclure, c'est que l'article 2135 est muet sur le remploi de pareils biens, mais il n'en résulterait en aucune façon que ce remploi rentre dans ce que le premier alinéa du n° 2 appelle la dot et les conventions matrimoniales. » Quant à l'argument de principe, il prouverait trop s'il portait juste, et détruirait toute l'économie de la loi. En effet, la remarque faite à propos du régime dotal ne serait pas moins exacte, si on l'appliquait au régime en communauté ou au régime exclusif de communauté. Or, pour le premier, la loi est formelle, et personne ne doute qu'en ce point sa disposition ne soit applicable au régime sans communauté. Les partisans de la seconde opinion ajoutent que le motif qui a dicté au législateur cette disposition milite avec une égale force dans tous les régimes matrimoniaux. Il s'agit d'empêcher que la femme, en aliénant ses propres ou ses biens dotaux par l'effet d'une hypothèque rétroactive, puisse paralyser des droits légitimement acquis aux créanciers antérieurs du mari.

(1) Sirey, 59, 2, 341. — Aubry et Rau, t. III, § 264 ter, note 74.

On peut remarquer, par voie d'observation générale, que les dispositions de l'article 2135 sont d'ordre public et qu'on y peut déroger par des conventions particulières.

Ce texte devra fournir des arguments d'analogie pour régir les situations qu'il ne prévoit pas. Nous ne pouvons nous attarder à les étudier en détail.

On voit que dans les cas où l'inscription n'est pas requise, la loi prend soin de fixer elle-même le rang de l'hypothèque. Mais il nous faut quitter les exceptions pour rentrer dans la règle et examiner des hypothèses qui peuvent soulever quelques doutes.

En ce qui concerne les hypothèques générales soumises à l'inscription, on n'a jamais douté que l'inscription ne fixât le rang des créanciers sur les biens existant dans le patrimoine du débiteur au moment où elle est prise. Mais une difficulté s'est élevée relativement aux biens à venir. Ces immeubles, a-t-on dit, ne sont atteints par l'hypothèque qu'à l'instant où ils sont acquis. Donc tous les créanciers à hypothèque générale, inscrits à ce moment, doivent concourir. Nous avons déjà rencontré cette discussion en droit romain, et nous nous sommes rangés à la doctrine de la préférence. Dans notre ancien droit, Pothier (1) admettait de même que les créanciers devaient venir sur le bien acquis, non pas concurremment, mais suivant la date de leurs titres. Sans doute,

(1) Tr. de l'hypothèque, n° 54.

les raisons invoquées pour justifier la doctrine de la préférence, soit en droit romain, soit en droit coutumier, ne seraient plus de mise aujourd'hui, mais nous pensons que la solution, tout en s'appuyant sur des motifs nouveaux, doit être le même. Dès que l'on admet d'une part le principe, controversé par un seul auteur (1), qu'une inscription unique suffit pour faire porter l'hypothèque générale même sur les biens à venir, et d'autre part, la règle moins contestable encore que l'inscription fixe le rang de préférence, il faut nécessairement conclure de la combinaison de ces deux prémisses, que l'hypothèque générale a une date unique, qui est celle de l'inscription. Cette solution est conforme d'ailleurs à tous les principes juridiques. L'hypothèque générale, en tant qu'elle frappe les biens à venir, est soumise à cette condition suspensive : « Si le bien est acquis, » l'acquisition du bien réalise la condition, qui, suivant l'article 1179, doit avoir un effet rétroactif à la date de l'inscription (2).

La même donnée s'appliquera aux hypothèques générales dispensées d'inscription qui prendront rang sur les biens à venir à la date qui leur est assignée par la loi.

La question ne peut se poser quant aux hypothèques spéciales. Elles n'atteignent les biens futurs

(1) Tarrible, Rép., vº Inscript. hypoth., § 5, nº 12.

(2) En ce sens, Grenier, I, 52. — Pont, nºs 599 et 732. — Aubry et Rau, t. III, § 291, texte et note 2. — Contrà Delvincourt, III, p. 318. — Duranton, XIX, 325. — Bugnet, sur Pothier, Tr. de l'hyp., note sur le nº 54.

que dans l'hypothèse exceptionnelle de l'article 2130, qui tranche implicitement la difficulté en ordonnant de s'inscrire sur les biens au fur et à mesure de leur acquisition. C'est assez dire que ces immeubles ne sont frappés qu'aux dates diverses des inscriptions.

L'hypothèque pure et simple servant à garantir une dette éventuelle ou conditionnelle, prend rang aussi du jour de l'inscription et non pas du jour où la dette se réalise. Les ouvertures de crédit nous présentent une application remarquable de ce principe, et nous admettons que l'hypothèque qui sert de garantie au créditeur, prend rang à la date de son inscription et non aux dates successives des avances faites au crédité.

Enfin, pour clore ce sujet, il faut citer l'article 2147 : « Tous les créanciers inscrits le même jour exercent en concurrence une hypothèque de la même date, sans distinction entre l'inscription du matin et celle du soir, quand cette différence serait marquée par le conservateur. » Il a souvent été question dans les travaux de réforme de renoncer à cette règle, et d'établir un rang de préférence entre les inscriptions prises le même jour. Cette modification a paru comporter trop de difficultés pratiques pour être accueillie, et nous restons soumis à l'empire du Code, sans qu'il y ait lieu d'établir aucune distinction suivant la nature diverse des hypothèques inscrites.

§ II. *De l'effet de l'inscription à l'égard des tiers détenteurs.* — L'inscription de l'hypothèque, si importante au point de vue du droit de préférence ne l'est pas moins au point de vue du droit de suite. On ne peut, en effet, faire valoir contre les tiers détenteurs de l'immeuble grevé, que des droits rendus publics conformément à la loi. C'est ce qui résulte clairement de l'article 2166. « Les créanciers ayant privilége ou hypothèque *inscrite* sur un immeuble, le suivent en quelques mains qu'il passe pour être colloqués ou payés, suivant l'ordre de leurs créances ou inscriptions. »

Le droit de suite présente un autre avantage : l'assurance pour le créancier que l'immeuble ne sera pas purgé sans qu'il soit appelé à surveiller la vente au moyen des notifications prescrites par l'article 2183. Or, ces notifications ne peuvent être faites qu'aux créanciers dont le droit hypothécaire n'est pas demeuré occulte, puisque le texte ordonne de les faire « aux domiciles par eux élus dans leurs inscriptions. » Nous savons que l'omission d'une élection de domicile dans le bordereau est sanctionnée par la dispense accordée au tiers qui veut purger de notifier son titre au créancier.

Le Code ne donnait aucun moyen pour associer aux poursuites de saisie les créanciers non-inscrits, femmes ou mineurs. L'article 692 nouveau du Code de procédure a comblé cette lacune.

Nous ne croyons pas devoir insister longuement ici sur l'effet de l'inscription en ce qui concerne le droit de suite, parce que ses conditions d'exercice ont été gravement modifiées par la loi du 23 mars 1855. Nous reviendrons sur ce sujet en étudiant l'effet de la transcription dans ses rapports avec la publicité des hypothèques (art. 6 de la loi nouvelle).

§ III. — *De l'effet de l'inscription quant aux intérêts de la créance garantie.* — En traitant des formalités de l'inscription, nous avons vu que le requérant devait y mentionner outre le montant en capital de sa créance les accessoires de ladite créance. Parmi ces accessoires figurent les intérêts échus au moment de l'inscription. Ces intérêts ainsi inscrits sont conservés au même rang que le capital. Aussi n'est-ce pas de ceux-là que nous avons à traiter en interprétant l'article 2151. Il n'est question dans ce texte que des intérêts à échoir.

Dans notre ancien droit, c'était un principe généralement reçu, notamment dans le ressort du parlement de Paris, que les intérêts d'une créance hypothécaire étaient garantis au même rang que le capital, quel que fût le nombre d'années écoulées depuis la constitution de l'hypothèque. Ce système pouvait à la rigueur être défendu dans une législation où toutes les hypothèques étaient occultes, mais il ne pouvait coexister avec le principe de la publicité. En stricte théorie, dans le régime nouveau, l'inscription devrait être sans efficacité pour la sauvegarde des intérêts à échoir. Puisqu'ils ne peuvent encore figurer dans l'inscription, les tiers n'en sont pas avertis et l'on ne devrait pas leur opposer une créance qu'ils n'ont pu connaître. Toutefois, cette extrême rigueur se justifierait mal : « d'une part, elle punirait le créancier de son indulgence envers le débiteur, et pour les facilités qu'il lui aurait laissées; d'autre part, en multipliant les frais d'inscription, elle augmenterait au préjudice de tous les charges dont le gage est affecté. » Aussi toutes les lois hypothécaires organisées sur les bases de la publicité ont pris un moyen terme : la loi du 9 messidor (art. 14), décidait que l'inscription conserverait au même rang que le capital une année d'intérêts et le terme courant. La loi du 11 brumaire accordait deux années. Le Code a combiné l'une et l'autre disposition. « Le créancier inscrit pour un capital produisant intérêt ou arrérages a droit d'être colloqué pour deux années seulement et pour l'année courante au même rang d'hypothèque que pour son capital, sans préjudice des inscriptions particulières à prendre portant hypothèque à compter de leur date pour les arrérages autres que ceux conservés par la première inscription » (art. 2151). De cette disposition on peut déduire le système général de la loi concernant la garantie des intérêts de la créance hypothécaire : les intérêts échus lors de l'inscription sont conservés au même rang que le capital, si on prend soin de les mentionner dans l'inscription, et pour les arrérages à écheoir, une distinction est nécessaire; la loi garantit de plein droit deux années d'intérêts et l'année courante au rang du capital inscrit. En dehors du délai couvert par la protection de la loi, les arrérages ne peuvent participer au bénéfice de l'hypothèque qu'au moyen d'inscriptions particulières prises au fur et à mesure des échéances et à la date seulement de ces inscriptions.

Les termes de l'article 2151 donnent lieu à certaines difficultés d'interprétation et il est utile de déterminer avec précision la durée de cette protection exceptionnelle et les intérêts auxquels on peut exactement l'appliquer.

Et d'abord, quelles sont les deux années dont la loi garantit les arrérages? L'article 2151 doit-il être entendu des deux années qui suivent l'inscription, ou au contraire de deux années quelconques à prendre parmi celles qui se sont écoulées depuis l'inscription jusqu'au payement? La question n'est pas inutile; car, si l'on admettait la première solution, on devrait conclure que le créancier qui a touché les intérêts de son capital pendant deux ans depuis son inscription et qui dès ce moment n'a plus été payé, ne pourrait néanmoins invoquer le bénéfice de la loi. La cour de Riom, par arrêt du 16 décembre 1813, avait admis cette idée. Mais sa décision fut justement annulée par la Cour de cassation dans l'intérêt de la loi (1). Comme le faisait très-bien remarquer le procureur général, dans son réquisitoire contre l'arrêt de Riom, le but de la loi, en restreignant les dispositions de l'ancien droit touchant les intérêts de la créance

(1) Cassation, 27 mai 1816. Sirey, 16, 1, 250. Conf. Angers, 18 janv. 1827. Sirey, 28, 2, 102.

garantie, a été simplement de fixer autant que possible le montant de la dette à l'égard des tiers, d'éviter cette accumulation d'arrérages, qui peut doubler le capital et qui se concilie difficilement avec la publicité des hypothèques. On réduit à deux années le temps pendant lequel la loi conserve les intérêts, mais ainsi restreinte la loi veut être appliquée à la lettre, et il n'appartient pas à l'interprétation de la limiter encore en déterminant quelles années doivent jouir du bénéfice qu'elle concède. Donc, les deux années garanties ne sont pas nécessairement celles qui suivent l'inscription; ce ne sont pas davantage celles qui précèdent l'année courante. Ce sont deux années quelconques dont les arrérages sont dus : peu importe aux autres créanciers quelles elles sont ; le chiffre des intérêts à payer à celui qui les prime est indépendant de cette détermination.

La loi garantit de plus l'armée courante, et les auteurs sont loin de s'accorder sur la portée de ces expressions. Il faut admettre d'abord qu'il n'est pas question d'une année pleine et entière, qui, jointe aux deux autres, étendrait à trois ans la protection de la loi; il s'agit d'une portion de l'année en cours d'évolution au moment où le créancier entend se prévaloir de son droit. M. Troplong a soutenu le contraire (1), mais son système, fondé peut-être en législation, ne saurait triompher en doctrine, vu les termes formels

(1) Priv. et Hyp., n° 671 ter.

de l'article 2151. Quelle sera donc cette portion d'année? On est unanime pour ne pas souscrire à l'idée émise par M. Persil, qu'il s'agirait de l'année où l'inscription est prise(1). Mais en ce point, on se divise, et il serait difficile d'énumérer toutes les opinions qui ont été proposées. Nous signalerons les deux principales.

La plupart des auteurs pensent qu'il faut se reporter pour fixer la portion d'année courante à l'époque de la collocation; ce système, disent ses partisans, concorde tout à la fois avec le texte et avec l'esprit de la loi; avec son texte, l'article 2151 porte en effet : « Le créancier a droit d'être colloqué pour deux années seulement et pour l'année courante. » Ne ressort-il pas de cet agencement de mots que la loi a visé l'année en cours à l'époque de la collocation? Avec son esprit, car la portée restrictive de l'article 2151 a été inspirée par l'intérêt des tiers et le besoin d'assurer une publicité effective, or c'est seulement lors de la collocation que le droit hypothécaire du créancier produit son effet à l'égard des tiers. C'est alors seulement que les autres créanciers peuvent mesurer l'étendue exacte du droit de celui qui les prime (2).

Dans une seconde opinion qui semble dominer en jurisprudence et que nous croyons mieux fondée, on arrête le calcul de l'année courante au moment de l'adjudication s'il s'agit d'une expropriation forcée, au moment des notifications à fin de purge s'il s'agit d'une

(1) Sur l'art. 2151, nº 3.
(2) Pont, nºs 1019 et 1020.

aliénation volontaire. La garantie par la loi des intérêts est une conséquence de l'inscription. C'est elle seule et non la loi qui conserve les intérêts, car si la créance n'était pas inscrite, l'article 2151 ne s'appliquerait pas. Or, on décide généralement que l'inscription a produit son effet légal aux époques sus-indiquées suivant la distinction qui précède. Les droits des créanciers sont alors fixés et passent dans leur ordre de la chose sur le prix. Si ces droits sont ainsi arrêtés, ils le sont sans doute aussi bien pour les intérêts que pour le capital, et l'inscription ne peut avoir pour effet de garantir plus longtemps les accessoires alors que son rôle, quant au principal, est absolument terminé (1). L'ordre, d'ailleurs, n'est que déclaratif et son effet se reporte au moment où les créanciers ont vu leurs droits définitivement déterminés.

Au reste, on admet que les intérêts échus depuis la demande en collocation dans le premier système, depuis l'adjudication ou les notifications de l'article 2183, dans le second, sont conservés au rang de l'hypothèque et que la restriction de l'article 2151 ne s'y applique pas. Mais à dater de la clôture de l'ordre les droits de chacun en principal et accessoires sont irrévocablement arrêtés ; ainsi dans une espèce où, après la clôture de l'ordre, on avait dû procéder à une revente sur folle enchère, il a été jugé que les premiers créanciers ne pouvaient demander à être colloqués dans l'ordre

(1) Aubry et Rau, t. III, § 285, note 22.

rectificatif pour les intérêts échus depuis la clôture de l'ordre originaire (1).

Enfin, nous devons rechercher à quels intérêts s'applique la protection de la loi. En texte, la loi parle des intérêts et arrérages. Ces termes s'appliquent donc tant aux revenus d'un capital exigible qu'à ceux d'une rente perpétuelle ou même viagère. Mais ils ne peuvent être entendus des intérêts des intérêts.

De ce que la loi ne vise expressément que le créancier inscrit pour un capital produisant intérêts, on a conclu avec juste raison qu'elle était inapplicable aux hypothèques légales dispensées d'inscription, sauf toutefois la réserve de l'innovation introduite par l'article 8 de la loi du 23 mars 1855. On est même d'accord pour ne pas faire tomber sous les termes de l'article 2151, les hypothèques légales des communes, du Trésor, des établissements publics, parce que le capital de la créance n'étant pas encore déterminé, les intérêts ne peuvent devenir périodiquement exigibles. Mais une fois le montant en capital précisé dans un chiffre, les intérêts à courir ultérieurement devront être traités suivant le droit commun et ne seront conservés que pour deux ans et l'année courante. Cette dernière remarque atteindra l'hypothèque judiciaire quand le jugement prononcera une condamnation indéterminée dans son quantum.

Les intérêts à échoir ne sont pas garantis par l'in-

(1) Douai, 9 juin 1843. Sirey, 44, 2, 18.

cription. Toutefois ils constituent une créance hypothécaire qui pourrait être sauvegardée par des inscriptions particulières, prises successivement au fur et à mesure des échéances. Il résulte de cette observation que si ces inscriptions n'ont pas été prises, les créanciers seront traités, quant à ce, comme de simples créanciers chirographaires. Donc, non-seulement les créanciers hypothécaires du débiteur pourront se prévaloir de l'article 2151, afin de n'être pas primés pour les intérêts non conservés ; mais de plus les simples chirographaires pourront de même, en invoquant le même texte concourir avec le créancier négligent (1).

(1) Rejet. 15 avril 1846. Sirey, 46, 1, 818.

CHAPITRE VIII.

De la publicité des registres.

Nous devons nous borner sur ce point à des indications très-brèves, sous peine de tomber dans des détails de pratique qui ne sauraient trouver place dans ce travail.

Tout individu qui se propose de traiter avec un tiers, soit pour acquérir de lui un immeuble, soit pour lui prêter de l'argent, doit se poser une double question, 1° Ce tiers est-il propriétaire de l'immeuble ? 2° L'immeuble est-il libre de charges hypothécaires antérieures ? L'un et l'autre renseignements se trouvent dans les registres du conservateur.

Le droit pour tous de consulter ces registres est donc un élément essentiel du système de publicité organisé par la loi. Comme le dit très-bien M. Mourlon : « Ce droit de recherche tient par son essence même à l'organisation du crédit, et par le secours qu'il lui prête au développement de la richesse générale. Il est donc évidemment favorable. Tout ce qui fait obstacle ou le gêne dans son exercice est un contre-sens juridique. » Toutefois il est facile de comprendre que des nécessités d'ordre matériel ne permettaient pas que le premier venu pût compulser à loisir les archives hypothécaires. Le conservateur est un intermédiaire indispensable chargé de fournir aux tiers, sur leur réquisition et par voie d'états, tous les renseignements qui leur sont utiles (Art. 2196).

Le droit de réquisition appartient à tous, et n'est soumis dans son exercice à aucune forme spéciale; nous n'admettons même pas avec M. Troplong qu'on puisse l'assujettir à la formalité du timbre. Toutefois, comme les réquisitions doivent rester au bureau pour couvrir la responsabilité de l'agent, elles devront être écrites. Si le requérant ne sait écrire, le conservateur reproduira sous sa dictée, en tête de l'état délivré, les termes mêmes de sa demande verbale. De même les préposés ne doivent répondre que par écrit aux réquisitions qui leur sont adressées, et nous pensons que si, au mépris des instructions, formelles de l'administration, ils consentaient à fournir des renseignements oraux ils ne seraient point en droit d'exiger un salaire.

Les états délivrés par les conservateurs consistent en une copie littérale des actes existant sur leurs registres. On en distingue en pratique diverses espèces: états généraux ou spéciaux, états partiels ou complémentaires et supplétifs, états sur individu ou sur transcriptions. Il serait difficile, au surplus, d'en cataloguer exactement les variétés, car elles sont aussi nombreuses que les intérêts divers auxquels la publicité hypothécaire doit donner satisfaction. C'est en effet une règle indiscutable que les conservateurs doivent borner leurs renseignements aux termes précis des réquisitions. C'est ainsi, que d'après la disposition formelle de l'article 5 de la loi du 23 mars, les parties peuvent demander soit des états généraux, soit même des états spéciaux de transcription, et il ne faut pas hésiter à étendre cette règle aux états d'inscription. Nous déciderons notamment que dans une demande d'état sur transcription la partie intéressée peut borner sa réquisition au vendeur ou à l'un quelconque des précédents propriétaires (1).

Lorsqu'il n'existe aucune transcription ou aucune inscription au nom qui lui est indiqué, le conservateur délivre un certificat négatif.

C'est une question controversée que celle de savoir s'il faut reconnaître aux réquérants le droit d'exiger des renseignements par extraits analytiques, ou si au contraire ils peuvent être contraints à recevoir une copie littérale de l'acte qui les intéresse. La première opinion présente l'incontestable avantage de diminuer les frais à faire, partant de faciliter la publicité : en cela elle paraît rentrer dans l'esprit de la loi. Nous ne pensons pas néanmoins qu'elle puisse être admise dans l'état actuel de la législation. Il fut, en effet, question, en 1855, d'autoriser les transcriptions par extrait :

(1) Pont, Rev. crit., t. XV, p. 193. — Mourlon, Transc., I, n° [illegible].

on ne crut pas devoir admettre cette proposition pour ne pas aggraver trop la responsabilité du conservateur, dont on persistait à ne faire, dans son intérêt du reste, qu'un simple copiste. Il nous semble que les inconvénients et les dangers qui ont fait repousser la transcription par extraits se retrouveraient tous dans un système qui autoriserait les renseignements analytiques. En conséquence nous croyons que la proscription qui a frappé le premier mode de procéder doit atteindre pareillement le second.

L'artticle 2197 déclare formellement les conservateurs responsables du préjudice résultant du défaut de mention dans leur certificat d'une ou de plusieurs des incriptions existantes, à moins dans ce dernier cas que l'erreur ne provînt de désignations insuffisantes qui ne pourraient leur être imputées. Il est bien clair d'ailleurs que les conservateurs ne doivent faire figurer dans les états ni les inscriptions radiées ni celles que l'expiration du délai de dix ans a frappées de péremption, ni celles qui ont été renouvelées.

Telle est dans son ensemble la législation du Code civil touchant l'organisation de la publicité hypothécaire. Placés entre le système romain et coutumier et les innovations du droit intermédiaire, les rédacteurs du Code étaient restés fidèles à la pensée de transaction conciliante qui avait guidé tous leurs travaux. Mais il faut avouer que la tâche était ici singulièrement difficile et condamnée par avance à la stérilité. On avait adopté, en principe, le système de la publicité, et néanmoins on avait cru devoir faire quelques sacrifices aux idées coutumières, dont le souvenir s'était réveillé dans le sein même du conseil d'État. Peut-être faut-il interpréter ainsi la disparition de la transcription, et à coup sûr les traditions coutumières se retrouvent dans la clandestinité des hypothèques légales des femmes et des mineurs. C'était une erreur de croire que ces compromis dussent accorder tous les intérêts, et que deux théories aussi contradictoires pourraient se combiner sans se détruire. Aussi cette partie de l'œuvre législative de 1804 souleva-t-elle dès son apparition les plus vives controverses. Sans vouloir rappeler ici les critiques exagérées dirigées contre le Code par un publiciste de l'école saint-simonienne (1), il sera permis de citer les articles de M. Jourdan dans *la Thémis*, et la remarquable préface que M. Troplong a mise en tête de son Commentaire du titre des privilèges. Dès 1827, Casimir Périer ouvrait un concours sur les améliorations à introduire dans notre régime hypothécaire. Toutefois, on ne devait rien attendre en cette matière de l'initiative privée. Le gouvernement prit en main l'œuvre réformatrice si instamment réclamée. Le 7 mai 1841, une circulaire fut adressée par M. le garde des sceaux,

(1) M. Decourdemanche, Du danger de prêter sur hypothèque.

Martin du Nord à toutes les cours judiciaires, et aux Facultés de droit, pour recueillir leur avis sur les projets de réforme. Cette enquête, habilement conduite, nous a valu de précieux documents ; mais l'entreprise ne put être menée à bonne fin. Reprise en 1849, interrompue de nouveau en 1851, elle a définitivement abouti à la loi du 23 mars 1855 que nous devons étudier dans ses rapports avec la publicité des hypothèques.

IV.

LOI DU 23 MARS 1855.

De toutes les critiques dirigées contre la publicité hypothécaire, telle que le Code civil l'avait conçue et réglementée, les plus graves touchaient à la clandestinité des mutations de propriété, à la dispense d'inscription établie par l'article 2135 au profit des incapables, et surtout au maintien de ce privilége après la cessation de l'incapacité qui le motivait. Dès 1843 on avait été unanime pour demander que les transports de propriété immobilière fussent assujettis au régime de la publicité : les cours et facultés différaient d'avis sur le mode pratique à instituer, mais le principe lui-même ne souffrait pas de controverse. Il fut pareillement accueilli en 1851, et la loi du 23 mars l'a consacré en restaurant simplement l'usage de la transcription sur les bases de la loi du 11 brumaire an VII. On était plus divisé sur le point de savoir si les hypothèques légales des incapables devraient subir les règles communes. La loi nouvelle a cru devoir maintenir l'exception établie par le Code en leur faveur, mais au moins en a-t-elle atténué les exagérations.

Trois articles de la loi doivent spécialement nous arrêter : l'article 6, traitant de la transcription dans ses rapports avec la publicité des hypothèques ; l'article 8, qui impose aux femmes et aux mineurs l'obligation de rendre leurs hypothèques publiques dans l'année qui suit la dissolution du mariage ou la cessation de la tutelle; enfin l'article 9, qui organise la publicité des subrogations à l'hypothèque légale de la femme.

CHAPITRE PREMIER.

De la transcription dans ses rapports avec la publicité des hypothèques.

Nous ne reviendrons pas sur l'historique de la législation en ce qui concerne la transcription. Nous venons de voir que, conformément aux réclamations unanimes et persistantes des auteurs et des cours, elle avait été rétablie comme moyen de transférer la propriété à l'égard des tiers. Cette remarque suffit à faire comprendre quels liens la rattachent à notre sujet. A l'égard du débiteur qui vend et de l'acquéreur qui traite avec lui, les créanciers hypothécaires sont des tiers. Donc, quant à eux, l'aliénation n'est définitive et consommée qu'après l'accomplissement de la formalité de la transcription. Comme, d'autre part, et suivant des principes qui nous sont connus, les créanciers hypothécaires peuvent conserver leur droit par l'inscription tant que le bien grevé n'est pas sorti du patrimoine du débiteur, il suit de la combinaison de ce principe avec la loi nouvelle que les inscriptions sont possibles jusqu'à la transcription de l'acte portant vente du bien hypothéqué. C'est ce que porte formellement l'article 6 de la loi de 1855 : « A partir de la transcription les créanciers privilégiés ou ayant hypothèque aux termes des articles 2123, 2127 et 2128 C. N. ne peuvent prendre utilement inscription sur le précédent propriétaire. »

Ce retour à la loi de brumaire impliquait nécessairement l'abandon du système du Code qui arrêtait le cours des inscriptions au moment même où la vente était parfaite entre vendeur et acheteur par le consentement sur la chose et sur le prix.

Au contraire il n'eût pas été incompatible avec le maintien des articles 834 et 835 du C. de proc. et l'on comprendrait en théorie que la transcription n'eût été qu'une mise en demeure de se mettre en règle. Était-il d'une bonne législation de maintenir un délai de grâce? Sans doute l'article 834 C. proc. avait contre lui son origine purement fiscale, mais ce n'était pas un reproche suffisant pour le faire écarter ; aussi avait-il trouvé des défenseurs dans l'enquête de 1841 : « La transcription, disait-on, fut considérée comme un avertissement nécessaire pour le créancier. Mais cet avertissement ne lui eût été d'aucun secours, si on ne lui eût en même temps accordé un délai pour s'inscrire. Considérée sous ce point de vue, la disposition de l'article 834 conserve son utilité même en présence de la loi de brumaire. Il peut toujours arriver, ar exemple, qu'au moment où un créancier vient d'obtenir une hypothèque judiciaire et pendant les délais nécessaires pour l'enregistrement et l'expédition un débiteur de mauvaise foi vende et l'acquéreur fasse transcrire avant que le créancier ait eu le temps de prendre inscription (1). » La cour d'Aix voulait faire étendre le délai à quatre mois; la cour de Nancy proposait que l'acquéreur avertit, après la transcription, les créanciers non inscrits par la voie employée pour purger les hypothèques légales.

Mais, d'autre part, la Faculté de Strasbourg (2) faisait ressortir : « que la disposition de l'article 834 serait une inconséquence dans le nouveau système, qui subordonnera la transmission de la propriété à la transcription de l'acte d'acquisition et n'attachera pas d'effet rétroactif à l'accomplissement de cette formalité, quelque diligence que l'acquéreur ait mise à la remplir. A la vérité en refusant aux créanciers hypothécaires la faculté de s'inscrire encore après la transcription des actes translatifs de propriété, on les expose à perdre leur droit en se laissant gagner de vitesse par les acquéreurs ; mais la condition des acquéreurs n'est-elle pas tout aussi favorable que celle des prêteurs. » — « Pourquoi, disait de même la Faculté de Paris, donnerait-on aux créanciers hypothécaires un délai que l'on refuse aux acquéreurs de la pleine propriété. »

(1) Docum. hypoth., Cour de Montpellier, t. II, p. 732. V. aussi t. I, p. 136, et t. II, 747.

(2) Ibid., t. III, p. 440; t. Ier, p. 448.

Ce dernier avis, qui comptait en 1841 les plus nombreux suffrages, qui avait prévalu en 1851 dans le projet du gouvernement et dans les délibérations du conseil d'État, a été consacré par la loi nouvelle : « Les articles 834 et 835 C. de proc. sont abrogés. »

Donc, aujourd'hui la transcription arrête seule, mais définitivement et sans délai de grâce, le cours des inscriptions à prendre sur le précédent propriétaire. Cette innovation atteint sans contestation possible les hypothèques conventionnelles et judiciaires. L'article 6 les vise expressément, mais il renvoie seulement aux articles qui les régissent et non à ceux qui traitent des hypothèques légales. On a très-justement conclu de ce silence que les hypothèques légales échappaient à la loi nouvelle et se conservaient indépendamment de toute inscription, même après la transcription de la vente de l'immeuble grevé. Cette déduction ne souffre aucune difficulté quand on l'applique aux hypothèques régies par l'article 2135, mais elle cesserait d'être exacte si on l'étendait à celles qui sont soumises à la règle commune de la publicité (1).

Pour préciser la portée du changement introduit par l'article 6 de la loi du 23 mars 1855, nous examinerons successivement : 1° le cas d'une vente volontaire; 2° celui de l'expropriation forcée; 3° celui de l'expropriation pour cause d'utilité publique ; 4° enfin

(1) Mourlon, Transcription, n° 606. — Pont, n° 1120.

le cas d'une aliénation non soumise à la formalité de la transcription. Nous rencontrerons de plus quelques hypothèses qui donnent lieu à des difficultés.

I. *Aliénation volontaire.* — Jusqu'à la transcription du contrat de vente, les créanciers à hypothèques conventionnelles, judiciaires ou légales, sont admis à s'inscrire et, leur inscription aura tout son effet, alors même qu'elle n'aurait été prise que dans l'entre-temps qui sépare la vente de la transcription. Après cette formalité accomplie la manifestation ultérieure de leur droit est devenue impossible, et leur garantie, demeurée occulte, est destituée de toute efficacité, soit quant au droit de suite, soit quant au droit de préférence : ils sont rejetés parmi les créanciers chirographaires.

Ces principes n'atteignent pas les créanciers à hypothèques légales dispensées d'inscription. Ils conservent, nonobstant la transcription, le droit de suivre l'immeuble en quelques mains qu'il passe, sauf à l'acquéreur à s'affranchir de cette charge en procédant à la purge, conformément aux articles 2194 et 2195.

En cas pareil, ou bien l'hypothèque des femmes et des mineurs sera rendue publique dans les deux mois accordés à cet effet, et dès lors droits de préférence et de suite seront pleinement sauvegardés, ou bien aucune inscription ne sera prise. Dans cette dernière hypothèse le droit de suite sera certainement anéanti ; quant au droit de préférence, on discutait les conséquences que pouvait avoir à son encontre le silence de la femme ou du mineur. La loi du 21 mai 1858 a tranché ces controverses. L'article 772 du C. de proc., modifié par cette loi, nous apprend dans son dernier alinéa que : « les créanciers à hypothèques légales qui n'ont pas fait inscrire leurs hypothèques dans le délai fixé par l'article 2195 C. N. ne peuvent exercer de droit de préférence sur le prix qu'autant qu'un ordre est ouvert dans les trois mois qui suivent l'expiration de ce délai et sous les conditions déterminées par la dernière disposition de l'article 717. » Or, l'article 717 distingue : s'agit-il d'un ordre judiciaire, les femmes, mineurs et interdits doivent y produire, dans un délai de quarante jours à dater de la sommation de produire adressée aux créanciers inscrits (art. 753, 754). S'agit-il d'un ordre amiable, les femmes, mineurs et interdits n'en sont forclos que par la clôture de l'ordre.

II. *Expropriation forcée.* — Tandis que l'article 834 du Code de procédure ne régissait que les aliénations volontaires, on ne fait pas difficulté d'admettre que notre article 6 gouverne tout à la fois les ventes volontaires et les expropriations forcées. Ainsi, jusqu'à la transcription du jugement d'adjudication, les créanciers hypothécaires du saisi peuvent s'inscrire : ils ne le peuvent plus à dater de ce moment, alors même que, faute par l'adjudicataire de remplir ses engagements, on devrait procéder à une revente sur folle enchère.

Les inscriptions prises avant la transcription du jugement d'adjudication conservent évidemment aux créanciers leur droit de préférence ; quant au droit de suite il ne survit pas à l'accomplissement de cette formalité, parce que l'adjudication dûment transcrite purge toutes les hypothèques qui grevaient l'immeuble (art. 717 C. proc. *in fine*. C'est une différence capitale entre l'aliénation volontaire et la vente forcée, qui d'ailleurs se justifie sans peine. Tandis, en effet, que, dans le premier cas, tout se passe entre vendeur et acheteur, à l'insu des créanciers, et si l'on peut dire sous le manteau de la cheminée, il en est tout autrement en cas de vente forcée. Les créanciers sont associés à la poursuite dirigée contre leur débiteur par la sommation qui leur est faite de prendre communication du cahier des charges (Art. 692 C. de proc.). Dès ce moment ils peuvent veiller à la sauvegarde de leurs intérêts, et faire monter l'immeuble au plus haut prix qu'il puisse atteindre. Lors donc qu'ils ont laissé s'accomplir l'aliénation, il y a toute raison de croire qu'elle s'est faite aux meilleures conditions possibles, que le gage commun a produit tout ce qu'on en pouvait légitimement attendre : il ne reste plus qu'à transporter le droit des créanciers de l'immeuble sur le prix, et à affranchir l'immeuble de toute poursuite hypothécaire.

Toutefois, avant la loi de 1858, cet effet de purge n'était point absolu. Certains créanciers n'étaient pas liés à la poursuite en expropriation et les raisons que nous faisions valoir tout à l'heure ne les touchaient point : nous voulons parler des créanciers à hypothèques légales non inscrites. Aussi avait-on tiré du fait qu'ils restaient étrangers à la saisie cette conséquence, que l'adjudication ne pouvait éteindre leur droit de suite. C'est pourquoi on imposait à l'adjudicataire l'obligation de purger les hypothèques légales au moyen des formalités des articles 2194-2195. La loi du 21 mai 1858 a fait cesser cette anomalie et prescrit par l'article 692 C. de proc. de faire également sommation « à la femme du saisi, aux femmes des précédents propriétaires, au subrogé tuteur des mineurs ou interdits, ou aux mineurs devenus majeurs, si dans l'un et l'autre cas les mariage et tutelle sont connus du poursuivant d'après son titre. » Que si le titre ne les fait pas connaître, ils sont appelés à s'inscrire par les annonces judiciaires insérées dans un journal du département où sont situés les biens (art. 696, C. proc.). Par là on a fait aux femmes et aux mineurs une situation identique à celle des autres créanciers du saisi, il est donc juste que vis-à-vis d'eux l'adjudication entraîne désormais tous les effets qu'elle produit à l'égard des autres. Leur droit de suite sera éteint, et leur droit de préférence subsistera dans son intégrité s'ils se sont fait inscrire, dans les limites de l'article 717 C. proc. s'ils ont gardé le silence.

L'innovation de la loi de 1858 a donc rétabli dans toute sa force l'ancienne maxime : « Décret forcé nettoie toutes les hypothèques. » En effet, toutes les charges hypothécaires qui grevaient l'immeuble disparaissent, quelle qu'en soit la qualité et quelle qu'en soit la date. Ainsi en sera-t-il des hypothèques constituées avant l'adjudication, mais inscrites dans l'entre-temps qui sépare le jugement d'adjudication de la transcription. Ainsi en sera-t-il encore de celles qui n'auraient été constituées et rendues publiques que dans cet intervalle.

III. *Expropriation pour cause d'utilité publique.* — C'est une question gravement controversée, que celle de savoir si la loi du 23 mars 1855 est applicable à l'expropriation pour cause d'utilité publique (1). Nous pensons qu'il faut la résoudre négativement et suivre encore l'article 17 de la loi du 3 mai 1841. Partant, nous dirons que les créanciers ayant hypothèque sur les biens expropriés pourront s'inscrire jusqu'à l'expiration de la quinzaine qui suivra la transcription du jugement d'expropriation; après ce délai, ils seront forclos et déchus de tous leurs droits hypothécaires. Au contraire, l'inscription prise en temps utile conservera certainement leur droit de préférence. Quant au droit de suite, il disparaît par le fait même de l'expropriation.

Les femmes et les mineurs conservent même sans être inscrits leur droit de préférence sur le prix de l'immeuble exproprié, sans que l'exercice de ce droit soit d'ailleurs soumis aux conditions de temps requises en matière de vente volontaire ou forcée. Il

(1) Affirm. : Mourlon, Transc., nos 88, 581-1o et 585. — Négat. : Cabantous, Rev. crit., t. VII, p. 100. — Troplong. Transc., no 274. — Aubry et Rau, p. 320, note 13.

subsiste tant que le prix n'est pas payé. Toutefois l'inscription est néanmoins utile aux incapables; elle est une garantie que l'ordre ne pourra se clore sans qu'ils y aient formellement été appelés.

IV. *Aliénations qui échappent à la formalité de la transcription.* — On sait que la transmission de propriété résultant d'un legs particulier s'opère *ergà omnes*, dès l'ouverture de la succession sans le secours d'aucune mesure de publicité. Si nous supposons qu'un débiteur ait légué un immeuble grevé au profit d'un créancier d'une hypothèque non inscrite, à quel moment précis devrons-nous dénier au créancier la possibilité de maintenir son droit par l'inscription? On est généralement d'accord pour admettre que l'inscription devient impossible dès le décès du testateur. Cette solution nous paraît conforme aux textes et à l'esprit général de la loi : aux textes, puisque d'une part la transmission par voie de legs particulier n'est pas soumise à la formalité de la transcription, et que d'autre part les articles 834 et 835 C. proc. formellement abrogés ne sauraient servir à régler cette hypothèse; à l'esprit général de la loi, puisqu'on ne peut plus en principe s'inscrire sur un immeuble dès qu'il est sorti, à l'égard des tiers du patrimoine du débiteur. Or un immeuble légué, sort du patrimoine du testateur, *ergà omnes*, dès l'ouverture de la succession.

Dans certaines hypothèses des complications de

fait peuvent donner naissance à des difficultés juridiques.

Qu'arrive-t-il par exemple, lorsqu'un créancier hypothécaire s'inscrit sur un immeuble, le jour même où l'acquéreur de cet immeuble fait transcrire son titre? Il a été jugé que l'inscription était utile et que le jour de la transcription appartient tout entier aux créanciers hypothécaires pour manifester leur droit (1).

Un acheteur avant d'avoir transcrit son titre constitue une hypothèque à Primus qui la fait inscrire. Par la suite, et toujours avant la transcription. Secundus créancier du vendeur s'inscrit à son tour. Lequel des deux créanciers hypothécaires devra venir le premier dans l'ordre? Dans une première opinion on applique purement et simplement la règle « prior tempore potior jure. » Les créanciers du vendeur, dit-on, n'ont le droit de se prévaloir du défaut de transcription qu'autant qu'ils sont inscrits : or, nous supposons que Secundus ne l'était pas au moment où le créancier hypothécaire de l'acheteur a manifesté son droit. D'ailleurs les créanciers du vendeur sont en faute de n'avoir pas rendu publique leur qualité. Leur permettre de primer les créanciers de l'acheteur inscrits avant eux, ce serait prêter la main à la fraude et rendre ces derniers victimes, d'une négligence à laquelle ils ne peuvent rien(2). Il nous semble qu'il y a dans ce sys-

(1) Trib. de Bagnères-de-Bigorre, 21 fév. 1859. — Sirey, 60, 2, 487. — Conf. Pont, n° 1119, note 1.

(2) Troplong, Transc., n°s 163-168.

tème un oubli des principes fondamentaux de la matière. En effet, il est bien vrai que la vente est parfaite entre vendeur et acheteur dès qu'on est tombé d'accord sur la chose et sur le prix, que dès ce moment l'acheteur devenu propriétaire a pu constituer des hypothèques, et ceux qui les ont acquises les rendre publiques. Mais, il n'est pas moins certain que jusqu'à la transcription, la vente à l'égard des créanciers du vendeur est comme inexistante, et qu'ils peuvent s'inscrire jusqu'à ce moment. On nous objecte que le droit pour les créanciers du vendeur de se prévaloir du défaut de transcription est subordonné à l'inscription de leur hypothèque. Sans doute, mais ce droit, ils peuvent l'acquérir en s'inscrivant jusqu'à la transcription et dès qu'ils l'ont acquis, ils peuvent rétroactivement l'invoquer contre les créanciers de l'acheteur. Quant au reproche adressé à cette seconde opinion, d'ouvrir la porte à la fraude et de tromper les créanciers de l'acheteur, il paraît bien peu fondé. Car, ceux-ci sont bien avertis de la fragilité des droits qu'ils peuvent acquérir sur un immeuble, dont l'acquisition par leur débiteur n'a point été complétée par la transcription.

Lorsque le même immeuble a fait l'objet de plusieurs aliénations successives aucune difficulté ne peut s'élever si ces diverses mutations de propriété ont toutes été transcrites en leur temps, ou si le dernier acquéreur a soumis à la formalité son titre et tous les titres antérieurs. Mais on peut supposer que de deux aliénations successives la dernière seulement a été transcrite tandis que l'autre est restée occulte. Faut-il dire que la transcription du dernier contrat arrête le cours des inscriptions non-seulement à l'égard des créanciers du vendeur immédiat, ce qui n'est pas douteux, mais encore à l'égard des créanciers des précédents vendeurs? Cette question gravement controversée n'est point née de la loi nouvelle. Elle se posait déjà sous l'empire des articles 834 et 835 C. proc. en des termes un peu différents, il est vrai, mais qui néanmoins laissaient libre carrière à la controverse doctrinale. Il s'agissait alors de savoir si la transcription du dernier contrat constituait une mise en demeure de s'inscrire dans la quinzaine tant pour les créanciers des précédents propriétaires que pour ceux de l'aliénateur immédiat. Aucun des systèmes proposés pour résoudre cette difficulté n'avait rallié l'unanimité des interprètes et la vivacité de la controverse n'avait eu d'autres résultats que de faire réclamer une solution législative. Il semblait que la loi nouvelle dût la fournir, puisque son principe nouveau changeait simplement la formule de la question sans en atténuer la difficulté. Néanmoins cette espérance fut trompée, et l'hypothèse volontairement laissée à l'appréciation des auteurs et des tribunaux. Les tentatives n'ont certes pas manqué pour combler cette lacune de la loi : systèmes absolus ou mixtes et intermédiaires, distinctions et sous-distinctions, tout a été proposé, mais l'union n'a pu s'établir sur aucune de ces bases. Les termes de la loi ne sont formels en aucun sens : « A partir de la transcription, dit l'article 6, les créanciers ne peuvent prendre inscription sur le précédent propriétaire. » On a bien tenté, dans une opinion d'invoquer ces derniers mots pour prouver que la transcription n'avait d'effet qu'à l'égard des créanciers de l'aliénateur immédiat : mais nous tenons qu'il faut se défier des arguments grammaticaux, quand ils attribuent à l'emploi souvent fortuit d'un singulier ou d'un pluriel une aussi grave portée. Les travaux préparatoires ne nous apportent pas plus de lumière. A la question qui lui fut posée, le rapporteur, M. de Belleyme répondit que cette controverse ; « étant une question de régime hypothécaire et de jurisprudence la loi nouvelle n'avait pas pour objet de la résoudre. » Enfin les précédents nous offrent l'origine de la difficulté mais aucun élément de solution. Il faut donc au milieu de ces obscurités se placer exclusivement sur le terrain de la théorie : or, il nous semble qu'un enchaînement exact des principes doit conduire à admettre que l'effet de la transcription du dernier contrat est tout relatif, et se borne à arrêter les inscriptions à prendre par les créanciers du vendeur le plus récent, sans atteindre ceux des précédents propriétaires.

En effet, le principe de la matière, souvent rappelé et simple dans sa formule est que les créanciers d'un vendeur d'immeuble peuvent inscrire les hypothèques dont ce bien fait l'objet, tant qu'il n'est pas sorti quant à eux du patrimoine du débiteur. Or, il n'est censé aliéné à leur égard, qu'après la transcription du contrat de vente. Dans le cas de deux aliénations successives, la transcription du second acte alors même qu'il rappellerait le premier, suffit elle à assurer la publicité de l'aliénation primitive à l'égard des créanciers du premier vendeur? Toute la question est dans ces termes. Examinons.

Lorsqu'un contrat de vente est présenté à la formalité de la transcription, il est porté au répertoire au compte passif du propriétaire vendeur, et les tiers qui ont besoin de savoir si l'immeuble a été ou non aliéné donnent au conservateur le nom de ce propriétaire. C'est à ce nom qu'on se reporte au répertoire où l'on trouve l'indication du volume qui renferme la transcription. En cet état, supposons deux ventes successives consenties, l'une par Primus à Secundus non transcrite, et l'autre par Secundus à Tertius transcrite, L'aliénation figurera au répertoire sur le nom de Secundus. Qu'un créancier de celui-ci s'informe du sort de l'immeuble, rien ne sera plus facile que de le renseigner. Le nom de Secundus trouvé au répertoire renverra à l'acte transcrit : A l'égard de ce créancier l'aliénation est publique, il ne peut plus s'inscrire. Que si, au contraire, un renseignement analogue est demandé par un créancier de Primus, le préposé se reportant à ce nom n'y verra pas figurer l'aliénation non transcrite par hypothèse : et de sa réponse négative le créancier pourra conclure que Primus est toujours propriétaire de l'immeuble : Donc, l'aliénation demeure clandestine à son égard, puisqu'il ne la peut connaître : dès lors elle ne lui est pas opposable.

Peu importe que le second contrat rappelle ou non l'existence du premier, car, malgré cette référence, le conservateur se borne à porter sur le répertoire le nom du vendeur actuel, et par cette considération nous écartons un système mixte qui distingue suivant que l'acte transcrit contient ou non la mention de l'aliénation antérieure.

Peu importe encore que la dernière aliénation ait été volontaire ou forcée, puisque les principes qui régissent l'une et l'autre sont identiques. Nous ne saurions donc accueillir la distinction proposée par M. Seligmann. Cet auteur attribue à la transcription un effet absolu quand il s'agit d'une adjudication sur expropriation forcée, et un effet simplement relatif dans l'hypothèse d'une vente volontaire. Dans ce dernier cas, dit-il, on comprend l'obligation pour l'acquéreur de faire transcrire tous les contrats antérieurs à son propre titre; il a traité à l'amiable avec le vendeur; il a pu recueillir de lui tous les renseignements particuliers à la situation; s'il ne l'a pas fait, il est juste qu'il supporte les conséquences onéreuses de sa négligence. Si, au contraire, il s'est rendu adjudicataire sur saisie, ces renseignements ne lui seront pas fournis. Le saisi se prêtera difficilement et de mauvaise grâce à la communication des titres qui constatent l'origine de la propriété. Cette distinction nous paraît arbitraire, et les motifs qui l'appuient paraissent impuissants à la soutenir. Si le saisi se refuse à remettre aux mains de l'adjudicataire les titres qui lui sont utiles, il existe des moyens légaux pour l'y contraindre et la nécessité d'y recourir n'est pas d'assez grande conséquence pour justifier une dérogation aux principes reçus. Que l'on ne dise pas que la publicité de la saisie a dû prévenir les créanciers des précédents vendeurs, que dès lors ils sont en faute pour n'être pas inscrits. Cet argument prouve trop pour prouver quelque chose ; il s'applique aussi bien et mieux aux créanciers du saisi lui-même, et cependant ceux-ci peuvent s'inscrire jusqu'à la transcription du jugement d'adjudication. Or, c'est toujours là qu'il en faut revenir, l'acte qui a dépossédé le premier aliénateur n'a pas été rendu public à l'égard de ses créanciers.

Nous concluons donc, que la transcription du second contrat arrête le cours des inscriptions au regard des créanciers hypothécaires de l'aliénateur immédiat ; au contraire que les créanciers des précédents vendeurs, qu'ils aient d'ailleurs acquis leurs hypothèques avant ou après la vente, conservent le droit de les inscrire jusqu'à la transcription de cette première vente. Toutefois, en cas de saisie immobilière, les inscriptions ainsi prises n'auront pas d'autre effet que celles prises avant la transcription du jugement d'adjudication, et quant aux hypothèques qu'elles garantiront, le prix sera définitivement fixé par le jugement d'adjudication (1).

(1) En ce sens, Mourlon, Transcription, nos 595 et suiv. — Aubry et Rau, t. III, § 272, lettre C.

CHAPITRE II.

De la publicité des hypothèques des incapables après cessation de l'incapacité.

C'était une solution généralement admise sous l'empire du Code Napoléon, que l'effet des hypothèques légales des femmes et des mineurs subsistait indépendamment de toute inscription après la dissolution du mariage ou la cessation de la tutelle. Ainsi la protection accordée aux incapables survivait à sa cause, et si l'on considère que la légitimité de cette protection, dans les limites même où elle se justifie le plus aisément, n'échappe pas à la controverse, que dans tous les cas elle introduit dans le fonctionnement du régime hypothécaire un élément de clandestinité parfois dangereux pour les tiers, on comprendra que le maintien de cette faveur après la cessation de l'incapacité qui la motive devait soulever de vives objections. Dans l'enquête de 1843 l'opportunité d'une réforme avait été unanimement signalée. Le principe que la dispense d'inscription devrait cesser avec les causes d'incapacité fut de même adopté en 1851, et la formule alors admise a passé dans la loi de 1855. L'auteur de l'exposé des motifs explique très-nettement la portée de cette innovation : « Tant que la femme est dans la dépendance du mari, dont l'intérêt est contraire au sien ; tant que le mineur est sous l'autorité d'un tuteur disposé à se défendre contre toute inscription, la loi supplée par une protection peut-être exorbitante à la résistance du mari ou du tuteur. Mais quand la capacité d'action sera venue à l'un et à l'autre, le besoin de la publicité reprendra tous ses droits, et il ne peut plus être question que d'accorder un délai pour remplir la formalité prescrite par la loi commune. » Tel est bien, en effet, le but de la disposition nouvelle, comme on pourra le comprendre en examinant successivement quelles personnes doivent rendre publiques ces hypothèques légales, dans quel délai, sous quelle sanction.

§ I. — L'obligation d'inscrire son hypothèque légale est imposée en premier lieu à la femme devenue veuve, ce qui rentre bien évidemment dans la pensée de la loi, puisqu'à ce moment la femme a recouvré sa pleine capacité, qu'elle se trouve affranchie de la puissance maritale, que rien désormais ne peut faire échec à sa volonté de manifester publiquement son droit d'hypothèque. Mais cette solution ne doit être étendue ni à la femme séparée de corps et de biens, ni à la femme séparée seulement de biens. La logique pourrait peut-être conduire à cette extension, car la femme, dans cette situation nouvelle, retrouve un droit d'administration assez étendu. Mais il est facile de se convaincre que l'incapacité de la femme, même séparée, subsiste complétement quant à la possibilité d'inscrire son hypothèque légale. Elle n'a pas reconquis une indépendance assez complète pour échapper à la disposition tutélaire de l'article 2135.

L'article 8 s'applique aussi textuellement au mineur devenu majeur, à l'interdit relevé de l'interdiction; car dans l'un et l'autre cas le mineur ou l'interdit acquièrent ou retrouvent leur liberté d'action; dès lors la protection de la loi devient inutile à ceux qui peuvent sauvegarder eux-mêmes leurs droits. D'un commun accord, on admet qu'il en serait autrement si la tutelle prenait fin par la mort du tuteur avant la majorité du pupille, ou la main-levée de l'interdiction, ou par l'émancipation du mineur. Dans le premier cas une seconde tutelle remplacerait la première, dans le second un curateur succèderait au tuteur, mais l'incapacité du pupille ou de l'interdit, cause génératrice de la protection de la loi subsisterait toute entière, et il y aurait lieu d'appliquer l'adage, non cessante causâ, non cessat effectus.

Le texte, après avoir énuméré la veuve, le mineur devenu majeur, l'interdit relevé de l'interdiction, poursuit en ces termes : « Leurs héritiers ou ayants cause. » De ces mots et de l'agencement de la phrase, on pourrait conclure que l'obligation d'inscrire l'hypothèque légale incombe seulement aux héritiers des incapables décédés en état de capacité; mais cette interprétation judaïque irait évidemment contre l'esprit de la loi. La règle à suivre est simple. La nécessité de conserver l'hypothèque par l'inscription prend naissance au moment où l'incapacité cesse. Or, il est clair que la mort de la femme du mineur met fin à leur état d'incapacité, et qu'à aucun titre leurs héritiers n'ont droit à la protection dont la loi les entourait. Ils ne sont pas, vis-à-vis du mari ou du tuteur, dans cette situation de dépendance qui rendait impossible aux yeux de la loi la manifestation publique du droit hypothécaire. Les auteurs s'accordent en général pour admettre cette interprétation que la raison commande et que le texte ne contredit pas sérieusement. Un seul cas soulève quelques difficultés.

Avant de le faire connaître, il faut observer que le délai accordé par l'article 8 aux incapables devenus capables ou à leurs héritiers pour inscrire leurs hypothèques, constitue, non une prescription, mais un délai préfix. Il suit de là que les causes suspensives de la prescription sont sans effet, en ce cas, et notamment que l'article 2252 ne saurait s'y appliquer. Si donc les héritiers des incapables sont eux-mêmes mineurs ou interdits, ils ne sont pas moins tenus de rendre publique, par eux-mêmes ou par leur tuteur, l'hypothèque qui garantissait les droits de leur auteur. Comme le remarque MM. Aubry et Rau : « Le but de l'article 8 de la loi du 23 mars et la matière même de sa disposition décrétée en vue de l'intérêt des tiers, repousssait toute restriction fondée sur la condition personnelle des héritiers de la femme, du mineur ou de l'interdit (1). » D'ailleurs, les héritiers ne sont pas, vis-à-vis du ci-devant mari, ou de l'ex-tuteur, dans une situation de dépendance telle, qu'ils ne puissent inscrire l'hypothéque dont ils sont appelés à recueillir le bénéfice.

Néanmoins une hypothèse spéciale a donné naissance à une intéressante controverse. Il faut supposer que le mariage vient à se dissoudre par le prédécès de la femme. qui laisse pour lui succéder ses enfants mineurs placés sous la tutelle légale de leur père. (C. civ., art. 390). Ce concours de circonstances engendre une situation compliquée. Les héritiers mineurs de la femme se trouvent en la puissance de leur père tuteur légal, et c'est précisément contre lui qu'ils devraient prendre l'inscription conservatrice des droits de leur mère. N'est-il pas à craindre que cette formalité soit pour eux impossible à remplir et n'est-ce pas aller contre l'esprit de la loi que d'appliquer son texte à une semblable hypothèse. Quelques auteurs l'ont pensé et ils ont mis au service de cette cause, facile d'ailleurs à soutenir, une vive ardeur et un remarquable talent (2). L'article 8, dit-on, dans cette opinion ne se rattache par aucun lien visible à la théorie de la transcription, il ne crée pas un principe nouveau, le législateur saisit l'occasion qui s'offrait à

(1) T. III, § 269, note 18. — Mourlon, Transcript., n° 768.

(2) MM. Nicollet, Rev. crit., t. XIII, p. 548, et t. XXX, p. 369; Pont, n° 809.

lui de corriger l'étendue exorbitante attribuée jusqu'alors au principe de clandestinité des hypothèques. L'article 8 est dans la loi du 23 mars un épisode, une disposition dérogatoire et exceptionnelle, qu'il faut, suivant les principes, généraux interpréter restrictivement. Or, le système général du Code consacre certainement la clandestinité des hypothèques légales.

L'article 8 a eu pour but de supprimer une conséquence outrée de ce principe, c'est-à-dire de faire cesser la protection de la loi au moment où cette protection cesse d'être utile ou nécessaire. C'est l'idée mère de l'article 8 ; elle ressort clairement de l'exposé des motifs. Or, qui oserait soutenir que dans notre hypothèse il soit superflu de protéger des enfants mineurs dont le soutien naturel est précisément le débiteur que l'inscription doit frapper? Puis voyez l'inconséquence et la bizarrerie du système adverse. Vous réputez d'une part les mineurs incapables relativement à l'inscription de leur propre hypothèque légale sur les biens de leur tuteur et vous leur conservez le bénéfice de la clandestinité. D'autre part vous les considérez comme capables d'inscrire l'hypothèque légale de leur mère et partant vous les soumettez à la règle commune de la publicité. Que si vous envisagez le système adverse dans ses conséquences, il n'est pas moins étrange. Si les mineurs laissent s'écouler un an sans prendre inscription ils seront déchus de leur rang d'hypothèque. Qui donc profitera de cette déchéance? Les tiers qui traiteront désormais avec le tuteur?

Point du tout, car si quant à eux l'hypothèque légale de la femme prédécédée a perdu son rang les créances qu'elle garantissait vont grossir la dette du tuteur envers ses pupilles, dette garantie par une autre hypothèque légale, clandestine elle-même et primant toujours le droit des créanciers qui vont traiter avec le tuteur. La déchéance profitera aux créanciers du mari antérieurs à la dissolution du mariage, c'est-à-dire précisément à ceux qui ne pouvaient se prévaloir de la clandestinité de l'hypothèque légale de la femme. Comment admettre que la loi ait pu consacrer un pareil tissu de contradictions? — Sans doute, c'est peut-être le cas pour les partisans de l'opinion contraire (1) de se retrancher derrière l'exception célèbre, dura lex sed lex. Nous pensons cependant que cette seconde opinion est la meilleure. Elle est partagée du reste par la majorité des auteurs et domine dans la jurisprudence. On observe que le texte ne comporte aucune espèce de distinctions, que d'ailleurs celle que proposent les adversaires, outre qu'elle est arbitraire, répugne au système général du Code ; qu'en effet « le mineur n'est point admis à se faire relever des déchéances qu'il encourt au regard des tiers par la négligence de son tuteur, encore que ce dernier eût dû accomplir contre lui-même la formalité dont l'omission a emporté déchéance. » On ajoute enfin des consi-

(1) MM. Mourlon, Transc., n° 871 ; Aubry et Rau, t. III, § 269, note 19. Pagès, Recueil de l'Académie de législ. de Toulouse, VII, p. 406; Flandin, Transc., II, 1018 à 1022.

dérations économiques, et l'on fait valoir les exigences de l'intérêt général, auquel on doit souvent sacrifier quelques intérêts particuliers, fussent ceux des incapables. Nous pensons que les héritiers de la femme, quelle que soit leur situation personnelle, fussent-ils mineurs et sous la tutelle de leur père, doivent à peine de déchéance inscrire l'hypothèque légale de leur mère dans l'année qui suit son décès.

§ II. — La cessation de l'incapacité ne pouvait être qu'une mise en demeure de s'inscrire, et il était de toute nécessité qu'un délai fût accordé à la femme devenue veuve, au mineur devenu majeur, à l'interdit relevé de son interdiction pour rendre publique leur hypothèque légale. A cet effet, la loi concède un délai d'un an qui commence à courir au jour de la dissolution du mariage ou de la cessation de la tutelle ou du jugement de mainlevée. On le calculera suivant les principes généraux, sans y compter le dies à quo, mais en y comprenant le dies ad quem, parce que ce n'est pas un délai franc. Nous avons vu qu'il n'était susceptible d'augmentation pour aucun motif, notamment que les causes suspensives de la prescription ne devaient pas lui être appliquées. A l'inverse, aucun événement ne peut le réduire. Que l'on suppose, par exemple la faillite du tuteur, ou sa mort et l'acceptation de sa succession sous bénéfice d'inventaire. L'ex-mineur ne sera pas déchu du droit de s'inscrire, pourvu que ces événements se soient produits avant l'expiration de l'année qui a commencé au jour de sa majorité. En résumé, la protection accordée par la loi aux incapables et l'avantage de pouvoir sans inconvénient tenir occultes leurs hypothèques légales subsistent pendant toute la durée de l'incapacité et pendant une année après que cette incapacité a pris fin. C'est dire que pendant cette année et tant qu'elle n'est pas expirée, la veuve, le majeur, sont dans une situation identique à celle qui leur était faite par le mariage ou la tutelle ; d'où résulte une série de conséquences. Leur hypothèque demeurée clandestine conserve toujours le rang qui lui est assigné par la loi. En cas d'aliénation, l'acquéreur qui veut purger doit procéder envers eux conformément aux articles 2193 et suivants. La vente des immeubles grevés, suivie de transcription, ne rend pas impossible l'inscription ultérieure de cette hypothèque, pourvu qu'elle soit prise avant l'expiration du délai. Les immeubles acquis par le tuteur après la cessation de la tutelle sont frappés par l'hypothèque légale des mineurs sans le secours de l'inscription.

§ III. — Il nous reste à faire connaître la sanction de cette prescription de la loi. Dans ce but, nous devons nous placer au moment où le délai d'un an vient de prendre fin. Si, à cette époque, l'hypothèque légale a été inscrite, conformément à l'ordre de la loi, toutes les prérogatives qui y sont attachées sont définitivement sauvegardées. L'inscription, ainsi prise, rétroagit et maintient le rang de l'hypothèque à la date que la loi lui avait primitivement assignée. Pour le passé elle sera traitée comme hypothèque légale dispensée d'inscription. Dans l'avenir elle sera assimilée aux hypothèques ordinaires.

Si, au contraire, les incapables devenus capables ont laissé s'écouler l'année sans obéir à l'article 8, « leur hypothèque ne date à l'égard des tiers que du jour des inscriptions prises ultérieurement. » Comme on le voit, il ne s'agit pas d'une déchéance absolue. Le droit de s'inscrire encore subsiste, mais tandis que l'inscription prise dans le délai eût maintenu tous les effets de l'hypothèque aux dates déterminées par les dispositions exceptionnelles de l'article 2135, cette inscription tardive ne prendra rang qu'à sa date. Pour tout dire, en un mot, à l'expiration de l'année, la protection de la loi abandonne les veuves et les majeurs qui retombent sous l'application du droit commun. Si donc d'autres créanciers se sont inscrits depuis que le mari ou le tuteur est devenu débiteur de la femme ou du pupille et avant que ceux-ci aient pris inscription, lesdits créanciers les primeront dans l'ordre. Ce n'est pas tout, et leur droit de s'inscrire qui subsiste est exposé à toutes les vicissitudes, à tous les dangers qui menacent le droit des créanciers ordinaires. Les immeubles grevés viennent-ils à être aliénés et la vente transcrite ; le mari ou tuteur tombe-t-il en faillite, vient-il à décéder et sa succession à être acceptée bénéficiairement? dans toutes ces hypothèques l'inscription devient impossible. Si un acquéreur du bien grevé procède à la purge, il ne devra à nos créanciers négligents ni les notifications des articles 2183 et suivants, puisqu'ils ne sont pas inscrits, ni les formalités des articles 2193 et suivants, puisqu'ils ont cessé de jouir du bénéfice attaché à l'hypothèque légale occulte.

Enfin, à dater de l'expiration de l'année, les veuves, les majeurs, les interdits relevés de l'interdiction, qui ont rendu publiques leurs hypothèques légales se trouvent soumis à l'application de l'article 2154 relativement au renouvellement décennal.

La loi d'ailleurs ne se bornait pas à disposer pour l'avenir, et dans ses dispositions transitoires, elle impose aux incapables devenus capables avant sa promulgation l'obligation de rendre publiques leurs hypothèques dans l'année à partir du 1er janvier 1856 Art. 11, § 5).

CHAPITRE III.

De la publicité des subrogations à l'hypothèque légale de la femme.

Nous venons de voir comment la protection exceptionnelle accordée à la femme par l'article 2135 C. N. cessait d'exister quand la femme retrouvait dans le veuvage sa pleine capacité civile et venait à être affranchie de la puissance maritale. La situation dépendante de la femme, qui aux yeux du législateur rend impossible la manifestation publique de son hypothèque, peut prendre fin d'une autre manière. En effet, dans le cas où un tiers est subrogé à l'hypothèque légale, le droit hypothécaire, en passant aux mains du subrogé, échappe à l'influence du mari et rien n'empêche désormais qu'il puisse être rendu public conformément aux principes généraux. Telle n'était pas cependant la règle suivie sous l'empire du Code : aucune de ses dispositions ne faisait allusion à la subrogation dans l'hypothèque légale. Ce n'est pas ici, le lieu d'étudier les caractères, les formes diverses et les effets de cette innovation de la pratique, dont la conséquence a été de rendre vaines toutes les garanties dont le législateur avait pris soin d'entourer la femme. Créée et développée par les praticiens, la subrogation se gouvernait par voie d'analogie suivant les règles générales du droit. Or, il était de principe sous le Code que la dispense d'inscription accordée à l'hypothèque de la femme, motivée sur l'incapacité de celle-ci ne cessait pas avec cette incapacité Dès lors que la cause vint à disparaître parce que l'hypothèque passait des mains de la femme à celles d'un tiers, ou parce que la femme devenue veuve avait reconquis sa capacité civile, il importait peu. Dans les deux cas, la règle était la même : le subrogé pouvait, comme la veuve, sans redouter aucune déchéance, conserver son hypothèque occulte. Si néanmoins l'on réfléchit qu'après une première subrogation la femme pouvait en consentir une seconde, puis une troisième, on mesurera les résultats funestes de cette dangereuse pratique. Puisque la loi nouvelle inaugurait l'idée plus juste que l'exception de l'article 2135 ne devait point durer plus longtemps que l'incapacité de la femme, elle devait logiquement prescrire la publicité des subrogations ; car, dans cette hypothèse, comme dans celle du décès du mari, rien ne peut plus s'opposer à la manifestation de l'hypothèque : le subrogé est vis-à-vis du mari absolument indépendant, le motif de l'article 2135 ne se retrouve plus. Aussi l'article 9 de la loi du 23 mars dispose : « Dans le cas où les femmes peuvent céder leur hypothèque légale ou y renoncer, cette cession ou celle renonciation doit être faite par acte authentique, et les cessionnaires n'en sont saisis à l'égard des tiers que par l'inscription de cette hypothèque prise à leur profit, ou par la mention de la subrogation en marge de l'inscription préexistante. » Malheureusement, si le principe est facilement justifié, la disposition qui le consacre est loin d'éclaircir tous les doutes, et l'application se heurte à des difficultés quotidiennes, dont on n'entrevoit pas la solution définitive.

Dans quels cas, en quelle forme, et sous quelle sanction la subrogation à l'hypothèque légale doit-elle être rendue publique, tel doit être le triple objet de notre étude sur l'article 9.

§ I. — Les termes de la loi sont très-compréhensifs ; aussi s'accorde-t-on à décider que toutes les subrogations, sous quelques formes qu'elles se produisent, doivent obéir à l'article 9, sous peine de ne pouvoir être opposées aux tiers. Ainsi en est-il des renonciations expresses ou tacites au profit d'un créancier, des cessions d'antériorité, d'hypothèque ou de créance. Dans ce dernier cas cependant quelques auteurs ont pensé que l'article 1690 du Code civil, et non l'article 9 de la loi du 23 mars, devait recevoir son application. Cette appréciation les a conduits à admettre qu'un acte authentique n'était pas nécessaire pour constater cette cession de créance et que les exigences de la publicité seraient complètement satisfaites par la signification au débiteur cédé (1). Nous ne croyons pas que cette opinion doive être suivie. Il y a dans la cession par la femme de sa créance hypothécaire deux opérations distinctes et juxtaposées : le transport-cession de la créance régi par l'article 1690 C. N. et la subrogation visée par l'article 9 de la loi de 1855 : il y a donc lieu d'exiger tout à la fois les formalités prescrites par l'un et par l'autre texte et notamment l'authenticité de l'acte dans un but de protection pour la femme et la publicité selon les formes de l'article 9 dans l'intérêt des tiers. D'ailleurs, la formule par laquelle la femme déclare céder ses droits et reprises n'implique pratiquement qu'une idée de subrogation. Enfin ce serait compromettre les graves intérêts que notre art doit sauvegarder que de faire de son application une simple question de formules (2).

Une difficulté plus grave s'élève dans le cas où la femme renonce en faveur de l'acquéreur d'un immeuble du mari à son hypothèque légale, en tant qu'elle frappe cet immeuble. Il y a là, dit-on, une renonciation extinctive : l'hypothèque ne passe pas aux mains d'un tiers, elle cesse d'exister. Comment donc pourrait-on être obligé de rendre public un droit éteint ? Pour résoudre cette question, trois systèmes sont en présence.

(1) MM. Rivière et Huguet, Quest. sur la transcription, nos 393 et suiv.

(2) MM. Pont, n° 795 ; Mourlon, n° 1004 ; Aubry et Rau, III, § 288 bis, note 20.

1° — M. Mourlon (1), tout en reconnaissant qu'il y aurait juste motif en théorie de soumettre à la publicité la renonciation de la femme, estime qu'il est impossible de plier à cette application le texte de la loi. L'article 9 est fait, dit-il, pour le cessionnaire de l'hypothèque légale de la femme. Or, par hypothèse, l'acquéreur n'est pas un cessionnaire : il ne peut donc faire inscrire à son profit l'hypothèque légale de la femme. Que l'on ne dise pas non plus qu'il devra faire inscrire l'hypothèque au nom de la femme, et mentionner en marge la renonciation : cette pratique est impossible. L'hypothèque de la femme, en tant qu'elle grevait l'immeuble acquis n'existe plus ; comment donc pourrait-on l'inscrire?

D'ailleurs la nécessité de cette inscription paralyserait l'effet de la renonciation : l'acquéreur serait sans doute protégé pendant dix ans par l'inscription et la mention en marge ; mais après ce délai, il ne serait plus couvert, et pour éviter tout danger, il devrait procéder à la purge. Or, la renonciation de la femme avait pour but principal de rendre inutile les formalités et les frais de la purge. Donc, conclut-il, l'acquéreur pourra tenir occulte la renonciation extinctive consentie à son profit, et cela, dans le cas même où il n'aurait pas fait transcrire. « Les renonciations extinctives de l'hypothèque qu'elles ont pour objet échappant au régime nouveau, on est forcé d'en conclure qu'elles

(1) Tr. de la Transcription, nos 1005 et 1006.

ont leur effet même au regard des tiers dès qu'elles sont parfaites entre les parties qui les ont stipulées et consenties.

2° — M. Pont (1) exige au moins la transcription de l'acte de vente ; mais cette publicité lui paraît suffisante et il ne pense pas qu'il y ait lieu d'exiger l'accomplissement des formalités prescrites par l'article 9.

3° — Enfin, dans une troisième opinion, plus généralement suivie, on répond que ni le texte, ni l'esprit et les motifs de la loi n'autorisent la distinction faite par les adversaires. Le texte est général : « Dans les cas, dit-il, où les femmes peuvent céder leur hypothèque légale ou y renoncer..... », et quant à son esprit, il ne peut non plus inspirer aucun doute : on a entendu protéger les tiers contre les cessions ou renonciations consenties par la femme. Or, il n'est pas difficile de montrer que les tiers ont intérêt à connaître cette renonciation : il suffira de citer ceux que la femme subrogerait par la suite dans son hypothèque légale, et qui pourraient croire, si la renonciation demeurait occulte, que son droit s'étend encore aux immeubles aliénés par le mari qui n'ont pas été purgés. D'ailleurs la loi vient elle-même à l'appui de cette dernière opinion en soumettant au principe général de la publicité les renonciations extinctives de droits réels (art. 2, § 2). Il paraît donc évident que la renonciation

(1) Priv. et hyp., n° 486. — Conf. Amiaud, Rev. prat., 1867, p. 481, et 1869, p. 58.

extinctive de la femme à son hypothèque légale doit être publiée. Mais il reste à voir si, comme le pense M. Pont, la transcription de la vente suffit à assurer cette publicité nécessaire. Nous ne le croyons pas, car ce moyen ne sera pas toujours possible : il serait vain et inefficace, par exemple, si la femme n'avait pas concouru à l'acte de vente et n'avait renoncé à son droit que par un acte postérieur. Il y aurait donc lieu de distinguer suivant que la renonciation aurait accompagné ou seulement suivi l'aliénation. Or, cette distinction, que le texte n'autorise pas, est trop arbitraire pour être accueillie. Enfin la transcription des ventes consenties par le mari est en principe sans effet relativement aux droits hypothécaires de la femme. Dès lors les créanciers subrogés par la suite dans ces mêmes droits s'en inquiètent peu, ce qui prouve que la publicité de la renonciation consentie par la femme, réduite à la transcription de la vente, serait illusoire et dans tous les cas insuffisante pour satisfaire au vœu de la loi (1).

La nécessité pour le subrogé de se conformer à l'article 9 de la loi de 1855, subsiste même après le mariage dissous, car cette circonstance n'a en rien modifié l'intérêt que les tiers avaient à connaître les traités faits par la femme relativement à son hypothèque légale.

§ II. — Il résulte des termes de l'article 9, art. 1er *in*

(1) Aubry et Rau, t. III, § 288 bis, note 18.

fine que la loi prévoit une double éventualité. 1° L'hypothèque légale de la femme n'est pas encore inscrite au moment de la subrogation. Dans ce cas, le subrogé doit la rendre publique au moyen d'une inscription requise à son profit. 2° L'hypothèque transmise au subrogé avait déjà été inscrite, et dès lors, il fera connaître la subrogation au moyen d'une mention en marge de l'inscription préexistante. Sur les formes respectives de cette mention ou de cette inscription, la loi est muette : c'est affaire aux interprètes de combler cette lacune par la voie des analogies.

En ce qui concerne l'inscription, on remarque que la subrogation constitue une sorte d'hypothèque sur les droits de la femme, et dès lors il est naturel d'emprunter à l'article 2148 les formalités au moyen desquelles il assure la publicité des hypothèques. On appliquera donc cet article tant en ce qui concerne les formalités extrinsèques : présentation des titres et bordereaux, mention au dépôt, etc.; qu'en ce qui touche les énonciations intrinsèques que nous avons plus haut énumérées par le détail. On se demande seulement s'il y a lieu de joindre aux formalités de l'article 2148 celles qu'ordonne l'article 2153. M. Mourlon pense qu'il faut répondre à cette question en distinguant deux hypothèses. Si le subrogé a reçu mandat de formaliser l'inscription, tant dans l'intérêt de la subrogeante que dans le sien propre, il faut en effet cumuler les deux textes; que si, au contraire, le subrogé inscrit l'hypothèque légale de la femme en son nom et à son profit personnel, il peut s'en tenir aux énonciations nécessaires pour faire connaître la subrogation sans se préoccuper des détails nombreux souvent inconnus de lui, qui, aux termes de l'article 2153 doivent composer l'inscription de l'hypothèque légale de la femme.

Si au contraire l'hypothèque légale de la femme était déjà inscrite au moment où elle est cédée à un tiers, la subrogation sera rendue publique au moyen d'une mention en marge. Cette mention devra contenir toutes les énonciations qui figureraient dans une inscription principale et au moins devrait-on lui appliquer les règles ordinaires des mentions. Il faudrait donc prescrire la représentation du titre et d'un bordereau que le conservateur se bornerait à copier en marge de l'inscription. Ce n'est pas ainsi cependant que l'on procède dans la pratique. On se borne à présenter au conservateur le titre qui constate la subrogation, et il en extrait toutes les énonciations qui doivent constituer la mention ; il se transforme ainsi de copiste en rédacteur. Dire que cette pratique est illégale serait peut être exagéré. Au moins est-il certain qu'elle aggrave singulièrement la responsabilité du conservateur.

Il est clair que la durée de la mention est liée à celle de l'inscription qu'elle modifie. Si donc cette inscription disparaît pour n'avoir pas été renouvelée en temps utile, les subrogés se trouveront dans la situation où ils auraient été placés si dès l'origine l'hypothèque légale de la femme n'avait pas été inscrite. Ils devront donc requérir directement inscription à leur profit. Si au contraire la subrogeante renouvelle son inscription avant l'expiration du délai de dix ans, il ne s'élevera pas de difficulté, si elle prend soin de renouveler en même temps les mentions en marge ; que si elle se bornait à renouveler l'inscription en ce qui la concerne, le soin de maintenir leur droit par de nouvelles mentions incombera aux subrogés.

Telles sont les règles à suivre dans le cas où le créancier ne reçoit pas d'autres garanties que la subrogation dans l'hypothèque légale. Mais la situation est rarement aussi simple en pratique. Il arrive bien souvent que le mari contractant une obligation offre à son créancier de son chef une hypothèque conventionnelle, et qu'en second lieu, pour surcroît de garantie, la femme subroge le même créancier dans ses droits contre son mari. Cette complication, fréquente en pratique, donne lieu à de graves difficultés dont il faut désespérer de trouver la solution dans le texte de la loi : aussi la controverse s'est-elle donnée libre carrière et de nombreux intérêts se trouvent compromis au milieu des incertitudes que ni la doctrine, ni la jurisprudence n'ont encore dissipées.

La question qui se pose est celle de savoir comment le créancier devra rendre publique la double garantie qui lui a été fournie. Faut-il lui reconnaître le droit de mentionner à son choix la subrogation dans l'inscription de l'hypothèque conventionnelle constituée par le mari, ou de la publier à part par une mention ou une inscription prise à son profit, suivant la distinction etablie par l'article 9? Faut-il dire, au contraire, que dans tous les cas la mention de la subrogation dans l'inscription de l'hypothèque conventionnelle est insuffisante et que le créancier devra nécessairement mentionner la subrogation en marge de l'inscription de l'hypothèque légale de la femme, si elle existe, et si elle n'existe pas requérir inscription directe à son profit? L'un et l'autre système a ses partisans.

Premier système. — La mention de la subrogation dans le bordereau d'hypothèque conventionnelle est suffisante. Cette opinion a pour elle une longue pratique antérieure même à la loi de 1855. En effet, sous le Code, il fallait bien rendre publique l'hypothèque conventionnelle constituée par le mari, et la publicité de la subrogation était aussi quelquefois nécessaire. Or, en mentionnant dans l'inscription de l'hypothèque constituée par le mari la subrogation consentie par la femme, on procurait par une formalité unique la publicité de la double garantie accordée au créancier.

Les partisans du premier système s'autorisent de cette pratique et en demandent énergiquement le maintien au nom des intérêts considérables que son abandon compromettrait. A cette considération, qui, en définitive, n'est pas un argument juridique, on ajoute qu'aucune raison ne peut condamner cette procédure, elle constitue une inscription collective ; et nulle part la loi ne prohibe ces sortes d'inscriptions qui, mieux que toutes autres, présentent aux tiers sous une forme concise tous les renseignements qui les intéressent. Non-seulement la loi ne les proscrit pas, mais on peut induire de certaines dispositions qu'elle les autorise, notamment de l'article 2148, de l'article 21 de la loi du 21 ventôse an VII, enfin du n° 2 du tableau des salaires des conservateurs, annexé au décret du 21 septembre 1810. On allègue dans l'opinion adverse « que la simple mention de subrogation ne présentant pas toutes les conditions voulues par la loi pour l'inscription de l'hypothèque légale elle-même, ne saurait équipoller à cette inscription et la remplacer (1) » C'est une proposition bien difficile à prouver. Il y faut voir une allusion aux formalités prescrites par l'article 2153, pour l'inscription des hypothèques légales, formalités auxquelles la mention ne satisferait pas complétement. Cependant si l'on rapproche l'article 2153 de l'article 2148, on se convainc que le premier n'est autre chose qu'une atténuation du second, sa reproduction, sauf dispense de certaines formalités. Puis donc que le créancier a satisfait à l'article 2148, qui exige plus, en inscrivant l'hypothèque conventionnelle du mari, comment soutenir qu'il ne s'est point conformé à l'article 2153 dont les prescriptions sont identiques mais moins minu-

(1) Cour de cassation. Motifs de l'arrêt du 4 fév. 1856. Sirey, 56, 1, 225.

tieuses? Les énonciations des §§ 1 et 2 de l'article 2153 auront nécessairement trouvé place dans l'inscription prise contre le mari. Quant à celle du n° 3 elles constitueront précisément la mention de subrogation. Dès lors, il est difficile de découvrir en quoi la mention de subrogation n'équipolle pas à une inscription directe. L'article 9 contredit-il cette première opinion? Point du tout. D'abord le véritable but de l'article 9 est de régler non la forme, mais l'effet de la publicité des subrogations. Sur les questions de forme il est obscur, insuffisant, et veut être éclairé par les précédents historiques auxquels il se rattache par une filiation directe; car il résulte de la déclaration de M. Suin, dans son exposé des motifs, qu'on a simplement voulu maintenir les dispositions adoptées sur ce sujet en 1851. Or, en 1851, on avait expressément autorisé les mentions de subrogation dans l'inscription de l'hypothèque conventionnelle consentie par le mari. La loi de 1855 est muette en ce point, mais elle est restée fidèle à la pensée qui avait prévalu en 1851. En bref, il résulte de l'exposé des motifs que l'article 9 a été surtout fait pour assurer la publicité des subrogations. Cette publicité, nous croyons l'avoir démontré, résulte aussi complètement que possible de la mention de subrogation dans le bordereau de l'hypothèque conventionnelle, Il n'y a donc pas de raison pour exiger une inscription spéciale et directe au profit du subrogé. Le vœu de la loi ne serait pas mieux rempli, et on n'obtiendrait d'autre résultat que d'augmenter inutilement les frais à faire (1).

Deuxième système. — Dans tous les cas la mention de subrogation dans l'inscription de l'hypothèque conventionnelle est insuffisante : le créancier doit, si l'hypothèque légale de la femme est déjà inscrite, mentionner en marge de cette inscription la subrogation consentie à son profit, et dans le cas contraire requérir directement une inscription en son nom.

Ce système s'appuie sur le texte de l'article 9 : « Les cessionnaires ne sont saisis à l'égard des tiers que par l'inscription de cette hypothèque prise à leur profit, ou par la mention de la subrogation en marge de l'inscription préexistante. » Ces termes révèlent une alternative ; et en effet, de deux choses l'une : ou l'hypothèque légale de la femme est déjà inscrite, et alors on fera une mention en marge, ou elle ne l'est pas, et dans ce cas le subrogé requerra une inscription à son profit. Tels sont les deux seuls moyens reconnus par la loi, appropriés chacun à une hypothèse distincte : tout autre est légalement insuffisant.

Soit d'abord le cas où l'hypothèque de la femme est inscrite. N'est-il pas plus naturel, plus satisfaisant au point de vue pratique de mentionner la subrogation en marge que de l'aller perdre dans l'inscripiion d'une hypothèque conventionnelle consentie par le mari.

(1) M. Pont, Priv. et hypoth., nos 780 et suiv. — De la publicité des subrogations à l'hyp. légale; examen de l'arrêt du 4 fév. 1856.

Cette nécessité de la mention en marge peut d'ailleurs s'appuyer sur de nombreux arguments d'analogie. (L. du 23 mars art. 4 C. Nap., art. 958 C. proc., art. 693, 716, 748.) Le subrogé, objecte-t-on, peut ignorer que l'hypothèque légale est inscrite ; mais, les registres hypothécaires ne sont-ils pas publics? Que si l'inscription préexistante est entachée d'une nullité, ce qui sera rare, nous nous trouverons dans la seconde hypothèse, et le subrogé agira comme si aucune inscription n'avait été prise par ou pour la femme.

Dans ce cas, la seule voie ouverte au subrogé par les partisans du second système consiste à prendre directement une inscription à son profit. Il n'y a pas à parler ici d'inscriptions collectives. En admettant ce qui serait contestable que les textes invoqués dans l'opinion adverse autorisent ces sortes d'inscriptions, notre question n'aurait pas fait un pas.

Il s'agirait alors de savoir si des hypothèques nées de titres différents et de nature diverse peuvent être inscrites cumulativement. Rien dans la loi n'autorise cette conclusion et l'article 2148 semble l'exclure en prévoyant textuellement l'hypothèse d'un titre constitutif unique. On argumente dans l'opinion adverse des travaux préparatoires, et notamment de la rédaction préparée en 1851, rédaction que le législateur de 1855 aurait simplement voulu maintenir. Il faudrait prouver cette assertion. De deux moyens offerts en 1851 au subrogé, la loi mentionne et conserve le premier; elle se tait sur le second. N'est-il pas logique de conclure de ce silence qu'elle a entendu proscrire ce second mode? Si maintenant, dans la conviction que ni le texte, ni les discussions préparatoires ne peuvent servir à éclairer cette difficulté, on veut se placer pour la résoudre au point de vue des principes généraux, on se convaincra que le second système satisfait bien mieux que le premier au besoin de la publicité. L'attention des tiers sera plus énergiquement frappée par une inscription distincte et séparée que par une mention incidente dans l'inscription d'une autre hypothèque (1).

De ces deux doctrines quelle est la meilleure? Nous avouons qu'il est délicat de se prononcer. La loi ne fournit aucun élément de décision; les travaux préparatoires sont ambigus, et les arguments invoqués pour ou contre ne sont guère déterminants. Cependant nous pencherions plus volontiers vers la seconde opinion.

§ III. — Tandis qu'antérieurement à la loi de 1855 les subrogés participaient au bénéfice de l'exception consacrée au profit de la femme par l'article 2135, ls se trouvent aujourd'hui soumis à la règle générale de l'article 2134 et le droit qu'ils ont ainsi acquis n'est efficace envers les tiers qu'à la condition d'avoir été rendu public. C'est ce qui résulte notamment des termes des §§ 1 in fine et 2 de l'article 9. Il y aurait donc lieu de répéter ici tout ce que nous avons dit

(1) M. Mourlon, Transcript., nos 1023 et suiv.

touchant l'effet de l'inscription quant au droit de préférence et quant au droit de suite. « Les dates des inscriptions ou mentions déterminent l'ordre dans lequel ceux qui ont obtenu des cessions ou renonciations exercent les droits hypothécaires de la femme. » De plus, si le subrogé s'est conformé aux prescriptions de l'article 9 l'immeuble ne pourra être volontairement aliéné sans qu'il reçoive les notifications de l'article 2183; l'immeuble ne pourra non plus être saisi sans qu'il soit sommé de prendre connaissance du cahier des charges (C. proc., art. 692); l'ordre ne sera pas ouvert sans qu'il y soit appelé. Si nous supposons que la publicité résulte d'une mention en marge, en sorte que l'hypothèque légale et la subrogation soient l'une et l'autre publiques, l'acquéreur ou le saisissant agira envers le subrogé et envers la femme comme à l'égard des créanciers inscrits; si au contraire la subrogation a été inscrite au nom et profit personnel du subrogé, le poursuivant agira envers le subrogé conformément aux principes généraux et envers la femme suivant les règles spéciales aux hypothèques occultes.

Bien entendu, la publicité n'est exigée que dans l'intérêt des tiers, c'est-à-dire de ceux qui n'ont pas été parties à l'acte. D'où il suit qu'entre la femme et le subrogé la convention est parfaite, abstraction faite de toute inscription. Elle ne pourrait donc opposer à son ayant cause sa négligence à se conformer à notre texte. D'autre part, il n'est pas douteux que la femme ne conserve intact l'avantage que lui assure l'article 2135 et qu'elle ne puisse encore opposer son hypothèque légale demeurée occulte à tous autres qu'aux subrogés.

Comme le remarque très-exactement la cour de Paris, dans un arrêt du 27 février 1857, l'inscription prise par le subrogé crée en lui un droit propre et personnel, qu'il exerce dans son intérêt et dont aucun des créanciers ne saurait ni se prévaloir, ni profiter. Cette formule s'applique évidemment aux autres subrogés; mais nous n'hésitons pas à la généraliser et à l'étendre à la femme elle-même. C'est cependant une question gravement controversée que celle de savoir si l'inscription prise par le subrogé peut profiter à la subrogeante. Nous écartons tout d'abord l'hypothèse exceptionnelle et rare où le subrogé aurait sur le mandat exprès de la femme formalisé l'inscription dans l'intérêt commun de tous les deux : ce cas ne fait pas difficulté. Nous supposons qu'il a requis inscription en son nom et profit, dans la mesure des sommes dont il est personnellement créancier. En ces termes, il nous paraît que l'inscription doit profiter exclusivement au subrogé. Il n'est pas très-exact, en effet, de prétendre, en argumentant des articles 2136 à 2139, que la loi qui tolère la clandestinité des hypothèques légales, cherche néanmoins par tous les moyens à en assurer la publicité. Elle n'impose qu'au mari une obligation formelle d'inscrire l'hypothèque légale de la femme, en lui laissant cependant la liberté de s'en tenir à une déclaration expresse faite aux tiers qui traitent avec lui. Il est recommandé au ministère public de n'user qu'avec discrétion de la mission que lui confie l'article 2138, et quant aux autres personnes citées dans ces textes, elles sont absolument libres de requérir ou de ne requérir pas l'inscription de l'hypothèque de la femme. Qu'est-ce à dire, sinon que la loi a compris que cette inscription, quelquefois nécessaire, serait souvent inutile et funeste pour le crédit du mari. Ce n'est donc pas entrer dans son esprit que de prétendre que l'inscription doit profiter à la femme par cela seul qu'elle est prise, sans qu'il importe de rechercher qui l'a requise. Quant à soutenir qu'en subrogeant un tiers dans son hypothèque légale, la femme lui donne implicitement mandat d'inscrire cette hypothèque, c'est évidemment une idée chimérique. Outre que ce mandat implicite serait peu d'accord avec les principes généraux qui régissent ce contrat, n'est-ce pas une étrange contradiction que cette mission donnée par la femme à un tiers d'ébranler le crédit du mari, alors qu'au même instant, elle fait au maintien de ce crédit le sacrifice de ses garanties personnelles. Donc, en dehors du cas d'un mandat exprès, l'inscription prise par le subrogé ne profitera qu'à lui seul. M. Mourlon pense néanmoins que si la femme était en même temps débitrice personnelle du subrogé, celui-ci pourrait, sans mandat, inscrire l'hypothèque légale au nom de la femme. Il agirait alors suivant le droit confié à tout créancier par les articles 1166 C. Nap. et 775 C. de proc.

La loi du 23 mars 1855 consacre l'organisation la plus récente de notre régime hypothécaire. Est-ce à dire que sur ce point délicat le législateur ait prononcé son dernier mot? Il est permis d'en douter. Si les progrès incontestables réalisés par cette dernière loi ont imposé silence à de graves critiques, il n'est pas moins vrai que beaucoup de détails demeurent perdus dans une regrettable obscurité, que des intérêts considérables restent livrés aux incertitudes de l'interprétation doctrinale ou judiciaire, et, sans réclamer de nouvelles réformes radicales qui ont cessé d'être utiles, il n'est pas téméraire de solliciter du législateur une intervention nécessaire pour fixer mieux les principes, en déduire plus nettement les applications, trancher enfin les controverses sérieuses qui embarrassent à chaque pas la marche de la pratique.

POSITIONS

DROIT ROMAIN.

I. — Le débat dans l'interdit Salvien portait exclusivement sur la possession; on n'y examinait pas la validité de la constitution du gage.

II. — L'interdit Salvien ne fut jamais étendu sous le nom d'interdit quasi Salvien, à tous les créanciers hypothécaires.

III. — La part de la femme esclave, qui a été hypothéquée, n'est affectée à la garantie de la dette qu'autant qu'il est né chez le débiteur. Les lois 29, § 1 D. De pign. et hyp. 20, 1, et 18, § 2 D. De pign. Act. 13, 7, ne sont pas contradictoires.

IV. — Quand un créancier a reçu de mauvaise foi hypothèque sur la chose d'autrui, si le constituant acquiert ensuite la propriété, on ne donnera pas contre lui au créancier une action quasi-servienne utile.

V. — Les lois 22 D. De pignor. et hyp., et 41 D. De pign. Act. ne peuvent être conciliées.

VI. — La loi 21 D. De pignor. et hypoth. ne déroge pas à la règle générale posée dans la L. 11, § 6 au même titre.

VII. — Quand deux hypothèques générales ont été consenties par un débiteur, la date des constitutions fixe le rang des créanciers sur le bien acquis postérieurement à l'une et à l'autre.

DROIT CIVIL.

I. — Une inscription hypothécaire ne doit être annulée pour omission d'une des formalités prescrites par l'article 2148 que si cette omission a lésé un intérêt, que la publicité devait éclairer.

II. — L'inscription a produit son effet légal, par conséquent il est inutile de la renouveler, à partir du jugement d'adjudication en cas d'expropriation forcée, à partir des notifications à fin de purge en cas d'aliénation volontaire.

III. — La connaissance personnelle que les tiers pouvaient avoir de l'hypothèque légale qui grève les tuteurs et maris, affranchit ceux-ci de toute responsabilité, dans le cas où ils auraient négligé de se conformer à l'article 2136.

IV. — Les hypothèques générales frappent les biens à venir dans l'ordre que leur assigne la date des inscriptions.

V. — Dans le cas où un immeuble a fait l'objet de plusieurs aliénations successives qui n'ont pas été transcrites, la transcription du dernier contrat ne suffit pas pour arrêter le cours des incriptions à l'égard des créanciers des précédents vendeurs.

VI. — Les enfants mineurs d'une femme mariée, succédant à leur mère doivent inscrire l'hypothèque légale de celle-ci dans l'année qui suit son décès, alors même qu'ils seraient placés sous la tutelle de leur père.

VII. — Les renonciations même extinctives à l'hypothèque légale consentie par une femme au profit de l'acquéreur d'un immeuble appartenant au mari, sont soumises aux conditions de publicité prescrites par l'article 9 de la loi du 23 mars 1855.

VIII. — La mention de la subrogation à l'hypothèque légale dans l'inscription de l'hypothèque conventionnelle, constituée par le mari est insuffisante pour procurer la publicité de cette subrogation.

ANCIEN DROIT. — HISTOIRE DU DROIT.

I. — Les fiefs ont leur origine dans les relations militaires germaniques et dans les concessions territoriales faites par les rois francs aux leudes.

II. — Les *Établissements* de saint Louis sont un recueil de coutumes et de règles juridiques sanctionné par le roi et destiné ainsi à devenir une œuvre officielle de jurisprudence.

DROIT CRIMINEL.

I. — Le Trésor n'a pas de privilége pour assurer le

recouvrement des amendes; mais sa créance est garantie par une hypothèque judiciaire.

II. — Le mineur de seize ans qui a été déclaré avoir agi sans discernement ne doit pas être condamné aux frais.

DROIT COMMERCIAL.

I. — Lorsqu'une créance a été engagée par un commerçant à la sûreté d'une dette antérieure, il suffit, pour que cet acte échappe à l'application de l'article 446 du Code de commerce, que l'acte constitutif du gage ait date certaine avant les dix jours qui ont précédé la cessation des payements. Il n'est pas nécessaire que la signification du transport ait été faite avant ces dix jours.

II. — L'article 448 Code de commerce ne s'applique qu'aux inscriptions des priviléges et des hypothèques. Il n'y a pas lieu de l'étendre aux autres formalités servant à compléter par la publicité un droit précédemment acquis, notamment à la signification au débiteur d'une cession de créance, ni à la transcription d'une aliénation d'immeuble.

DROIT ADMINISTRATIF.

I. — La loi du 23 mars 1855 n'a pas dérogé à la loi du 3 mai 1841 sur l'expropriation pour cause d'utilité publique.

II. — La restitution de la dot est passible du droit fixe de décharge, non du droit proportionnel de quittance et il faut en distraire le montant de la succession du mari pour percevoir l'impôt des mutations par décès.

TABLE DES MATIÈRES

PREMIÈRE PARTIE. — DROIT ROMAIN.

De la constitution d'hypothèque.

DEUXIÈME PARTIE. — DROIT FRANÇAIS.

De la publicité des hypothèques.

Paris. — Imp. A. DERENNE, rue Saint-Severin, 23.

www.ingramcontent.com/pod-product-compliance
Ingram Content Group UK Ltd.
Pitfield, Milton Keynes, MK11 3LW, UK
UKHW020302230726
13925UKWH00001B/177

9 782013 544870